河北省研究生专业学位教学案例（库）项目："民商法硕士课程教学案例库"（项目编号：KCJSZ2022001）

燕赵非物质文化遗产法律保护机制研究

苏艳英◎著

中国政法大学出版社

2021·北京

声　明　　1. 版权所有，侵权必究。

　　　　　2. 如有缺页、倒装问题，由出版社负责退换。

图书在版编目（CIP）数据

燕赵非物质文化遗产法律保护机制研究/苏艳英著.—北京：中国政法大学出版社，2021.12
ISBN 978-7-5764-0316-9

Ⅰ.①燕… Ⅱ.①苏… Ⅲ.①非物质文化遗产保护—法律—研究—中国 Ⅳ.①D922164

中国版本图书馆CIP数据核字(2022)第013316号

出 版 者	中国政法大学出版社
地　　址	北京市海淀区西土城路25号
邮寄地址	北京100088 信箱8034分箱　邮编100088
网　　址	http://www.cuplpress.com（网络实名：中国政法大学出版社）
电　　话	010-58908586(编辑部) 58908334(邮购部)
编辑邮箱	zhengfadch@126.com
承　　印	北京九州迅驰传媒文化有限公司
开　　本	720mm×960mm　1/16
印　　张	12.75
字　　数	210千字
版　　次	2021年12月第1版
印　　次	2021年12月第1次印刷
定　　价	49.00元

"燕赵文化与法治建设论丛"编委会

编委会主任： 陈玉忠　宋慧献
编委会成员（按姓氏笔画排序）

马　雁　王宝治　朱　兵　仲伟民　孙培福

刘国利　张琳琳　肖　辉　杨福忠　杨　凡

周刚志　范海玉　房建恩　柯阳友　赵立程

总 序
依法守护文化家园

进入新世纪以来，我国经历着一个文化空前发展的新时期。一方面，在经济繁荣与技术进步推动下，文化生产勃兴、文化产品繁盛、文化消费活跃；另一方面，享受着现代文明的人们愈益强烈地认识、体验到传统文化的魅力，那些从遥远的过去走来的村与镇、路与桥、亭台楼阁、寺宇街巷等，重新以新的姿态进入人们的视野。在此背景下，加强公共文化服务、全面普及文化认知、促进文化产业、保护文化遗产……逐渐成为摆在全社会，尤其是政府面前的新使命，而文化法治也自然成为我国法律与法学界面对的新任务。

毋庸讳言，我国文化领域的法律实践与法学学术曾长期呈现为一片处女地，其中最突出的表现是，相关立法可谓寥寥。除了1982年颁行的《中华人民共和国文物保护法》，并有《中华人民共和国著作权法》《中华人民共和国刑法》涉及文化事业之外，2000年之前我国文化领域再无其他专门立法。进入21世纪，人们不得不感叹的是，文化领域的专门法纷纷出台：2011年，《中华人民共和国非物质文化遗产法》颁布实施，加上多次修订的《中华人民共和国文物保护法》，我国文化遗产保护法律体系基本形成，而且达到了与国际社会同步的水准。随后，涉及文化事业核心与全局的几部重要立法相继出台：《中华人民共和国电影产业促进法》和《中华人民共和国公共文化服务保障法》于2016年底颁布；《中华人民共和国公共图书馆法》于2017年11月颁布。现如今，另一部涉及文化发展之整体法治的重要法律也在紧锣密鼓地起草过程中——历经多年起草工作，司法部不久前公布了《中华人民共和国文化产业促进法（草案送审稿）》，面向社会征集意见。人们有理由相信，无需太久，全面涵盖我国文化事业与产业发展的成文法体系将臻于形成。

与全国文化事业与法治进展同步，河北省文化产业与各项事业同样进入了一个空前发展与活跃的历史时期。除了传统的书报刊出版、印刷与发行，广播电视等，各类民办文化企业，尤其数字网络产业异军突起。与此同时，伴随着产业与经济发展，公共文化服务得到全面展开，正在进入各地村镇。比如，有关部门统计，在公共文化设施建设方面，目前全省各地拥有各级公共图书馆170多家，群众艺术馆和文化馆180多家，文化站2000多家。

而尤其引人注目的是传统文化遗产之保护与开发。河北省地处华北，历史悠久，其鲜明的文化特征更以"燕赵文化"名闻天下。燕赵文化肇始于春秋战国，至今凡2500年之久；位居中原与塞北之中、齐鲁与关陇之间，与南北沟通、共东西脉动，既以慷慨豪放著称，兼具四面八方之多样性。所以，无论是有形体的物质文化遗物、还是非物质的文化遗产，河北省全域拥有、流传的数量均居全国各地区的前列。按照统计，河北省目前共有全国重点文物保护单位近300个；国家级历史文化名村32个、名镇8个、名城6个；国家级风景名胜区10处、省级风景名胜区39处；并且，有8处4项文化遗产被列入世界文化遗产代表性项目名录。在非物质文化遗产方面，国务院2006年以来先后公布的国家级非物质文化遗产代表性项目中，河北省占163项，其中有6个项目入选世界人类非物质文化遗产代表作名录，涉及剪纸、皮影戏、太极拳。丰富与多样的遗产既为开发、利用提供了资源，也为保护事业提出了挑战。

在全面开展文化遗产保护实践的同时，为了做到依法规范保护与利用，河北省先后颁布、实施了多部地方法规。其中，为配合并依据全国性立法，全面构建物质性与非物质性文化遗产保护的一般性制度体系，1993年《河北省文物保护管理条例》、2007年《河北省实施〈中华人民共和国文物保护法〉办法》（2021年修正）、2014年《河北省非物质文化遗产条例》以及2018年《河北省城市紫线管理规定》先后颁布并实施。为适应河北省特色文化遗产保护，《河北省长城保护办法》于2016年发布，《河北省长城保护条例》于2021年6月开始实施，而《河北省大运河文化遗产保护和利用条例》正处于积极制订过程中。此外，某些地区还为本地文化遗产项目制定了专项地方法规，如《承德避暑山庄及周围寺庙保护管理条例》《清东陵保护管理办法》和《保定市清西陵保护条例》等。

实践促进着学术，并且，实践也离不开学术。文化公共服务保障、产业促进和遗产保护与利用需要学术界做出理论与思想上的呼应。在过去的20多年间，我国学界已有大量学者致力于文化法治的研究，为文化法律实践提供了必要的智力资源。国家社科基金、教育部人文社科研究基金资助的项目中，涉及文化法治的立项早已不在少数。就其内容看，研究视角已经涉及文化法治的方方面面。但就河北省而言，相关研究尚难成规模，尤其是具有地方针对性的研究成果不可谓多。对于河北省的法学学术圈，这意味着莫大的学术机遇，也提出了空前的学术挑战。于是，在河北大学燕赵文化高等研究院的支持下，河北大学法学院鼓励本院教师，以文化与法治为主题，展开了多角度、多层面的广泛探索和深入研究。

我们充分认识到，燕赵文化是在燕赵地区形成的具有区域特点的文化现象，而文化是一个复杂的体系性社会现象；因历史传承与现实发展、局部与整体之交融等原因，燕赵文化具有多方面的复杂性。那么，在社会沿革与发展的过程中，如何保证燕赵文化在传承与弘扬之间、主流与边缘之间、文化与经济之间、文化统一性与多样化之间保持各方面关系的动态平衡与整体的良性发展，需要借助于政策手段的介入、法律机制的保障。

研究中，大家始终坚持理论与实践的充分结合，研究视角涉及文化之法律治理的一般理论问题、文化多样性背景下的燕赵文化保护与促进、燕赵文化发展与公共服务的具体保障问题、雄安新区建设与传统文化弘扬等；并且，更多具体的文化与法治现象值得学术上的不断挖潜，开放的立场与心态至关重要。

至此，大家的研究初步形成了一批各具特色的学术成果。经充分考虑与整合，我们将部分成果编纂为一套丛书，奉献于全国文化与法学界，以为交流、更期指正。同时，该套丛书也是向河北大学百年校庆"献礼"，表达法学院全体师生对河北大学百年校庆的祝福之情！祝愿河北大学继往开来，再谱华丽篇章！

"燕赵文化与法治建设论丛"编委会

2021年7月

序 言
Preface

本书以燕赵非物质文化遗产的法治保护机制为写作主题,以完善燕赵非物质文化遗产的法律保护为主线,拣选了燕赵地区的核心省份——河北省为样本,沿着基础理论分析→国家层面非物质文化遗产法律保护现状→其他省份非物质文化遗产法律保护的经验→以河北省为代表的燕赵非物质文化遗产法律保护存在的问题→燕赵非物质文化遗产保护的法律体系构建为基本研究思路。

河北省对非物质文化遗产的法律保护主要依赖2014年出台的《河北省非物质文化遗产条例》(下文简称《条例》),《条例》在主要内容上存在非物质文化遗产范围界定标准缺失、缺乏规则衔接制度等问题,因而需要进行修改。在写作重点上,强调对非物质文化遗产的界定,地方性法规和上位法的衔接,社会公共利益和个人权益保护之间的平衡,公众参与原则的保障以及公法-私法并存的法律保护模式的构建。主张应明确法律政策目标,完善《条例》,同时推进专项立法,细化具体制度,加强司法可操作性,建立法律实施跟踪评价机制,完善相关配套制度,制定非物质文化遗产创新转化机制。

一

本书在借鉴了我国其他省份近年来在非物质文化遗产法律保护方面的先进经验的基础上,针对燕赵非物质文化遗产法律保护工作的不足,主要从如下几个方面对燕赵非物质文化遗产的法律保护体系进行构建。

(1)明确法律政策目标。对上位法的规定进行燕赵地区具体化,在实现有效衔接的同时，突出燕赵地方保护特色，有针对性地制定燕赵地方法规。法律政策制定要遵循合理的理念，构建燕赵非物质文化遗产公法-私法保护模式体系。

（2）完善《条例》。细化《条例》所保护的客体范围、完善燕赵非物质文化遗产的申报制度、进一步完善传承人机制、加强宣传和推广等。

（3）推进专项立法，细化具体制度。针对地方特色资源进行专项立法保护、对非物质文化遗产的调查、申报、认定等工作进行细化规定，增强可操作性。

（4）建立法律实施跟踪评价机制。明确燕赵非物质文化遗产中的评估机构主体、确定燕赵非物质文化遗产绩效评估的基本原则、明确燕赵非物质文化遗产项目保护效果评估指标并适时作出修正。

（5）完善法律保护机制相关配套制度。拓展传播途径，凸显燕赵区域特色、完善对燕赵地区传承人的传承保护制度、建立公众参与权制度等。

二

本书以燕赵非物质文化遗产法律保护机制为研究主题，以完善燕赵非物质文化遗产的法律保护为主线，以基础理论分析→国家层面非物质文化遗产法律保护现状→其他省份非物质文化遗产法律保护的发展经验→燕赵非物质文化遗产法律保护存在的问题→燕赵非物质文化遗产保护的法律体系构建为基本研究思路。具体的研究思路和方法如下：

（1）基础理论分析。非物质文化遗产的法律保护需要确定保护客体、保护主体、保护原则等基础性理论问题。在保护客体方面，需要对非物质文化遗产的范围进行界定，尤其是需要界定燕赵非物质文化遗产的特质性，这是确定燕赵非物质文化遗产法律保护的前提和根基，通过考察得出燕赵非物质文化遗产既具有非物质文化遗产的共性又具有自己的个性，传承性、地域性、民族性、时代性和知名度较低为其特性。在保护主体方面，探讨个人、集体性组织以及国家机关等主体的参与及作用发挥。在保护原则方面，坚持整体性保护原则、保护传承人原则、公众参与原则、保护优先和鼓励创新原则。

（2）命题规范分析。非物质文化遗产的法律保护工作具有复杂性，需要中央与地方的共同配合，中央对非物质文化遗产的法律保护规定，需要地方政府予以具体细化。国家层面制定的《中华人民共和国非物质遗产法》[1]及相关制度规则，在一定程度上完成了对非物质文化遗产的法律保护，但从整体的实施效果上看仍存在不足。在此背景下，我国其他省份坚持立法先行，开展了独具地方特色的法律保护工作，相较而言，河北省的法律保护工作相对较弱，应当予以完善。

（3）法律保护体系构建。河北省非物质文化遗产保护的法律体系构建，应从法律保护模式的构建、现有法律制度的完善、法律实施效果的保障以及配套制度的制定等几个方面展开，一方面要实现与中央法律政策的衔接，另一方面也要突出地方特色，为燕赵非物质文化遗产提供全面而立体的法律保护机制。

四

在确保非物质文化遗产可持续发展的前提下，科学而有效地利用好这些宝贵的资源并使其能够造福当代，是每个非物质文化遗产保护工作者需要认真思考的问题。在这个问题上，许多国家已经做出了有利的尝试，我国在非物质文化遗产的保护上也取得了骄人的成绩。燕赵地区具备丰富的非物质文化遗产资源，截至目前，仅河北省就有163个项目被列入国家级非物质文化遗产名录，总数居全国前列，第一批共40项，第二批共78项，第三批共15项，第四批共16项，第五批共14项。其中，蔚县剪纸、丰宁满族剪纸、唐山皮影戏、杨氏太极拳、武氏太极拳、王其和太极拳6个项目入选联合国教育、科学和文化组织（简称"联合国教科文组织"，UNESCO）"人类非物质文化遗产代表作名录"。燕赵非物质文化遗产内涵丰富，具有这个区域特有的性质，这也决定了保护理念和保护原则以及保护制度和机制的特殊性以及保护的多样性。当然，在多种保护方式中，立法保护是根本性保护，只有

---

[1] 为表述方便，本书中涉及的我国法律直接使用简称，省去"中华人民共和国"字样，全书统一，不再赘述。

健全的立法保护，才会使行政保护、财政支持、知识产权保护等措施得到保证。

非物质文化遗产保护是经济发展到一定程度后，民族文化面对外来文化侵蚀的自省与价值再发现，是对文化传统的回归与守护，是一种文化话语权的竞争。[1]在中国的传统农业社会，由于对非物质文化遗产保护不够重视，导致了文化自信的缺位。而随着信息时代的到来，文化霸权主义也随之扩张，这为非物质文化遗产的保护敲响了警钟，因为无论从国家层面还是从民族层面，对非物质文化遗产的保护都是对文化主权的保护，彰显着文化自信。"文化是一个国家、一个民族的灵魂。历史和现实都表明，一个抛弃了或者背叛了自己历史文化的民族，不仅不可能发展起来，而且很可能上演一幕幕历史悲剧。文化自信，是更基础、更广泛、更深厚的自信，是更基本、更深沉、更持久的力量。"[2]文化是一个国家强大的精神力量，是这个国家存在的文化根基。同时，文化本是平等的，不存在优势文化和劣等文化之分，每个文化的形成和发展，都凝聚着这个民族的意识。习近平总书记曾指出："每一种文明都扎根于自己的生存土壤，凝聚着一个国家、一个民族的非凡智慧和精神追求，都有自己存在的价值，人类只有肤色语言之别，文明只有姹紫嫣红之别，但绝无高低优劣之分。"[3]我们应当重视文化的内在意蕴，才能从根本上对其进行保护。非物质文化遗产的法律保护除了包括对具体文化事项的法律保护外，同时也包括对法律保护的价值和意义的充分认识。

非物质文化遗产相较于物质文化遗产更容易发挥民族精神传承的作用，因为非物质文化遗产是活态的、不断发展的，它产生于民间，并在人们日常生活中发展起来，其精神意蕴可通过其生态环境进行理解，此种文化是民族精神的活的体现，也是文化认同的重要标志，是维系民族存在的根本。这种根基一旦遭到破坏，将会使民族文化的基因及其生命链出现断裂，在人类历

---

[1] 王巨山："非物质文化遗产的特征及其保护的再认识"，载《社会科学辑刊》2006年第5期。
[2] 习近平："要有高度的文化自信（2016年11月30日）"，载《习近平谈治国理政》（第2卷），外文出版社2018年版，第349页。
[3] 习近平："深化文明交流互鉴，共建亚洲命运共同体（2019年5月15日）"，载《习近平谈治国理政》（第3卷），外文出版社2020年版，第468页。

史中也有许多因自身失传或被外界力量破坏而导致解体乃至消亡的文化,也表明了保护非物质文化的重要性。[1]在此情况下,保护并坚守本国文化,加强对非物质文化遗产的保护显得尤为重要。目前,世界上的很多国家都建立了较为完备的非物质文化遗产法律保护制度,[2]当一个民族从总体上提高了文化主权和文化保护意识,并付出正确和有效的措施时,在面对文化霸权主义和全球化时才能站住脚跟,继承并发展创新,将本国文化发扬光大。从这个角度而言,对燕赵非物质文化遗产的法律保护进行研究也是彰显和践行我国文化自信的重要方式。

---

[1] 贺学君:"关于非物质文化遗产保护的理论思考",载《江西社会科学》2005年第2期。

[2] 2000年,联合国教科文组织对其成员国进行了一次全球性的调查。在103个国家中,57个国家将无形文化遗产作为国家文化政策的一部分;80个国家对致力于保护无形遗产的个人和机构提供道义上或经济上的支持;在63个为艺术家和从业者提供支持的国家中,有28个给予国家支持、14个给予荣誉或地位,还有5个给予国家职位;52个国家的立法包含无形遗产的"知识产权"方面的条款。参见[美]兰德尔·梅森、玛尔塔·德·拉·托尔:"在全球化社会中遗产的保存和价值",胡奇玮译,载联合国教科文组织编:《世界文化报告:文化的多样性、冲突和多元共存》,关世杰等译,北京大学出版社2002年版,第163页。

目录

总　序 …………………………………………………………… 001

序　言 …………………………………………………………… 004

第一章　燕赵非物质文化遗产法律保护机制的概述 ………… 001

　第一节　燕赵非物质文化遗产的内涵解读 ………………… 001

　　一、燕赵地区的界定 ………………………………………… 001

　　二、非物质文化遗产的法律内涵解读 ……………………… 004

　　三、燕赵非物质文化遗产的特质 …………………………… 012

　第二节　非物质文化遗产的保护原则 ……………………… 020

　　一、整体性保护原则 ………………………………………… 020

　　二、保护传承人的原则 ……………………………………… 024

　　三、公众参与原则 …………………………………………… 027

　　四、保护、开发和鼓励创新原则 …………………………… 028

第二章　非物质文化遗产法律保护机制的比较考察 ………… 033

　第一节　国家层面非物质文化遗产法律保护机制 ………… 033

　　一、《非物质文化遗产法》及其制度建设 ………………… 033

　　二、相关的配套性法律制度建设 …………………………… 039

　　三、非物质文化遗产法律保护制度的反思 ………………… 041

　第二节　我国其他省份非物质文化遗产法律
　　　　　保护机制的策略与经验借鉴 ……………………… 045

一、安徽省非物质文化遗产的法律保护——以对黄梅戏的
　　　　保护和传承为例 ……………………………………… 045
　　二、江西省非物质文化遗产的法律保护——以对景德镇手工制瓷
　　　　技艺的保护和传承为例 ………………………………… 051

第三章　燕赵非物质文化遗产法律保护理念和原则 ……… 057
第一节　燕赵非物质文化遗产法律保护理念 ………………… 057
　　一、影响法律保护理念形成的因素 ……………………………… 057
　　二、具体的保护理念 ………………………………………… 059
第二节　燕赵非物质文化遗产的法律保护原则 ……………… 063
　　一、燕赵非物质文化遗产的法律保护应与世界接轨 ………… 063
　　二、基于燕赵非物质文化遗产特质的法律保护原则 ………… 064

第四章　燕赵非物质文化遗产法律保护机制的反思 ……… 079
　　一、燕赵非物质文化遗产法律保护概貌 ……………………… 079
　　二、立法层面：照搬上位法，缺乏燕赵特色 ………………… 086
　　三、《条例》内容有待充实 …………………………………… 089
　　四、制度层面：具体制度可操作性差 ………………………… 093
　　五、法律保障层面：法律保障机制不足 ……………………… 099

第五章　燕赵非物质文化遗产法律保护体系构建 ………… 109
第一节　构建燕赵非物质文化遗产公法私法保护模式 ……… 110
　　一、明确公法私法模式的保护目标 …………………………… 111
　　二、加强对传承人的公法和私法保护 ………………………… 115
　　三、创立新型知识产权保护制度 ……………………………… 121
　　四、引入公益诉讼制度 ………………………………………… 124
　　五、建立立体化的法律监督体系 ……………………………… 133
第二节　完善《条例》 ………………………………………… 136
　　一、细化保护的客体范围 ……………………………………… 137

二、完善燕赵非物质文化遗产申报制度 …………………………… 137
　　三、进一步完善传承人机制 ………………………………………… 138
　　四、加强宣传和推广 ………………………………………………… 139
　第三节　建立法律实施跟踪评价机制 ………………………………… 141
　　一、明确燕赵非物质文化遗产中的评估机构主体 ………………… 143
　　二、确定燕赵非物质文化遗产绩效评估的基本原则 ……………… 145
　　三、燕赵非物质文化遗产项目保护效果评估指标 ………………… 147
　第四节　完善法律保护机制相关配套制度 …………………………… 148
　　一、拓展传播途径，凸显燕赵区域特色 …………………………… 148
　　二、完善传承人的传承保护制度 …………………………………… 155
　　三、细化公众参与权制度 …………………………………………… 158

参考文献 ……………………………………………………………………… 161

附录一　河北省国家级非物质文化遗产名录共计 164 项 ……………… 169

附录二　河北省国家级非物质文化遗产：蔚县剪纸、丰宁满族
　　　　　剪纸、唐山皮影戏、杨氏太极拳、武氏太极拳、王其
　　　　　和太极拳 6 个项目入选联合国教科文组织人类非物
　　　　　质文化遗产代表作名录。………………………………… 178

后　　记 …………………………………………………………………… 186

第一章

燕赵非物质文化遗产法律保护机制的概述

法律应保护人类历史上所创造的一切优秀的文化成果，这其中必然包含了非物质文化遗产。文化成果以无形的精神激励着每个时代的接班人奋力前行。文化是民族的，也是世界的，正是多样化的文化生成了这个缤纷绚丽的世界，也推动着世界文化的共同发展。因此，多样性是非物质文化遗产保护的理论基础，这同样也是《非物质文化遗产法》和《河北省非物质文化条例》（下文简称《条例》）的立法宗旨和本意，是这两部法律实施的精神所在。人类社会的进步不仅仅体现在物质层面，更多地体现在精神文明层面。衡量一个国家发展的程度，不仅要看它的物质发展情况，更要看其精神世界是否丰富，精神文明的一项重要的内涵就是非物质文化遗产，所以作为人类创造，非物质文化遗产有利于人类文化繁荣和发展的先进文化。具体到燕赵非物质文化遗产的法律保护而言，应以《非物质文化遗产保护法》和《条例》为核心，构建立体化的法律体系，并对其进行全方位的保护，只有在充分认识到（燕赵）非物质文化遗产的内容、特质以及重要性后，才能增强民众对燕赵非物质文化遗产法律保护必要性的深刻认识。

第一节 燕赵非物质文化遗产的内涵解读

一、燕赵地区的界定

为了对燕赵非物质文化遗产进行更深入的研究和更有效的法律保护，合理界定"燕赵地区"为首要问题之一。燕赵非物质文化遗产是燕赵地区的一种地方性文化，燕赵地区的划分应以现在的黄河为南界，太行山和燕山为西界和北界。提及燕赵，大多数人认为，"燕赵"指的是河北省。其实，尽管"燕赵"在日常生活中确实是河北省的昵称，但是，燕赵地区不能简单地以河北省为界来界定。实际上，古代的"燕赵"地区还包括现在的北京、天津、辽宁、山西、河南北部、内蒙古南部、朝鲜大同江北部以及燕赵周边的一些地区。这是一个广阔的聚集区，不仅仅局限于河北省。但现在河北省的省界大致与战国时期的燕赵边界重合。

据公元前350年记载，燕国境内的城邑有武阳，即燕下都，在今河北省易县南；造阳，在今河北省怀来县东南；涿，在今河北省涿州市；武遂，在今河北省徐水县西北；桑丘，在今河北省徐水县西南；曲逆，在今河北省顺平县东；阳城，在今河北省望都县东；武垣，在今河北省河间市西南；阿，在河北省任丘西南；易，在今河北省雄县西北；高阳，在今河北省高阳县东；鄚，在今河北省任丘市北；渔阳，在今北京市怀柔区东；方城，在今河北省固安县西南；临乐，在今河北省固安县西南；徐州，又称平舒，在今河北省大城县；无终，在今河北省商县等。后来到燕昭王时，燕国强盛，在乐毅伐齐的第二年，燕将秦开又北攻东胡，拓地千余里，新置上谷、渔阳、右北平、辽西、辽东五郡。此时，燕国的疆界除覆盖今北京、天津和河北省北部外，还延伸到了山东北部、山西北部、辽宁大部、内蒙古东南部以及朝鲜半岛等广大地区。[1]

赵国境内的城邑有：邯郸，今河北省邯郸市；代，今河北省蔚县东北；安阳，今河北省阳原县东南；汾门，今河北省徐水县西北；观津，今河北省武邑县东南；河间，今河北省献县东南；武城，今河北省故城县南；巨鹿，今河北省平乡县西南；柏人，今河北省柏乡县西南；元城，今河北省大名县东；沙丘，今河北省巨鹿县南等。后来，到赵武灵王时，赵国强盛，北伐燕、代，灭中山，西北伐林胡、楼烦，新置云中、雁门、代郡，也拓境千余里。疆域除覆盖今河北省西部、西南部外，还延伸到了山西北部、陕西东北角和内蒙古河套地区。

同时，中山国境内的城邑有：中人城，初期都城，在今河北省唐县西；

---

[1] 参见 https://wenku.baidu.com/view/548d82f3332b3169a45177232f60ddccdb38e659.html，最后访问日期：2021年4月22日。

顾，中期都城，在今河北省定县；灵寿，后期都城，在今河北省灵寿县西北；房子，在今河北省高邑县西南；鄗，在今河北省高邑县东；扶柳，在今河北省冀州市西北；石邑，在今河北省石家庄市西南；肥，在今河北省藁城县西；封龙，在今河北省石家庄市西南；元氏，在今河北省元氏县西南；昌城，在今河北省辛集市南；宋子，在今河北省赵县东北；下曲阳，在今河北省晋州市西；昔阳，在今河北省晋州市西北；九门，在今河北省藁城县西北；东垣，在今河北省石家庄市东北；宜安，在今河北省藁城县南；宁葭，在今河北省石家庄市西北；井陉塞，在今河北省井陉县北；番吾，在今河北省灵寿县西南；权，在今河北省正定县北；南行唐，在今河北省行唐县东北；曲阳，在今河北省曲阳县；左人，在今河北省唐县西等。公元前323年，中山与燕、赵、韩、魏四国同时称王，国力强盛，疆界北部到达由今安新县经徐水县向西的燕长城，南部到达今赞皇、高邑县一带，西到太行山东麓，东至衡水，大致相当于今保定和石家庄地区。[1]

因此，虽然战国时期燕赵地区主要以燕赵两国的疆域为依据，但按照两国的疆域划分燕赵地区的边界并不准确。

今河北省的行政建制始于1928年，从直隶省改为河北省，至今只有几十年的历史。因此，用河北省的行政区划来覆盖过去几千年的文化发展是不准确的。特别是在河北省，京津是独立的。有人认为，北京自西周初封燕以来，又成为辽代的南京（燕京）、金代的中都、元代的大都、明朝的北京、清朝的都城，可谓六朝的古都，但这种说法也有待考证。因为一个国家在分裂状态下的首都的性质和意义不同于统一状态下的全国首都。在过去的几千年里，曾经是分裂国家首都（包括临时首都）的地方不计其数。周代燕国都城的性质和意义与赵国都城邯郸几乎相同，在河北省可以找到三十多个这样的都城。明朝以后，北京成为全国的首都，才有了不同的性质和意义。它的历史文化已不再属于任何地方的地域历史文化。因此，近代以来，北京史研究已经形成了一个独立的研究领域，不再与河北历史文化研究混为一谈。在这种情况下，如果将燕赵文化等同于河北文化，将给元代以前的北京研究带来不便。

---

[1] "地域文化的界定——以燕赵文化为例"，载 https://wenku.baidu.com/view/afed462867ce0508763231126edb6f1afe007162.html，最后访问日期：2021年4月23日。

今河北省简称冀，起源于冀州，是《尚书·禹贡》记载的古九州之一。起初，冀州地域辽阔，包括山西大部和山东西北部。在冀州成为正式的行政机构之前，它是一个地区的总称，边界很模糊，只有黄河可以作为一个符号。《尔雅·释地》和《周礼·职方》二书提及"两河间曰冀州""河内曰冀州"。事实证明，利用黄河等天然屏障来划分地域和文化是非常有效的。这种划分比一定时代的行政设置更准确、更稳定。燕山、太行、渤海和黄河是燕赵地区的四大地理界线。我们以黄河为界划分燕赵地区的南部边界，以太行山和燕山为界划分燕赵地区的西部边界和北部边界。由于燕赵地区以东临海，太行山和燕山便成了燕赵地区除黄河以外的重要标志。[1]

燕赵地区是北方各民族融合与冲突的窗口，也是元、明、清时期政治中心北移、经济中心南移的敏感焦点。随着整个古代文明的兴衰，燕赵地区是古代文明由盛转衰，再由古代向近代和现代化转变的一个缩影。这也是中国文化历史发展的一个缩影。而燕赵文化则是燕赵地区的一个连续的文化特征。但不同地域文化之间的区别往往是一种模糊的自然区别。究其原因，历史上不断存在的文化特征，决不会被人为的行政区划所割裂。相反，不同的地域文化之间有着密切的联系。

总之，如果我们认为燕赵地区主要是古代的燕国、赵国地区和现在的河北省地区，一般来说是不错的，但不够准确。在这里，我们要特别注意三个问题：第一，中山国[2]作为燕赵之间的另一个大国，应被纳入燕赵地区。第二，元代以前的北京应被纳入燕赵地区。第三，河南、山东黄河以北地区也被纳入燕赵地区。只有这样才能维护燕赵地区的文化完整性。

二、非物质文化遗产的法律内涵解读

非物质文化遗产是历史的见证和文化的重要载体，蕴含着中华民族特有

---

[1] 参见"燕赵文化"，载https://culture.china.com/heritage/index.html，最后访问日期：2021年5月12日。

[2] 中山国，战国时期诸侯国，在很多人的概念里，是一个由少数民族建立的小国，因城（中山城）中有山而得名。建立者叫中山武公，国土嵌在燕赵之间，像是肉夹馍里的一块肉，最终被他国吞掉了。中山国经历了戎狄、鲜虞和中山三个发展阶段，曾长期与晋国等中原国家交战，一度被视为中原国家的心腹大患，经历了邢侯搏戎、晋侯抗鲜虞等事件。后来，魏国魏文侯派大将乐羊、吴起统帅军队，经过三年苦战，在公元前407年占领了中山国。后来，中山桓公复国，国力鼎盛，有战车九千乘。最终为赵国所灭。存在的时间大约为公元前414年至公元前296年。

的精神价值和文化意识,是五千年来华夏文明凝聚而成的宝贵精神财富,[1]是世界各民族在与大自然的相互融合过程中所产生的传统文化和传统知识之间不断传承、创新和积淀的成果,是一个民族的生命记忆和文化基因,是一个国家和地区的文化精神的精华性存留。在内容上,其主要包括口头表述的故事、艺术表演、风俗习惯、礼仪节庆和传统的手工活等。当前,我国在非物质文化遗产的保护和传承方面取得了不菲的成绩,社会各界对非物质文化遗产进行传承和保护的文化自觉性日益增强,政府对非物质文化遗产的传承和保护更是不遗余力。随着非物质文化遗产保护领域的不断拓展,对非物质文化遗产进行科学传承和保护的体系也随之建立。但在当前,伴随经济全球化进程的加快,文化的多样性和独特性受到了前所未有的冲击,中华优秀传统文化的保护也面临着严峻的挑战,很多珍贵的非物质文化遗产均面临消失的风险。因此,通过法律的手段加强对非物质文化遗产的保护已刻不容缓。

(一)非物质文化遗产概念的由来

"非物质文化遗产"的英文表达是"Intangible Cultural Heritage"。这一表达最早由日语的"无形文化财"翻译而来。"无形文化财"这一表述直接来源于1950年的《日本文化财保护法》。[2]这部法律首次构建了无形财产的法律保护模式。"无形文化财"与"有形文化财"相对应,学术界在研究中普遍认为"无形文化财"是"非物质文化遗产"最主要的概念渊源。[3]

之后,联合国教育、科学和文化组织(简称"联合国教科文组织",UNESCO)经过长期的研究和讨论正式确立了"非物质文化遗产"的概念。这是一个渐进的过程,这个过程直接反映为联合国教科文组织对"非物质文化遗产"术语的选择所呈现的一系列变化,具体表现为从最初的"民间文学艺术"(folklore),到"非物质遗产"(non-physical heritage),再到"口头和非物质遗产"(oral and intangible heritage),最后到"非物质文化遗产"(intangible cultural heritage)。之后,2003年10月联合国教科文组织大会第32届会议通过

---

[1] 严永和:"非物质文化遗产的法律保护",载《光明日报》2010年8月10日。

[2] [澳]林德尔·普罗特:"定义'无形遗产'的概念挑战和前景",载联合国教科文组织编:《世界文化报告:文化的多样性、冲突和多元共存》,关世杰等译,北京大学出版社2002年版,第147页。

[3] 王文章主编:《非物质文化遗产概论》,文化艺术出版社2006年版,第3页。

的《保护非物质文化遗产公约》（Convention for the Safeguarding of Intangible Cultural Heritage，以下简称《公约》）正式将"非物质文化遗产"界定为：[1]

（一）"非物质文化遗产"，指被各社区、群体，有时是个人，视为其文化遗产组成部分的各种社会实践、观念表述、表现形式、知识、技能以及相关的工具、实物、手工艺品和文化场所。这种非物质文化遗产世代相传，在各社区和群体适应周围环境以及与自然和历史的互动中，被不断地再创造，为这些社区和群体提供认同感和持续感，从而增强对文化多样性和人类创造力的尊重。在本公约中，只考虑符合现有的国际人权文件，各社区、群体和个人之间相互尊重的需要和顺应可持续发展的非物质文化遗产。

（二）按上述第（一）项的定义，"非物质文化遗产"包括以下方面：
1. 口头传统和表现形式，包括作为非物质文化遗产媒介的语言；
2. 表演艺术；
3. 社会实践、仪式、节庆活动；
4. 有关自然界和宇宙的知识和实践；
5. 传统手工艺。
…………

《公约》对非物质文化遗产的内涵进行了界定，这意味着对此问题研究的开始。因为非物质文化遗产有着丰富的内涵，是一个较为复杂的问题，况且对某一个术语的定义性描述，本身也是一个主观性的活动和思维，很难在国际社会中达成共识。并且，非物质文化遗产这一概念还会牵扯到诸多相关学科领域，如在知识产权领域中存在着"考虑到许多国家将有形性视为适用版权法的条件，使用'无形性'将对可否适用版权法造成混乱。我们必须确保描述这一领域的术语不对我们保护传统文化的努力产生反作用"[2]的顾虑。所以，从《公约》界定非物质文化遗产概念开始，对这一问题的研究从来没有停止过。《公约》对非物质文化遗产的界定也仅为各缔约国提供了参

---

[1] 参见《公约》第2条"定义"。
[2] A. McCann et al., *The 1989 Recommendation Today: A Brief Analysis*, Paper Presented at A Global Assessment of the 1989 Recommendation on the Safeguarding of Tradition and Folklore: *Local Empowerment and International Cooperation*, Organized by UNESCO and Smithsonian Institution, 1999, p. 8.

照,至于如何进一步解释和界定,需要各缔约国结合自己的国情、社情和民情具体确定。毕竟,非物质文化遗产本身就是某一特定区域内特定群体的智力劳动成果。联合国教科文组织等国际组织为非物质文化遗产的研究所做的杰出贡献,为完善各国非物质文化遗产提供了丰富的研究和参考资料,也足见人类社会为科学文化研究而团结协助所作出的不懈努力。通过下列联合国教科文组织保护非物质文化遗产的大事记,我们可以获悉除非物质文化遗产之外其他更多的信息:

联合国教科文组织保护非物质文化遗产大事记[1]

1952年9月6日	联合国教科文组织通过《世界版权公约》
1966年11月4日	联合国教科文组织大会第14届会议《国际文化合作原则宣言》
1967年7月14日	伯尔尼联盟执行委员会《伯尔尼公约》斯德哥尔摩会议
1971年	联合国教科文组织秘书处《建立保护民间文学艺术的国际准则的可能性》
1972年11月6日	联合国教科文组织大会第17届会议通过《保护世界文化和自然遗产公约》
1973年4月24日	玻利维亚政府提出为《世界版权公约》增加一项关于保护民间文学艺术的议定书的官方请求
1976年	联合国教科文组织和世界知识产权组织《突尼斯版权示范法》
1982年	联合国教科文组织设立非物质遗产处
1982年	联合国教科文组织和世界知识产权组织《保护民间文学艺术表达、防止不正当利用和其他侵害行为的国内法示范条款》
1989年11月15日	通过《保护传统文化和民间文学艺术建议案》
1993年	联合国教科文组织执行局第154次会议根据韩

---

〔1〕 此处的大事记表引用李墨丝:"非物质文化遗产保护法制研究——以国际条约和国内立法为中心",华东政法大学2009年博士学位论文,第17页。

1997年6月	国政府有关建议，决议建立"人类活珍宝"系统 联合国教科文组织和摩洛哥教科文组织全国委员会马拉喀什"国际保护民间文化空间专家磋商会"
1998年10月	联合国教科文组织执行局第155次会议通过《宣布人类口头和非物质遗产代表作》
2003年10月17日	联合国教科文组织大会第32届会议通过《保护非物质文化遗产公约》
2005年10月	联合国教科文组织大会第33届会议通过《保护和促进文化表现形式多样性公约》

（二）保护客体

非物质文化遗产是世界各民族不断继承、创新、积累的文化传统和传统知识的产物，是文化多样性的"大熔炉"，是可持续发展的保障，也是人类创造力的重要源泉。在传承非物质文化遗产这一过程中，各个团体之间不断地进行自我创新，同时也赋予自我身份感和历史感，进而促进文化多样性，激发人类的创造力。我国于2004年8月加入《公约》，开创了我国非物质文化遗产立法保护和理论研究的新局面，并于2011年制定了《非物质文化遗产法》。

根据《非物质文化遗产法》的规定，非物质文化遗产是指各族人民世代相传并视为其文化遗产重要组成部分的各种传统文化的表现形式，以及与传统文化表现形式相关的实物和场所。主要包括以下几类：①传统口头文学以及作为其载体的语言；②传统美术、书法、音乐、舞蹈、戏剧、曲艺和杂技；③传统技艺、医药和历法；④传统礼仪、节庆等民俗；⑤传统体育和游艺；⑥其他非物质文化遗产。[1]

为了实现对非物质文化遗产有效性的法律保护，我们应首先深入界定"非物质文化遗产"的内涵，在具体路径上可以将"非物质文化遗产"这一称谓进行拆分解读，将其拆分为"非物质""文化""遗产"三组词语。另

---

[1] 参见《非物质文化遗产法》第2条。

外，鉴于非物质文化遗产在本质上又具有一定的民族性，与"民族"关系密切，也应将"民族"纳入对这一概念的解读，通过对这些词语的解读，更加深入、准确地把握"非物质文化遗产"的具体含义。

"民族"一词主要指非物质文化遗产的归属。此处的"民族"包含内外两层含义。表层含义是指非物质文化遗产的保护往往更多地侧重于个别少数民族的文化，特别是濒临灭绝、人口基数小的少数民族；深层含义则是指它所体现的民族精神和民族情感。

"非物质"一词是对非物质文化遗产重要特征的直接描述。这也是它与物质文化遗产的根本区别。强调非物质文化遗产是以一种"无形"的形式存在，是一种与人们的生活息息相关、代代相传的传统文化形态。非物质文化遗产更多地展现了人类的精神情感，它不是具象化的物质形态，所以往往被很多人认为与"物质"是严格对立的、毫不相干的，但实际上，世界上不存在任何独立于物质而存在的精神，从某种意义上讲，相当多的非物质文化遗产都是附着在物质文化遗产上的理念和文化价值。[1]非物质文化遗产中也具有物质的因素，需要依靠一定的工具、实物等来呈现。只不过，非物质文化遗产主要强调的是传统的技艺、技能和技术的内核，而不是其外在表现形式。[2]

"文化"一词则揭示了非物质文化遗产的根本性质。"文化"即以"文""化"人，伊·罗伯逊在其所著的《社会学》一书中明确指出，文化是大家共同享有的全部人类社会产品。该书将文化区分为物质文化和非物质文化。认为物质文化是一切由人类创造出来并赋予它意义的人工制品或物体，而非物质文化由比较抽象的创造物组成。[3]文化是人类适应环境的一种手段，体现着人类的主体意识和价值观。联合国教科文组织将文化定义为"某个社会或某个社会群体特有的精神与物质，智力与情感方面的不同特点之总和除了文学和艺术外，文化还包括生活方式、共处的方式、价值观体系、传统和信仰"。[4]

---

[1] 麻国庆、朱伟：《文化人类学与非物质文化遗产》，生活·读书·新知三联书店2018年版，第5页。

[2] 李墨丝："非物质文化遗产保护法制研究——以国际条约和国内立法为中心"，华东政法大学2009年博士学位论文，第21页。

[3] 董剑波、李学昌："'文化'：一个概念的内涵与外延"，载《探索与争鸣》2004年第10期。

[4] 参见《世界文化多样性宣言》序言。

"遗产"一词描述了非物质文化遗产的渊源。"遗产"一词源于拉丁语，原本指"公民死亡时遗留下来的个人合法财产"，后被衍生为"历史上遗留下来的精神财富"。[1]它代表着历史的遗留和不加改动的保存，是先人通过在日常生活中的使用而保存至今的文化财富，应珍视和加强原生态保护，保持其原真性。"非物质文化遗产的原真性是指将非物质文化遗产置于特定的时间、空间维度之中，并保持整体性。"[2]而这种"遗产"是一种"文化"遗产，文化是人类活动的一种模式，所以从这个角度讲，此处的"遗产"具有属于全人类的意思。按照是否可以满足人类社会需求的标准，可以将产品相应地划分为私人产品（Private Goods）和公共产品（Public Goods）两大类，满足个体需要的私人产品明确而具体，权属分明。而公共产品则因其不可分割、公共消费的特点，使其通常具有间接性，似乎人人皆可享用，又似乎不属于任何人。所以，从某种意义上讲，这里的"遗产"具有公共属性的财富的意思。

"保护"一词，则表明了人类对非物质文化遗产的正确态度。非物质文化遗产中的"遗产"既包括对历史的尊重也饱含着随社会时代的变迁而对其进行的创新两层含义。结合上文对相关词语的解读，此处对非物质文化遗产的"保护"应被理解为对非物质文化遗产本身的具象保护和对它所蕴含的民族情感和精神的保护与传承。《公约》第2条第3款规定："'保护'指确保非物质文化遗产生命力的各种措施，包括对这种遗产各个方面的确认、立档、研究、保存、保护、宣传、弘扬、传承（特别是通过正规和非正规教育）和振兴。"

（三）保护主体的多元化

在对非物质文化遗产概念的解读中，引入保护主体，不仅可以深化对概念本身的理解，并且可以提高对非物质文化遗产保护的广度和深度。保护非物质文化遗产是全社会乃至全人类的责任，这是一项伟大的公共文化事业。社会各界人士应共同参与对非物质文化遗产的保护。在这个实践活动中，每一个个体都像非物质文化遗产的保护工作者一样彼此互动，团结协助，发挥

---

[1] 辞海编辑委员会编：《辞海》，上海辞书出版社1999年版，第3004页。
[2] 黄玉烨、戈光应："非物质文化遗产的法律保护模式"，载《重庆工学院学报（社会科学版）》2009年第5期。

自身优势，并在所擅长的领域内承担具体的责任。按照《公约》的内容，非物质文化遗产项目主体被定位为"社区""团体"，有时甚至为"个人"。《公约》为我们正确认识非物质文化遗产的保护主体提供了界定的依据。我们之所以要明确非物质文化遗产的保护主体，就是要赋权与民，使其具有人民特性和人文特性。非物质文化遗产来源于人民，因此在保护的过程中，要保持民间性，把"民"转化为"人类"和"人民"，认识到要让人民充分发挥主观能动性。[1]事实上，非物质文化遗产中"文化"以及"遗产"的内涵就蕴含着"人类社会"的意思。所以，这也是非物质文化遗产具有主体性的根本所在。非物质文化遗产离不开主体，按照《公约》的规定，非物质文化遗产的保护主体具有多元特征，应充分调动各主体的主观能动性，只有弘扬非物质文化遗产所蕴含的精神，才能使非物质文化遗产得到更好的开发和保护。

在研究和界定非物质文化遗产的保护主体时，一定要区分非物质文化遗产的主体与非物质文化遗产的保护主体、非物质文化遗产的主体与非物质文化遗产的主人这两组概念。目前，学术界对这两组概念的理解争议也较大。[2]按照本书的写作观点，在前一组概念的比较中"非物质文化遗产的主体"是实践非物质文化遗产、继承非物质文化遗产、承认非物质文化遗产的人群；而"非物质文化遗产的保护主体"则是参与非物质文化遗产保护的各方，主要包括但不限于国际机构、相关政府机构、团体组织、相关部门或者个人等；在后一组概念的比较中，"非物质文化遗产的主体"与"非物质

---

[1] 韩成艳："非物质文化遗产的主体与保护主体之解析"，载《民俗研究》2020年第3期。

[2] 其一直是非物质文化遗产研究的热点、难点问题，学术界涌现不同的观点。有的学者认为，非物质文化遗产的传承主体是民间自身，除传承主体之外，又出现了一个由政府、学界、商界以及新闻媒体等共同构成的非物质文化遗产保护主体。从表面上看，保护主体与传承主体均基于遗产保护而生，但实际上两者的功能完全不同，认为传承主体负责传承，保护主体负责非物质文化遗产的宣传、推动、弘扬等外围工作。另有学者认为，应把非物质文化遗产持有者（传承人群）排除在非物质文化遗产保护主体之外。还有的学者则将传承人群也纳入非物质文化遗产保护的主体，并对传承人群和政府都作为保护主体所发挥的不同作用进行了细致的分析。上述不同观点请参见韩成艳："非物质文化遗产的主体与保护主体之解析"，载《民俗研究》2020年第3期；苑利："非物质文化遗产保护主体研究"，载《重庆文理学院学报（社会科学版）》2009年第2期；刘朝晖："村落社会与非物质文化遗产保护——兼论遗产主体与遗产保护主体的悖论"，载《文化艺术研究》2009年第4期；黄涛："论非物质文化遗产的保护主体"，载《河南社会科学》2014年第1期。

文化遗产的主人"并不完全相同，前者的范围要广于后者，"主体"表示人在非物质文化遗产的生成、演示活动中提供观念、赋予形式、注入意义、传承传统，用"主人"表示人是非物质文化遗产的创造者、拥有者。[1]本书主要是针对非物质文化遗产的法律保护做主题研究，所以，此处对保护主体的界定更倾向于广义的内涵，其范围是除了非物质文化遗产的主人、非物质文化遗产的主体之外的全社会人员，是指负有保护责任，从事保护工作的国际组织、各国政府相关机构、团体和社会有关部门及个人。[2]

三、燕赵非物质文化遗产的特质

燕赵地区自古以来就是王朝更迭的地区，这也造就了燕赵地区丰富多样的非物质文化遗产。河北地处京畿，因春秋战国时期是燕国和赵国的属国而得名。主要分为燕文化和赵文化，源远流长，经过长期的历史发展形成了独具特色、丰富多彩的河北民俗文化。非物质文化遗产作为民俗文化的重要组成部分，是民间社会具有代表性的文化。[3]如河北地区的剧种繁多，有河北梆子、评剧、乐亭大鼓等21种，特色民间艺术（如武强年画、蔚县剪纸、衡水内画等）数十种；地方舞蹈（如昌黎地秧歌、栾城地秧歌、黄骅麒麟舞等）数十种；诞生于唐山乐亭的皮影经历了从清末至今四百多年的历史，作为中国传统文化的瑰宝，有着强烈的民族特色。燕赵非物质文化遗产是中华民族文化基因的重要组成部分，其鲜活的形式、广泛的感染力广受世界各国的青睐。"活影人齐"——齐永衡是在国际社会具有一定影响力的皮影大师；素有"东方迪斯尼乐园"之称的吴桥杂技大世界，将燕赵的风骨传扬至世界各地；"鬼手"王宝合表演的"三仙归洞"受到了人们的热烈欢迎。[4]

对于这些丰富的非物质文化遗产应采取各种措施加以保护，以便能更好地传承和发展，而对非物质文化遗产的全方位保护，必须建立在对非物质文

---

[1] 韩成艳：“非物质文化遗产的主体与保护主体之解析”，载《民俗研究》2020年第3期。
[2] 李荣启：《非物质文化遗产保护研究文集》，文化艺术出版社2016年版，第1页。
[3] 麻国庆、朱伟：《文化人类学与非物质文化遗产》，生活·读书·新知三联书店2018年版，第12~13页。
[4] 杨东：“河北燕赵文化'走出去'传播路径探析”，载《传媒论坛》2020年第19期。

化遗产的特点进行合理界定的基础上。在立法上，不同特点的保护客体应采取不同的法律保护路径，非物质文化遗产的保护路径之一是知识产权保护，但是通过2011年《非物质文化遗产法》，我们不难发现，对非物质文化遗产的保护不同于对知识产权的保护，后者主要侧重于促进和开发，而对非物质文化遗产的保护强调的是保存、维护和加强，不仅仅是"系统树立传统文化资源，让收藏在禁宫里的文物、陈列在广阔大地上的遗产、书写在古籍里的文字都活过来"，[1]还要让现存的非物质文化遗产得到原生态的保护。另外，在国际视野中，非物质文化遗产的保护与物质遗产的保护也有着很大的不同，从联合国教科文组织发布的文化和自然等物质文化遗产的文件中我们可以发现，对物质文化遗产的保护用的是英文单词"protection"，体现了对此类遗产的特殊保护理念，在内涵上着重强调保存，纵然时间流逝也能够较好地保持这种文化遗产的原有形态；而针对非物质文化遗产的保护则有着不同的含义，《公约》使用的是"safeguarding"，并特别说明了此种保护指的是"确保非物质文化遗产生命力的各种措施，包括各个方面的确认、立档、研究、保存、保护、宣传、弘扬、传承（特别是通过正规和非正规教育）和振兴"。[2]而对燕赵非物质文化遗产的保护应结合上述保护理念进行，而对燕赵非物质文化遗产特性的研究是践行这一理念的前提。

（一）传承性

有众多学者对非物质文化遗产的称谓提出了质疑，认为将其称为"遗产"不够准确，应该更多地强调这种特殊文化的"传承性"。在对这种特殊文化的保护中，传承应大于开发，不能仅凭保护而将非物质文化遗产包装成文化产品大肆宣传并借此盈利，而应重视非物质文化遗产的内在精神力量对于一个民族乃至一个国家传承的重要作用。

非物质文化遗产具有被人类以集体、群体或个体地方式代代享用、继承或发展的特质。非物质文化遗产的传承性是由遗产的本质所决定的。人类遗产在本质上即代表着一类精神财富，非物质文化遗产绝不是一成不变的，在对外部环境的适应过程中，既有传承，又有重构，也有创新，在新陈代谢中

---

[1] 王扬："龙凤文化探微"，载《湖南省社会主义学院学报》2014年第6期。
[2] 《公约》于2003年10月在联合国教科文组织第32届大会上通过，旨在保护以传统、口头表述、节庆礼仪、手工技能、音乐、舞蹈等为代表非物质文化遗产。其于2006年4月生效。

不断发展。[1]燕赵非物质文化遗产自然也不例外。非物质文化遗产是被人类的集体、群体或个体认为具有文化价值而愿意传承的精神财富。非物质文化遗产的传承性还具有无形性和社会性的特征：

1. 传承方式的无形性和多元性

物质文化遗产是通过有形的"物质"实现传承的，非物质文化遗产则是通过"人"来实现展示和传承的，往往依靠的是人的精神交流，如情感、肢体语言、观念以及心理积淀等，因而其传承方式是抽象的、无形的。

物质文化遗产是非动态的遗留物，是人类过去某个特定历史时期的一种对文化的记忆载体，所以保护载体的完整性是保存和传承这些文化记忆最可靠和最有效的方式。非物质文化遗产不仅是人类过去某个特定历史时期的文化记忆，更是不断叠加着的新的文化记忆，是被人类不断传承的"活态遗留"，是传承过去的文化记忆以及不断更新着的文化记忆。通过"博物馆法"[2]将文化遗产的载体加以保存，这是最为直接和保守的办法，除了这一保护和传承方法外，还存在着其他多样化的保护和传承方式，如目前很多高等教育机构、文化企业和事业单位（包括政府）参办的非物质文化遗产传习班，尤其是高等教育机构或者少年宫等，这些单位或者组织本身就具有教化功能，通过邀请当地的非物质文化遗产传承人开展多样性的、通俗易懂的、体验性强的教学课程，能够给学生提供更便利和高效的学习非物质文化遗产技艺的机会。这也是目前社会上所广为采用的一种较为普遍的对非物质文化遗产进行传承的方式。另外，邀请非物质文化遗产的传承人直接在公共场合展示非物质文化遗产的技艺也是另外一种较为重要的传承方式。如河北省自2016年开始举办了4届燕赵文化节，在该文化节上，河北梆子、吴桥杂技、花式小提琴、魔术、街舞等轮番登场，这也在很大程度上促进了非物质文化遗产的广泛传承。

---

[1] 麻国庆、朱伟：《文化人类学与非物质文化遗产》，生活·读书·新知三联书店2018年版，第15页。

[2] 这里所谓的博物馆法是一个较为狭义的称谓，主要是就非物质文化遗产的传承载体而言，通过社会中设置的各类具体的博物馆加以保存和传承。不包括其他的对非物质文化遗产进行传承的方式和载体。

2. 传承结果的变异性

人类共同遗产处于一个不断丰富和发展的过程之中。[1] 非物质文化遗产不同于物质文化遗产，物质文化遗产是前人留给后人的具有文化价值的物质财富，它的传承往往以遗产的原态形式（当然除了人为的灾祸以及自然的灾难之外）进行，传承者不可能也不会随意改变遗产本身的形态，尽管随着时代的变迁，人类对物质文化遗产的理解可能会发生变化，但这并不会影响物质文化遗产形态的稳定性。在传承的过程中，只要尽量创造良好的外部条件使遗产的保存完好即可。而非物质文化遗产是人类的精神遗产，这就注定了这类文化遗产不同于物质文化遗产，尽管它和物质文化遗产一样也要依附于物质而存在、传播和传承，但在传承上却和物质文化遗产完全不同，非物质文化遗产的传承始终伴随着稳定性和变化性这对辩证的矛盾体，既在稳定的基础上变化，又在变化中保持稳定。上述"博物馆法"是非物质文化遗产传承方式中最保守的一种，但并不是最佳的传承方式。非物质文化遗产的传承结果首先是变化、发展和存续，其次是由变化发展到变异，最后是变化、消失。所以，这也为非物质文化遗产的保存和传承提出了新的挑战。

3. 传承的公共性和集体性

在人们长期的社会生活和交往中形成的文化往往具有公共性，常表现为一种公共文化。[2] 从文化遗产创造者、享用者和传承者的角度而言，非物质文化遗产与人类实践活动一样，是一种体现集体观念的集体行为反映。[3]

非物质文化遗产的创作在大多情况下由多人共同完成，是集体创作而成的。例如，燕赵地区重要的非物质文化遗产杨氏太极拳起源于河北省邯郸市永年区，其创始人为杨露禅。但杨氏太极拳最后定型为当今流行的"杨式太极大架"其实离不开杨露禅之子杨班侯、杨健侯，以及杨露禅之孙杨少侯、杨澄甫等人对太极拳的发展，并非只是杨露禅的一人之功。此外，作为第一批成功申报为国家级非物质文化遗产的蔚县剪纸，在20世纪30年代达到了

---

[1] 刘红婴：《非物质文化遗产的法律保护体系》，知识产权出版社2014年版，第208页。
[2] 李景源、陈威主编：《中国公共文化服务发展报告》，社会科学文献出版社2007年版，第8页。
[3] 张洁：《非物质文化遗产法律保护研究》，中国法制出版社2018年版，第28~29页。

一个崭新的发展阶段，以王老赏为代表的一大批民间艺人对大量戏曲人物进行了重新设计、刻制，同时对花卉图案进行规范、改造，丰富了刻纸工具、刻纸技法和染色技法，使蔚县剪纸摆脱了定型时期的青涩，在构图、造型和色彩上形成了自己独特的艺术风格，体现出了鲜明的地域特色，开创了独具一格的民间剪纸新流派，蔚县剪纸由此步入成熟期。[1]此外，河北梆子、唐山皮影戏、唐山评剧以及沙河藤牌阵等众多的非物质文化遗产的最终成熟与定型都是集体智慧的结晶，另外还有部分非物质文化遗产的展示和表现本身就需要多人共同完成，像唐山皮影戏、沙河藤牌阵等都需要集体配合才能进行完整展示，集体性特征明显。尤其需要说明的是，在非物质文化遗产传承过程中，应该在现代生活方式与传统文化表现形式间构筑起沟通的桥梁，这是非物质文化在当代焕发新的生命力的根本之所在。

(二) 地域性

非物质文化遗产作为人类社会特有的文化遗产，它的生成、保存和传承都离不开人类社会，更离不开它借以生长的文化土壤。中国乡土社会注重"根"的观念，这在非物质文化遗产活动中得到了十分明确的展现。[2]非物质文化遗产作为人类的精神遗产，是人类社会创造能力、认知能力和群体认同感的集中体现，是人类社会在特定区域活动和实践的重要结果。燕赵非物质文化遗产作为燕赵大地特有的文化遗产，它的生成、存在和传承都离不开燕赵大地上勤劳而智慧的人类，它的生成和传承直接表现在人类的具体实践过程中。如唐山皮影戏通过表演这种实践方式得以传承和发展。非物质文化遗产具有典型的社会性，燕赵非物质文化遗产源于生活且高于生活，它是民众在日常生活中所产生和发展的具有民族精神的活动。例如剪窗花、做糖人、河北梆子和乐亭大鼓等非物质文化遗产，都是民众在日常生活中所创造的。燕赵地区民众异彩纷呈的生活是其灵魂，这种在人们长期的社会生活和交往中形成的非物质文化遗产往往具有公共性，常表现为一种公共文化。[3]

---

〔1〕 "河北民俗文化 蔚县剪纸，传统文化的魅力！"，载 https://www.sohu.com/a/301920931_214291?sec=wd，最后访问日期：2021年7月2日。

〔2〕 麻国庆、朱伟：《文化人类学与非物质文化遗产》，生活·读书·新知三联书店2018年版，第48页。

〔3〕 李景源、陈威主编：《中国公共文化服务发展报告》，社会科学文献出版社2007年版，第8页。

对文化遗产的创造者、享用者和传承者而言,非物质文化遗产与人类实践活动一样,是一种体现着集体观念的集体行为的反映。从内心上讲,这些非物质文化遗产已经成为人们心理认同的载体,为人们内心的认同感划定了界限,[1]这种认同感主要以人们的群体活动和协作行为为外在表现形式。

(三) 民族性

非物质文化遗产的存在,是一种变动的、抽象的并依赖于人类的观念和精神的存在,是无形的,寄托着人类的精神情感和民族情怀。非物质文化遗产是人类的精神遗产,所以从本质意义上讲,非物质文化遗产是无形的,它不像物质文化遗产那样存在有形的物质体,也不像物质文化遗产那样具有稳定性。所以,非物质文化遗产在传承上就具有与物质文化遗产不同的特点,它不是通过物本身而是通过人的活动来进行的,这也就决定了非物质文化遗产的民族性。

燕赵地区的非物质文化遗产不是以物质形态遗留下来的物品,而是借助此燕赵非物质文化遗产传承人的身体的"动作展示"表现出来的。如果脱离了相对应的人和载体,燕赵非物质文化遗产便将不复存在。任何一种非物质文化遗产都不能完全脱离其赖以产生的生态环境,理解和保护更应建立在对其生长生态环境进行保护的基础上。所谓环境,实际上是民众生活的基础,是一定的人口、水土、经济与文化、传统与现代集合体,是一个自给自足的,相互互动的生态系统,共同构成非物质文化遗产生存的生命家园。河北地区兼有湖泊、高原、山地和海滨,拥有着悠久的历史积淀,孕育出了多姿多彩的燕赵非物质文化遗产。

在对非物质文化遗产的保护中,不乏"民族文脉""民族精神家园"等称谓。《非物质文化遗产法》提到"为了继承和弘扬中华民族优秀传统文化"。[2]这再次说明非物质文化遗产包含民族情感,是中华传统文化的重要组成部分,也是中华传统文化的重要表现形式。中央政府一直高度重视传统文化建设。早在2007年,胡锦涛同志便在中国共产党的第十七次全国代表

---

[1] 麻国庆、朱伟:《文化人类学与非物质文化遗产》,生活·读书·新知三联书店2018年版,第59页。

[2]《非物质文化遗产法》第1条规定:"为了继承和弘扬中华民族优秀传统文化,促进社会主义精神文明建设,加强非物质文化遗产保护、保存工作,制定本法。"

燕赵非物质文化遗产法律保护机制研究

大会的报告中提到:"中华文化是中华民族生生不息、团结奋进的不竭动力。要全面认识祖国传统文化,取其精华,去其糟粕,使之与当代社会相适应,与现代文明相协调,保持民族性,体现时代性。加强中华优秀文化传统教育,运用现代科技手段开发利用民族文化丰厚资源。加强对各民族文化的挖掘和保护,重视文物和非物质文化遗产保护,做好文化典籍整理工作。加强对外文化交流,吸收各国优秀文化成果,增强中华文化国际影响力。"〔1〕另外,在我国第二个"文化遗产日"〔2〕期间,温家宝同志对非物质文化遗产的民族属性也作出过精辟的论述:"非物质文化遗产都是几百年、几千年传下来的,为什么能传下来,千古不绝?就在于有灵魂,有精神。一脉文心传万代,千古不绝是真魂。文脉就是一个民族的魂脉。今天,保护非物质文化遗产,就是传承民族文化的文脉。"〔3〕习近平总书记多次强调要高度重视中华优秀文化。他指出:"文化是一个国家、一个民族的灵魂。历史和现实都表明,一个抛弃了或者背叛了自己历史文化的民族,不仅不可能发展起来,而且很可能上演一幕幕历史悲剧。"〔4〕习近平总书记非常关心非物质文化遗产的保护和传承,〔5〕曾多次指出,要加强非物质文化遗产的保护和传承,积极培养传承人,让非物质文化遗产绽放出更加迷人的光彩。

---

〔1〕 胡锦涛:"高举中国特色社会主义伟大旗帜 为夺取全面建设小康社会新胜利而奋斗——在全国共产党第十七次全国代表大会上的报告",载《中国共产党第十七次全国代表大会文件汇编》,人民出版社2007年版,第34~35页。

〔2〕 文化和自然遗产日源自文化遗产日,是每年6月的第二个星期六,为中国文化建设重要主题之一,体现了党和国家对保护文化遗产的高度重视和战略远见。其目的是营造保护文化遗产的良好氛围,提高人民群众对文化遗产保护重要性的认识,动员全社会共同参与、关注和保护文化遗产,增强全社会的文化遗产保护意识。文化遗产日,从2006年起设立。2016年9月,国务院批复住房城乡建设部,同意自2017年起,将每年6月第二个星期六的"文化遗产日"调整设立为"文化和自然遗产日"。从2009年国家文物局创设主场城市活动机制以来,在每年的文化遗产日,国家文物局都会选取一座城市举办文化遗产日主场城市活动。

〔3〕 王文章主编:《非物质文化遗产概论》,文化艺术出版社2006年版,第13~14页。

〔4〕 习近平:"要有高度的文化自信(2016年11月30日)",载《习近平谈治国理政》(第2卷),外文出版社2018年版,第349页。

〔5〕 2021年6月7日,习近平总书记赴青海考察调研;在广州粤剧艺术博物馆同粤剧票友亲切交谈,希望他们把粤剧传承好、发扬好;在杭州西溪湿地看手工炒制龙井茶的技艺,鼓励他们把传统手工艺等非物质文化遗产传承好;在潮州观看非物质文化遗产项目传承人代表的现场制作演示,了解潮州传统技艺传承情况……对于非物质文化遗产的传承,习近平总书记念兹在兹。

另外，需要说明的是，非物质文化遗产的无形性并不排斥其在存在和传承上的有形性。如蔚县剪纸艺术这种非物质文化遗产，它的表现和传承需要通过工艺品和艺人等具体物、人或人的活动进行。另外，唐山皮影戏的表演和传承也是依靠皮影等工艺品和艺人等具体物、人或人的活动而进行的，这些物、人和人的活动都是具体和有形的。

（四）时代性

非物质文化遗产是一种抽象的文化思维和精神情感标识，它存在于人们的观念中并会随着人们观念的转变而变化。如对孟姜女的故事传说，邯郸成语典故、评剧、唐山皮影戏等，在不同的历史时期对其内涵的理解不尽相同。非物质文化遗产的时代性还体现在非物质文化遗产在传承、传播过程中的变异与创新，这种变异与创新的内在动力是由非物质文化遗产的本质所决定的，这是内在的也是必然的，是不同的传承者、享用者在参与创造过程中的超个体智慧和创造力的体现。另外，其还会受到外界客观因素的影响，因为非物质文化遗产本是某一特定区域内的民族的文化创造，但文化具有流动性，当这种文化遗产进入异时、异域、异族时，若不革新、创新将无法传承、流传，这也是基于地域融入的需要而必须进行的变异、创新。例如，蔚县剪纸这一非物质文化遗产，最早可追溯到明朝成化年间（1465年至1487年），当时的剪纸为单色，不镂空，形象古朴、粗拙。清朝咸丰年间（1851年至1862年），又输入了武强木版水印窗花。这种窗花相比"天皮亮"色彩艳丽，但要比后来的蔚县剪纸粗糙，被称为"草窗花"，这种剪纸在白天观看效果很好，但晚上却效果一般。清朝光绪、宣统年间（1875年至1912年），蔚县城里出现了全家从事剪纸职业的吕家和翟家，吕家专门刻戏曲人物，翟家专门刻花卉。20世纪30年代，以王老赏为代表的一大批民间艺人对大量戏曲人物进行了重新设计、刻制，同时对花卉图案进行规范、改造，丰富了刻纸工具、刻纸技法和染色技法。自此，蔚县剪纸才基本定型为现代的剪纸技法。另外，对于起源于河北涿鹿一带的三祖文化，[1]当代的多数人

---

[1] 三祖文化是指约5000年前三祖（黄帝、炎帝与蚩尤）在涿鹿一带共同创造的灿烂文化。1992年，历史学家任昌华先生首次提出了"三祖文化"，并第一次将蚩尤作为中华民族的人文始祖和黄帝、炎帝并排在一起，打破了传统上的"胜者王、败者寇"之说，确立中华民族同祖同源的观点，明确始祖文化是爱国主义的精髓和民族团结的基石。

对其内涵的认知虽然已基本达成了共识,但在不同的历史时期,对其内涵的认知却存在较大的差异。这也为燕赵非物质文化遗产的保护和传承提出了时代性的要求。

(五) 知名度较低

以燕赵文化重要组成部分河北省文化为例,其作为华夏文明的重要发源地之一,也是燕赵文化的重要组成部分,文化物产丰富、特色鲜明,非物质文化遗产数量众多,但是除了杨氏太极拳、唐山皮影戏等为数不多的非物质文化遗产世界闻名外,绝大多数的非物质文化遗产知名度较低,甚至在本省内都不能为公众所熟知。这与河北省的经济发展水平有直接的关系。河北省作为一个东部沿海省份,经济发展水平却只相当于中部省份的水平。在经济发展水平不高的情况下,民众对文化的需求也相对较低,这直接导致对非物质文化遗产的关注度不够。而事实上,河北省的非物质文化遗产知名度较低的这一特性,基本上也代表了燕赵非物质文化遗产的总体发展情况。这一状况更说明了燕赵非物质文化遗产保护的急迫性和现实性。燕赵非物质文化遗产的这一特性也决定了相比其他省份,燕赵地区的非物质文化遗产的保护方式更应具备多样性,应在宣传力度方面多下功夫,将燕赵地区的非物质文化遗产宣扬出去。

第二节 非物质文化遗产的保护原则

燕赵非物质文化遗产作为世界非物质文化遗产的重要组成部分,同样适用非物质文化遗产的保护原则。这些保护原则对燕赵非物质文化遗产的保护原则的确立具有重要的指导作用。

一、整体性保护原则

非物质文化遗产作为一个整体,是由许多特定的文化表现形式组成的。因此,这些文化遗产不是某些"代表作"和零散的"文化碎片"所能覆盖的。[1]非物质文化遗产不仅包含丰富多样的内容和形式,而且有赖于特定的

---

[1] 李荣启:《非物质文化遗产保护研究文集》,文化艺术出版社2016年版,第263页。

生态环境。我们提倡的保护，就是要全方位、多层次地反映和保存人类文化的多样性和丰富性。[1]因此，整体性保护原则是应坚持的一个重要保护原则。

(一) 整体性保护原则的内涵

我国在非物质文化遗产的保护工作中始终强调对整体性保护原则的适用。2005年3月，国务院办公厅印发《关于加强我国非物质文化遗产保护工作的意见》，明确提出要"坚持非物质文化遗产保护的真实性和整体性"。随着我国非物质文化遗产保护工作的逐步推进，整体性保护原则作为一项重要原则已被广泛接受。[2]民俗学者刘魁立在我国较早地开展了对非物质文化遗产整体性保护原则的研究。他曾指出："在保护和抢救过程中，应贯穿整体性原则：既要保护文化事象本身，也要保护它的生命之源；既要重视文化的'过去时'形态，也要关注它的'现时'形态和发展；既要重视文化的价值观及其产生的背景和环境，又要整合和协调各方面的关系及其利益诉求；还要尊重文化共享者的价值认同和文化认同等。这是做好民族民间文化保护和抢救工作的重要保障。"[3]

整体性保护原则，是指对非物质文化遗产保护由单一的项目保护，转变为与繁育项目相关的自然生态和人文生态的综合性保护。整体性保护原则的内涵不仅限于单一的非物质文化遗产及其相关条件，还包括非物质文化遗产的整个体系以及构成传承链条的文化、社会、经济、自然环境等综合性因素。总之，当我们保护一个特定对象时，我们不仅要考虑对象本身，而且要保护与其生命息息相关的生态环境和人文环境。一种文化的形成不是分散的，而是作为整体的代表，所以在保护时要注意它的完整性。1972年，世界文化和自然遗产保护提案强调"文化和自然遗产应视为一个同质的整体"，"任何作品或物体都不应与其环境分离"。这是对文化与自然遗产完整性原则的探讨，体现了文化遗产的完整性和不可分割性。强调"内容"和"环境"对保护历史遗迹和其他物质文化遗产具有重要的指导作用。非物质文化遗产的存在形式、性质和保护要求与物质文化遗产完全不同。在非物质文化遗产保护的实践中，完整性原则既要体现"内容"和"环境"，又要满足"文化生态"和

---

[1] 李荣启："论非物质文化遗产保护的主要原则与方法"，载《广西民族研究》2008年第2期。
[2] 赵艳喜："论非物质文化遗产的整体性保护理念"，载《贵州民族研究》2009年第6期。
[3] 刘魁立："非物质文化遗产及其保护的整体性原则"，载《广西师范学院学报》2004年第4期。

"功能"。[1]因此,对非物质文化遗产的保护,除了保护非物质文化遗产本身外,还应与保护其相关环境相联系,使其能融入历史与环境的语境。非物质文化遗产本身具有多种艺术形式和文化内涵,并会根据不同的环境呈现出不同的状态。这些不同的方面被整合成了一个完整的文化表达形式。因此,我们应该倡导多方面、多层次的保护,以确保文化的完整性能够得到最大程度的保护和最全面的传播。全面、立体、系统地保护非物质文化遗产是为了最大限度地维护非物质文化遗产的本真性和完整性,[2]实现非物质文化遗产的保护和创新。

(二) 整体性保护原则的三个层次

在对非物质文化遗产整体性保护原则的理解上,目前较为普遍的看法是,在提倡非物质属性的同时,应兼顾对其物质载体的保护。[3]就这一理解,本书认为,整体性保护应包括三个层次的内容:

(1) 非物质文化遗产的整体性保护是对每一种特定文化表现形式的完整保护。非物质文化遗产本质上是对过去的记忆、对现在的记录和对未来的再现。它反映了人类过去、现在和未来的创造力。[4]因此,对非物质文化遗产的保护既要关注其历史变迁,又要关注其未来的可持续发展。任何一种非物质文化遗产都是由各种技艺和技能构成的,仅仅保护其中的一部分远远不足以完全继承它们,必须对其全部程序与技能实施全方位的保护。[5]而对特定文化表现形式的完整性保护是实现非物质文化遗产整体性保护的基础。建立保护名录是保护非物质文化遗产的第一步,然后以此为据,切实采取相应的保护措施,保护名录体系中的具体非物质文化遗产项目。在这个过程中,需要对每一个具体的项目进行分析,注意其发展和内涵,防止导致它们之间关系的断裂。只有把每一种具体的文化表现形式完整地保护起来,非物质文化遗产才能在整体上得到进一步的保护。

---

[1] 墨绍山:"文化遗产保护研究的进展、议题及趋势——基于2011年相关面板数据的分析",载《西南交通大学学报(社会科学版)》2012年第6期。

[2] 刘辉、张蕴甜:"文化治理视域中的非物质文化遗产保护研究",载《东南文化》2017年第2期。

[3] 麻国庆、朱伟:《文化人类学与非物质文化遗产》,生活·读书·新知三联书店2018年版,第102页。

[4] 赵艳喜:"论非物质文化遗产的整体性保护理念",载《贵州民族研究》2009年第6期。

[5] 李荣启:"文化生态建设与非物质文化遗产的整体性保护",载《美与时代(上)》2015年第2期。

（2）非物质文化遗产的整体性保护也是对彼此关联的多种系统整体的完整保护。[1]由于非物质文化遗产是一个整体的文化现象，因此，非物质文化遗产的存在和传承与相应的人文环境密切相关。而整体保护原则特别注重文化遗产与周围环境的关系，强调非物质文化遗产应在社区、自然和文化环境中得到保护，并强调必须充分保护其生存的特定环境。如许多民间音乐是人们在日常生产生活过程中创造出来的，它在一定程度上反映了人们的生活观念和民间流传的故事传说。为了保护这些民间音乐的演唱传统，使其得以传播，仅仅对民歌的歌词、录音录像进行整理是远远不够的，[2]还需要对民间音乐演唱活动最基本的生态环境加以保护。

（3）非物质文化遗产的整体性保护是对物质文化遗产的合力保护。物质文化遗产和非物质文化遗产同是我们祖先留下来的宝贵财富，虽然在内涵和功能上具有本质性差异，但都源于广袤中华大地的经济、政治和文化资源，是中华民族精神和情感的衍生物，所以两者不可完全分离。为了更好地保护非物质文化遗产，应将物质文化遗产一同加以保护，只有这样才能继承完整的中华文化传统。

"完整性保护原则"在非物质文化遗产的保护中具有重要的指导性作用，如何实现非物质文化遗产的整体性保护也是学术界和实务界人士着力探讨的问题。目前，在理论上形成了"内容观""环境观""文化生态观"和"文化功能观"等不同见解，[3]这些观点对非物质文化遗产保护工作者而言可

---

[1] 高扬元、梁星："公共文化视角下梁平木版年画整体性保护研究"，载《重庆大学学报（社会科学版）》2018年第5期。

[2] 李荣启："文化生态建设与非物质文化遗产的整体性保护"，载《美与时代（上）》2015年第2期。

[3] "内容观"是从遗产项目历史发展的连续性角度提出的，考察非物质文化遗产项目的发展历程、传承脉络和动态变化，其主要体现在非物质文化遗产的开发和收集、整理、保护上。"环境观"强调非物质文化遗产保护要以地域文化系统的和谐发展为视角，关注文化遗产项目与区域内其他文化事项的密切关系，并着眼于文化事物之间的普遍关系。充分考察与人类生态、社会系统等要素的各种关系，寻找上述要素和谐共存的关键点。"文化生态观"关注非物质文化遗产项目与区域内其他文化事项的密切关系。"文化功能观"强调充分认识非物质文化遗产的本质，只有将其置于我们的群体生活之中，才能促进非物质文化遗产的传承和延续。反之，如果遗产事业的文化功能逐渐消失，就将会面临濒临灭亡的危机。参见田艳、艾科热木·阿力普、百秋："少数民族'非物质文化遗产'法律保护机制的域外比较及启示研究"，载《中央民族大学学报（哲学社会科学版）》2019年第2期；秦树景："非遗文化生态保护中的文化权利研究"，载《东岳论丛》2019年第8期；孙发成："'非遗'传承人群的'再教育'问题反思——以文化部'非物质文化遗产'传承人群研修研

作为一种"标尺",在实践中可作为对各类非物质文化遗产保护工作有效性的标注。

二、保护传承人的原则

《非物质文化遗产法》将传承性作为非物质文化遗产保护工作的重要原则之一。传承是非物质文化遗产的生命所系,它作为民俗学的一个学术概念,随着非物质文化遗产在现实生活中传承实践的发展,对其理论研究愈加深入。在非物质文化遗产的传承中,要注意区分传承与传播。传承与传播有着严格意义上的区别,传承主要是指非物质文化遗产在其源自的社区(如村落)内部代际历史传递,这种传递更多的是通过非物质文化遗产持有人群的身体和心理的自觉投入而自然实现的,有时作为族群的一种神圣义务而获得稳定的传承保障。[1]反观传播,主要指的是文化在空间上的一种族际交互,它更多的不是一种内源的传承及其创新,当然须由作为文化主体的传承人群体来进行。非物质文化遗产传承人是非物质文化遗产保护的核心,虽然目前我国学者在学理研究中对非物质文化遗产的传承人的概念存在不同的见解,但较为普遍地采取了广义的认定,[2]按照联合国教科文组织《建立"活的人类财富"国家体系指南》导言之定义,传承人被认为是"现存文化传统的见证"和"生活在该国国土上的群体、团体和个人之创造天赋的见证"。[3]本

(接上页)习培训计划'为例",载《民族艺术研究》2017年第4期;王巨山、夏晓晨:"整体性原则与非物质文化遗产保护",载《民族艺术研究》2011年第3期。

〔1〕 戚剑玲:"非物质文化遗产的身体传承——以京族为例",载《云南师范大学学报(哲学社会科学版)》2019年第4期。

〔2〕 我国有一些学者在学理上认定的传承人范围较广,体现了上述要求。如有学者认为:"民间文学艺术传承人是指遵循民间文学艺术传统,通过再现、模仿、表演或改编等智力劳动传播和发展民间文学艺术的自然人或单位。"还有学者认为非物质文化遗产传承人是指:"在特定民族或地域内,通晓一定技艺或占有相应的非物质文化遗产表现形式,为人们所熟知和认可,并愿意以自身努力推动非物质文化遗产发展的人。"另有观点认为:"作为原始材料提供者的讲述人、演唱人、制作人、表演人都是民间文学艺术的传承人。"上述学者的相关观点请参见:张耕:"论民间文学艺术版权主体制度之构建",载《中国法学》2008年第3期;周安平、龙冠中:"我国非物质文化遗产传承人的认定探究",载《知识产权》2010年第5期;黄玉烨:《民间文学艺术的法律保护》,知识产权出版社2008年版,第178页。

〔3〕 黄玉烨、钱静:"我国非物质文化遗产传承人认定制度的困境与出路",载《广西大学学报(哲学社会科学版)》2016年第3期。

书认为，为了较为全面、有效地保护非物质文化遗产，应当从广义角度界定其概念，即非物质文化遗产传承人是指具有非物质文化遗产技能或艺能，通过自身的创造性劳动传承和发展非物质文化遗产的个人或组织。[1]在对非物质文化遗产的保护中，应加强对传承人的保护，并将其作为保护原则之一，这也是由非物质文化遗产的特性所决定的。

非物质文化遗产的传承形式主要包括自然性传承和社会性传承两种。前者是指在没有社会力量干预的情况下，主要依赖个体行为的自然性的传承和延续。许多非物质文化遗产都是靠这种"口传身授"的方式延续至今的。但这种方式往往会因为社会、经济、文化以及个体的变迁而受到极大的制约。[2]这就使社会性传承非常有必要，相对于自然传承，社会传承顾名思义，就是通过社会力量的干预，保障非物质文化遗产的传承，如政府采取的法律、技术、财政资金等措施。毫无疑问，在非物质文化遗产的传承中，不管采取何种传承方式，传承人都扮演着极其重要的角色。因为，非物质文化遗产在本质上是一种以传承人的实践活动为主要载体的"活态"文化。正如联合国教科文组织《关于建立"人类活珍宝"制度的指导性意见》所指出的："尽管生产工艺品的技术乃至烹调技艺都可以写下来，但是创造行为实际上是没有物质形式的。表演与创造行为是无形的，其技巧、技艺仅仅存在于从事它们的人身上。"[3]并且，口述文学及语言、传统表演艺术、传统手艺技能、传统礼仪节庆等无不与个体或群体中"人的活动"紧密相关，这是一个整体性的保护。对于非物质文化遗产传承的过程来说，人的传承至关重要。因为人是与非物质文化遗产相依为命的真正主人，只有保护好"主人"，非物质文化遗产才有可靠的保障，而在这一主体中只有传承人最能获知非物质文化遗产的发展需求，传承主体是进行非物质文化遗产保护的核心因素。[4]

另外，从对传承人内涵的界定中我们也能看到传承人在非物质文化遗产保护中的核心地位。联合国教科文组织将传承人定义为："在社区中为其认

---

[1] 黄玉烨、钱静："我国非物质文化遗产传承人认定制度的困境与出路"，载《广西大学学报（哲学社会科学版）》2016年第3期。

[2] 肖少启："民间文学艺术著作权保护路径分析"，载《河北法学》2010年第4期。

[3] Guidelines foe the Establishment of a "Living Human Treasures" System, UNDSCO, para. 10.

[4] 李荣启：《非物质文化遗产保护研究文集》，文化艺术出版社2016年版，第11页。

可、复制、传递、改造、创造和形成某种文化的社区成员。传承人扮演多重角色，他们可以是非物质文化遗产的创造者、实践者，也可以是非物质文化遗产的管理者。"[1]还有学者侧重于从传承人本身所具有的民俗传统、掌握某项遗产的技术技艺、具有公认性等三个要素界定非物质文化遗产的传承人："在有重要价值的非物质文化遗产传承过程中，代表某项遗产深厚的民族民间文化传统，掌握杰出的技术、技艺、技能，为社区、群体、族群所公认的有影响力的人物。"[2]这些不同的界定都包含着"非物质文化遗产的传承人以其自身独特的'技能'可以实现对非物质文化遗产的'保护'"这一内容。也就是说，正是传承人的存在和发展赋予了非物质文化遗产鲜活而持久的生命力。传承人中的杰出代表在非物质文化遗产的传承中具有更为重要的作用，担负着更为重要的历史使命。这一类传承人在我国《非物质文化遗产法》中被称为代表性传承人，是杰出代表的意思。

非物质文化遗产传承人彰显着遗产实践能力的最高水平，还不断地将天才般的个性创造融入传承实践活动，对确保非物质文化遗产的持久传承具有不可替代的作用。因此，我们必须对掌握这些优秀非物质文化遗产技艺或者形态的人加以有效保护，使之能够通过个人、群体、民族之间的传承，在现在乃至将来社会得以不断存续和发展。我国应持续遵循保护传承人原则，建立传承人保障制度，为其提供相应的待遇和条件，从而促进非物质文化遗产的传承。各个传承人都在各自的特定领域内具有独特性和不可替代性，并在一定领域内具有较大的影响。因此，应加强对掌握核心技艺要素的传承人进行相应的专业性培训，除了应对非物质文化遗产的历史、内涵、技艺了如指掌外，还应具备非物质文化遗产理论知识、市场运作管理能力、现代设计理念等，只有这样才能跟上非物质文化遗产保护的新时代，在关键问题上作出正确的决策。在此基础之上，运用非物质文化遗产的保护基本知识与专业技能，共同为政府提供决策咨询，为非物质文化遗产的发展提出科学、合理的建议。

---

[1] See *Glossary-Intangible Cultural Heritage*, *Results of the International Meeting of Experts on Intangible Cultural Heritage-Establishment of a Glossary*, UNESCO Headquarters, Paris, 10~12 June 2002, and edited by this group between June and August 2002.

[2] 祁庆富："论非物质文化遗产保护中的传承及传承人"，载《西北民族研究》2006年第3期。

三、公众参与原则

这一原则和上文提及的非物质文化遗产的保护主体相关联，本书主张非物质文化遗产保护主体具有广泛性，所以我国在非物质文化遗产保护过程中，应确立和落实公众参与权。鉴于政府和相关机构部门保护非物质文化遗产是其工作职责范畴，所以，这里的公众参与具体指除政府以外的个人或者民间组织的参与。公众参与的广度与深度也反映了政府在非物质文化遗产保护工作中对社会资源的利用程度和合作程度。因此，公众参与原则不仅是政府与社会合作共赢的基础，也是非物质文化遗产保护工作能否顺利开展的基础。该原则对非物质文化遗产的保护具有重要的实践意义。

非物质文化遗产是全人类的共同财富，关系到一个民族文化与精神的传承。较之有形遗产，如指间之沙，稍有不慎就会流失于指缝。[1]非物质文化遗产作为中华民族传统文化的重要组成部分，是民族性情感的寄托，是情感的自在与自觉。从某种意义上讲，它不仅记录着某一区域民族的生息繁衍的历史，更凝结着民族的精神和情感。民族传统文化乃是各民族的情感寄托，传统文化的消失，在一定程度上意味着一个民族的解体。对非物质文化遗产的保护、传承乃至发展是在社会转型的新时代所面临的重要而又急迫的任务，而非物质文化遗产的消失具有不可逆性，因此，提高公众对非物质文化遗产的认识，敦促民众积极参与对非物质文化遗产的传承和保护显得尤为重要。在非物质文化遗产保护工作中，我们必须重视和发挥民众的作用，充分利用社区文化交流形式提高民众的参与感。正如学者所言，由于社区文化生态和社区人文背景的支撑，不仅有可能使遗产持久地活在民众的生活之中，而且在新的条件下，它还可能获得再生产的机会，[2]使其成为社区文化创造力的源泉。社会文化交流不仅具有成本低的优势，而且效率高，民众一旦形成认同感，效果便会立现。同时，实施基层社区非物质文化遗产的保护交流，还可促进社区乡土教育的发展，并有利于探讨使民间智慧在社区内获得

---

[1] 林青："乡村振兴视域下的非物质文化遗产传承和发展研究"，载《南京理工大学学报（社会科学版）》2018年第4期。

[2] 胡春华、游晓兰："公众参与民族民间文化遗产保护的法理基础及制度安排"，载《西华大学学报（哲学社会科学版）》2008年第6期。

世代传承的新路径。非物质文化遗产的保护工作离不开广大民众的参与。人民大众是在特定的民俗环境之下进行生活的，他们是绚丽多姿的民间文化的创造者、享用者和传承者。非物质文化遗产的传承和发展必须依靠他们才得以完成，具有重要的现实意义。

首先，公众参与原则可以为政府保护非物质文化遗产工作提供有力的支撑，是政府和社会合作共赢的基础。[1]非物质文化遗产保护的法律机制离不开公众的广泛参与。以普查工作为例，仅依靠文化行政部门的力量是无法全面了解和掌握我国各地各民族非物质文化遗产的种类、数量、分布状况和生存环境的，而且有相当一部分非物质文化遗产仅存于极少数的传承人之间。[2]因此，这项工作是否能够顺利完成在很大程度上依赖于社会公众参与的广泛程度。

其次，公众参与是对公权力的限制以及保障民众知情权的需要。由于非物质文化遗产在整体权益上具有公权性质，因此政府肩负着主要的保护职责并发挥着主导性的作用。政府从其产生和职能上看，就是代表公众利益的国家机器。在这一保护原则的实施过程中要时刻警惕，在某些情况下可能会有政府脱离公众并凌驾于民众之上的情况出现。公众参与可以对政府保护非物质文化遗产的工作起到一定的外部监督作用，从而提高政府的保护能力与政府行为的透明度；公众参与还能够降低政府的决策成本，减少不必要的损失，非物质文化遗产来源于社会公众的生活和生产过程中，公众具有发言权，进而可以减少政府的决策失误。非物质文化遗产是全人类的文化遗产，对它的保护应是政府和社会共同的责任，强调公众参与也是保障和落实民众知情权的体现。

四、保护、开发和鼓励创新原则

根据《非物质文化遗产法》的规定，非物质文化遗产是指各族人民世代相传并视为其文化遗产组成部分的各种传统文化表现形式，以及与传统文化

---

〔1〕 于连池、陈燕："对我国非物质文化遗产法律保护的思考"，载《北方法制报》2007年8月28日。

〔2〕 胡春华、游晓兰："公众参与民族民间文化遗产保护的法理基础及制度安排"，载《西华大学学报（哲学社会科学版）》2008年第6期。

表现形式相关的实物与场所。[1] 非物质文化遗产以传承性、区域性、民族性以及时代性等为其主要特性，而且非物质文化遗产具有易变性，所以对非物质文化遗产的保护或者继承应坚持保护优先、兼顾开发原则。同时，基于非物质文化遗产的时代性，在保护和开发的过程中，应鼓励创新，使非物质文化遗产保持生命力和时代性。

（一）保护优先原则

习近平总书记强调，一个城市的历史遗迹、文化古迹、人文底蕴是城市生命的一部分。一个城市有一个城市的历史文化底蕴，构成了有别于其他城市的特色与风格。近年来，伴随着联合国教科文组织宣布非物质文化遗产保护行动的启动，珍视和保护非物质文化遗产在全球掀起热潮。不管从哪个角度考虑，非物质文化遗产都不仅是一种简单的文化形态，其植根于民族、地域文化传统，是地域社会中最传统、最具有延续性和活态性的文化现象。[2] 基于此，我们对其必须加以保护，尤其是对那些濒危的非物质文化遗产更应实行优先保护，可以通过建立临时性制度，对濒危的非物质文化遗产实施紧急抢救。

对非物质文化遗产的保护不是最终目的，应在对非物质文化遗产进行保护的基础上，对其实施有限度的可控开发，合理地开发非物质文化遗产对于非物质文化遗产保护工作而言也是一种独特的保护方式，可以使文化遗产造福当代。该理念已经获得了世界各主要遗产国的普遍共识，并取得了重要的成果，对我国具有很强的启示作用。非物质文化遗产的开发利用，必须建立在合理的、科学的前提之下，使非物质文化遗产在实践中得到积极的保护，进而实现非物质文化遗产的保护与社会经济的良性互动。合理而科学的开发利用方式，既可以增强非物质文化遗产的生命力，促进其可持续发展，也能达到传承文化，促进当地经济发展的目的。正确地处理好保护和开发的关系是非物质文化遗产保护工作能否开展下去的关键。但由于非物质文化遗产的生存环境比较脆弱，这对非物质文化遗产的开发与利用提出了较大的挑战，

---

[1] 参见《非物质文化遗产法》第2条第1款。
[2] 麻国庆、朱伟：《文化人类学与非物质文化遗产》，生活·读书·新知三联书店2018年版，第39页。

应加强保护措施,防止在开发利用的过程中对非物质文化遗产中造成不必要的损害。在开发利用过程中应谨慎小心,不能为了经济效益而盲目开发,应注意适当、合理开发性原则的运用。如果开发得合理适当,非物质文化遗产就可以成为活的遗产,成为具有民族特色的宝贵财富。相反,则会使保护变成人为性的破坏,为人类社会留下无法弥补的遗憾。非物质文化遗产的保护和开发利用之间相辅相成,非物质文化遗产保护工作进行得越有效,越有利于对其进行开发利用。合理的开发也是对非物质文化遗产的保护,只是在开发利用的过程中,应注意不能违背非物质文化遗产的基本特性。只有完整地保护非物质文化遗产的特有属性,才能更有利于发挥它最大的价值,也才能从根本上实现传承这一目的。因此,坚持保护优先、兼顾开发原则已经成为世界各个主要非物质文化遗产国的普遍共识,对燕赵非物质文化遗产的保护具有非常重要的参考价值。

(二) 鼓励创新原则

非物质文化遗产是中华民族古老的生命记忆和活态的文化基因,是中华民族文化的活态流变。对非物质文化遗产的保护与传承是中华文化命脉的薪火延续,是国家文化"软实力"的最佳体现,彰显着文化自信。进入新时代,非物质文化遗产的保护与传承面临着前所未有的挑战,特别是工业化、城市化、信息化使人类生活方式发生了巨大的变化,许多新科技、新观念层出不穷,使得有些传统技艺失去了传承、发展的空间。[1]因此,我国必须加强对传统文化的创造性改造以适应时代的变迁。习近平总书记在纪念孔子诞辰 2565 周年国际学术研讨会暨国际儒家联合会第五届会员大会开幕式上对弘扬中华传统文化作了重要指示:"努力实现传统文化的创造性转化、创新性发展。"[2]所以,在不破坏非物质文化遗产生态的前提下结合时代发展需求对其进行保护并实现其创新发展与对非物质文化遗产的传承密不可分。对非物质文化遗产的传承过程即为非物质文化遗产的创新性过程。正如习近平总书记所强调的,要"努力实现传统文化的创造性转化、创新性发展,使之

---

〔1〕 刘颖:"创新与转化:对非物质文化遗产的最好传承",载《贵州民族报》2020 年 7 月 31 日。

〔2〕 习近平:"努力实现传统文化创造性转化、创新性发展(2014 年 9 月 24 日)",载《习近平谈治国理政》(第 2 卷),外文出版社 2018 年版,第 313 页。

与现实文化相融相通,共同服务以文化人的时代任务",创新与转化是对非物质文化遗产最好的传承。历经数千年而形成的非物质文化遗产,在它产生、形成与发展的过程中,受历史条件、经济形态、生产、生活方式及群众思想观念的局限,必然会具有那个时代的局限性,其中既有精华亦有糟粕。我们保护和传承非物质文化遗产时,首先是要分清这两种界限。对其精华,要使之发扬光大,给予继承并创新;对其糟粕,必须予以抛弃。具体而言,对非物质文化遗产的保护和传承,要采用辩证思维,加大对优秀非物质文化遗产的保护和开发力度,对体现优秀传统文化且具有历史、文学、艺术、科学价值的非物质文化遗产采取传承、传播等措施予以保护,并正确处理传承、发展与开发、利用的关系。[1]而传承的价值不仅仅是膜拜,更是超越,是几代人所肩负的责任。从内容上看,非物质文化遗产的生命力集中体现在其创新性上,这是对非物质文化遗产进行开发的逻辑结果,凝聚着非物质文化遗产创造者的认知和实践能力,而传承者的理论知识、传统技艺和能力水平,绝对不是对前人的简单复制,而是精神的延续[2];从识别力上看,创新离不开逻辑的缜密和科学推理的严密,创新者必须在对非物质文化遗产加以甄别的前提下完成;从认定形式上看,只有被认定为优秀的非物质文化遗产而非糟粕才能有传承的可能性,才有延续和创新的内在基础。因此,我们要注意创新、吐故纳新、顺应同化、自我调节,促使保护对象应时而变、推陈出新、生生不息。[3]我们可以观察到,非物质文化遗产不论是在本地传承还是异地传播,事实上,文化主体对非物质文化遗产的传承实施了一种灵活的双轨制。[4]即非物质文化遗产作为一种文化资源在面对游客等外来者展演的同时,也实现了当地人在本社区内面向自我的非物质文化遗产的传承。

非物质文化遗产保护是一项复杂和长期的工作,不同种类的非物质文化遗产的保护方式和方法各不相同。因此,应保证对非物质文化遗产的保护紧跟时代发展的步伐,坚持与时俱进和开拓创新,充分发扬非物质文化遗产在

---

[1] 参见《条例》第4条。
[2] 孙发成:"'非物质文化遗产'传承人群的'再教育'问题反思——以文化部'"非物质文化遗产"传承人群研修研习培训计划'为例",载《民族艺术研究》2017年第4期。
[3] 王福州:"以系统思维创新遗产保护",载《光明日报》2015年12月16日。
[4] 黄龙光:"保护优先创新有度",载《经济日报》2016年1月24日。

促进地方经济文化发展中的独特作用。但创新并不代表要抛弃传统,对非物质文化遗产的保护要坚持创新性的传承。在现代社会带来的机遇与挑战中,保持非物质文化遗产的"中国特色",需要从历史文化传统中汲取精华,但也不能故步自封,迷失在历史的故纸堆中。同样,燕赵非物质文化遗产也应该在传承和创新的过程中,保持"燕赵特色",将它们与现代生活和现代审美相融合,经过合理的再创作后,成为新时代的文化产品。通过坚持传承与创新并举,以传承文明的责任意识和与时代同步伐的创新意识共同推进对燕赵非物质文化遗产的保护、传承与创新。

但由于现今保存下来的非物质文化遗产大多都年代久远,加之非物质文化遗产的种类繁多,而不同种类的非物质文化遗产的保护又不尽相同,所以保护工作异常艰巨。在对非物质文化遗产的保护工作中,应针对新时代的发展需求,改革和创新非物质文化遗产保护的方式和方法,顺应时代需求,创新产品类型,加强非物质文化遗产的市场适应性,从而形成具有传统价值观与现代理念相统一的新型形态,这也是非物质文化遗产生生不息繁衍下去的重要启示。纵观人类文明的发展史,其中发挥重要作用的就是人类追求美好生活、完善生产工具的创造力。因此,非物质文化遗产的保护必须要与时俱进、开拓创新,紧跟时代发展的步伐,不断地创新非物质文化遗产的保护模式,充分发扬非物质文化遗产在促进各个地方经济文化发展中的独特作用。[1]要确保燕赵非物质文化遗产项目持久不息的生命力,以激发它的适应创新能力为关键,进而坚持鼓励创新原则,从而更好地开展燕赵非物质文化遗产乃至全国全世界非物质文化遗产的保护工作。

---

[1] 李义伟:"关于非遗文化保护的原则与策略",载《文化产业》2020年第3期。

第二章

非物质文化遗产法律保护机制的比较考察

第一节 国家层面非物质文化遗产法律保护机制

一、《非物质文化遗产法》及其制度建设

(一)"非物质文化遗产"立法建设

非物质文化遗产的概念已经在国际社会及国际法领域中被广泛适用,虽然其发展历程不算久远,但是关于非物质文化遗产的立法保护,早就引起了国际社会的普遍重视。1997年,联合国教科文组织为了更好地保护各民族所创造的优秀传统文化,维护世界文化的多样性,通过了《宣布人类和非物质遗产代表作申报书编写指南》;2004年,联合国启动了"人类口头和非物质遗产代表名录"项目。2003年,联合国教科文组织在第32届全体大会上通过了《公约》。这是国际组织首部针对非物质文化遗产保护的专门国际性公约。其他国家(诸如美国、法国、德国)也早就建立了完善的非物质文化遗产相关法律以及配套制度。虽然我国在非物质文化遗产的相关立法中较为滞后,相关制度以及政策法规也略显稚嫩,但我国对于非物质文化遗产的相关立法及制度建设却后来居上,目前已取得了世界瞩目的成绩。

我国非物质文化遗产保护立法工作,最早可追溯至20世纪90年代。1997年5月20日,国务院颁布了《传统工艺美术保护条例》,这是我国一部保护处于濒危失传状态的传统工艺美术的重要条例。2005年,国务院办公厅印发《关于加强我国非物质文化遗产保护工作的意见》,初步确立了我国非

物质文化遗产保护工作的目标、原则、机制和制度。[1]

相较于国家级层面的非物质文化遗产的立法保护,我国地方性立法走在了前列。在《非物质文化遗产保护法》颁布之前,我国在传统文化保护界、知识产权以及司法实务界对非物质文化遗产的法律保护都具有较高的呼声。[2]同时,在立法实践中,江苏、广东、云南等非物质文化遗产保护起步较早的省份开始逐步探索对非物质文化遗产保护的地方性立法。早在2000年,云南省就制定了《云南省民族民间传统文化保护条例》。该条例在我国最早确立了"民族民间传统文化"的概念,其内涵亦侧重于历史价值、艺术价值、学术价值、文化传承价值等,[3]这部地方性法规以"民族民间"命名,首先就确定了非物质文化遗产的民族性这一特征。云南省少数民族居多,非物质文化遗产也多集中于少数民族,故地方性"非物质文化遗产"保护也大多从少数民族的文化传统保护开始起步。另外,虽然这部法规以"民族民间传统文化"的名称命名,但其本质上保护的却是云南省的非物质文化遗产,因为在云南省传统文化较为集中地表现为非物质文化。除此之外,贵州省的《贵州省民族民间文化保护条例》在保护内容上基本与云南省的地方性法规相似,只是将保护的客体范围扩展到"保存比较完整的民族民间文化生态领域"。这两部地方性法规的在保护对象上基本实现了对非物质文化遗产的全面保护。此外,江苏省与宁夏回族自治区也相继颁布了保护民间工艺和民间美术的地方性法规。这些地方性的法规大多以"保护民族民间传统文化"称谓命名,这也与当时我国的国情相适应。因为在《非物质文化遗产法》出台之前,对此类文化遗产,还未出现"非物质文化遗产"这一表述,所以从中

---

[1] 这也是为了贯彻落实党的十六大有关扶持对重要文化遗产和优秀民间艺术的保护工作的精神,履行我国加入联合国教科文组织《公约》的义务而制定的。

[2] 任学婧、朱勇:"论非物质文化遗产法律保护的完善",载《河北法学》2013年第3期。

[3] 《云南省民族民间传统文化保护条例》第2条规定:"本条例所保护的民族民间传统文化是指:(一)各少数民族的语言文字;(二)具有代表性的民族民间文学、诗歌、戏剧、曲艺、音乐、舞蹈、绘画、雕塑等;(三)具有民族民间特色的节日和庆典活动、传统的文化艺术、民族体育和民间游艺活动、文明健康或者具有研究价值的民俗活动;(四)集中反映各民族生产、生活习俗的民居、服饰、器皿、用具等;(五)具有民族民间传统文化特色的代表性建筑、设施、标识和特定的自然场所;(六)具有学术、史料、艺术价值的手稿、经卷、典籍、文献、谱牒、碑碣、楹联以及口传文化等;(七)民族民间传统文化传承人及其所掌握的知识和技艺;(八)民族民间传统工艺制作技术和工艺美术珍品;(九)其他需要保护的民族民间传统文化。"

央到地方，都对其以"传统文化"这一称谓予以归类。[1]这也与当时我国尚未加入联合国教科文组织编纂的《公约》有关。后在《非物质文化遗产法》的制定过程中，我国始终紧跟非物质文化遗产保护的国际化步伐，并全程参与《公约》的制定。直至2004年我国加入《公约》，非物质文化遗产这一称谓才得以在我国广泛传播，至2011年《非物质文化遗产法》制定，"非物质文化遗产"在我国正式被法典化。虽然上述地方性法规存在诸多问题（如内容不够全面具体、保护性措施尚未具体化等），但这些地方性的立法实现了对我国非物质文化遗产法律层面上的保护。但由于《立法法》以及法律层级的限制，这些地方性法规只能在特定的区域发生效力，受效力辐射的影响，该区域地方性的"非物质文化遗产保护条例"无法在其他地区发挥作用，这迫切需要制定全国性的非物质文化遗产保护法，这些地方性的非物质文化遗产保护条例为全国性的非物质文化遗产立法提供了宝贵的经验。2004年，经全国人民代表大会常务委员会批准，我国成为《公约》的第6个缔约国，成功加入该公约，也为我国《非物质文化遗产法》的制定提供了强有力的国际法规的支持。

1999年以来，全国人民代表大会教育科学文化卫生委员会（以下简称"全国人大教科文卫委员会"）对云南、四川、贵州、重庆、广西等地的民间艺术、传统工艺进行了大量的调查之后，向原文化部提出了研究起草民间传统文化保护的立法建议。2002年3月11日，由全国人大科教文卫委员会组织起草了《中华人民共和国民间传统文化保护法（草案）》，为了更好地与国际公约接轨，全国人大教科文卫委员会将法律草案的名称修改为《非物质文化遗产法》，并决定由原文化部牵头，组织各有关方面的力量，对原有的文本进行修改和补充，提交给国务院审议。2005年，原文化部专门成立了非物质文化遗产保护立法工作小组，在总结实践经验、广泛调查研究的基础上起草了《非物质文化遗产法（草案送审稿）》，并于2006年9月报请国务

---

[1] 加入《公约》之前，我国政府君学界通常使用"民族民间传统文化"这一术语。虽然民族民间传统文化与非物质文化遗产在某些方面存在差异，但是从学术研究的目的出发，可以认为两者大致相同。因此，加入《公约》以后，为与《公约》保持一致，我国政府和学界都采用"非物质文化遗产"的提法。参见李墨丝："非物质文化遗产保护法制研究——以国际条约和国内立法为中心"，华东政法大学2009年博士学位论文，第214页。

院审议。国务院法制工作机构在审查草案送审稿的过程中，会同各有关部门对送审稿进行了认真的修改和完善。2010年6月，由温家宝总理主持召开的国务院第115次常务会议讨论通过了《非物质文化遗产法（草案）》，并提请全国人民代表大会常务委员会审议。在2011年，全国人民代表大会常务委员会办公厅举行新闻发布会，宣布《中华人民共和国非物质文化遗产法》经过十一届全国人民代表大会常务委员会第十六次、第十八次以及第十九次会议三次审议后于2011年2月25日，最终以155票赞成、2票反对的表决结果通过。《非物质文化遗产法》从立法伊始就非常注重与国际法接轨，另外在章节和具体内容的设计上都与《公约》高度契合，所以该部法律无论是在名称上，还是在内容上以及立法保护意义上都具有较高的国际性。这部法律共计6章45条。第一章：总则；第二章：非物质文化遗产的调查；第三章：非物质文化遗产代表性项目目录；第四章：非物质文化遗产的传承与传播；第五章：法律责任；第六章：附则。《非物质文化遗产法》是我国文化领域继1982年《文物保护法》之后的又一部重要的文化保护法律，在我国的文化法制建设过程中具有里程碑的意义。这部全国性法律的出台标志着我国非物质文化遗产法治保护的开始，这对于继承和弘扬中华民族优秀传统文化，促进社会主义精神文明建设，加强非物质文化遗产保护、保存工作具有重要的意义。[1]非物质文化遗产不仅是一国文化遗产的重要组成部分，也是民族精神的重要支柱，它的消亡也就意味着特定民族的消亡。从这一角度出发，研究非物质文化遗产的保护，弘扬民族传统的优秀文化，不仅具有重大的现实意义，而且具有深远的历史意义。[2]

从1972年联合国教科文组织签署《保护世界文化和自然遗产公约》到2003年10月联合国教科文组织第32届全体大会通过《公约》，国际社会用了30年的时间才完成对非物质文化遗产概念及保护的认定；而我国从1982年《非物质文化法》颁布实施，到2011年2月25日《非物质文化遗产法》审议通过，对非物质文化遗产的认识与保护也走过了近三十年的历程；从2004年8月28日，经全国人民代表大会常务委员会批准，中国加入《公约》，

---

[1] 参见《非物质文化遗产法》第1条"立法目的"。
[2] 王万平："《非物质文化遗产保护法》的立法目的分析"，载《人大研究》2009年第5期。

到 2011 年 2 月 25 日，在经过十一届全国人民代表大会常务委员会第十六次、第十八次和第十九次三次审议后，《非物质文化遗产法》的表决通过，我国仅用了 7 年的时间就完成了非物质文化遗产保护立法的工作，这也有利地印证了我国对非物质文化遗产保护的高能力和高水平，也彰显着我国的文化自信。

综上所述，《非物质文化遗产法》是在世界全球化、文化产业化、生活现代化、社会法治化的背景下，中国政府和人民为了保护民族性文化财产权、民族文化的传承性，实现法律体系的完整性所作出的不懈努力。《非物质文化遗产法》的立法不仅是中华民族文化保护史的一座里程碑，更是为世界文化的多样性保护提供了中国经验。随着《非物质文化遗产法》在全国范围内的实施，我国的非物质文化遗产工作得到了强有力的法律支撑，也带动了燕赵非物质文化遗产保护工作的顺利进行，尤其是推动了燕赵地区主动发掘非物质文化遗产的工作积极性。

(二)《非物质文化遗产法》制度建设

文化遗产对于中国和整个中华民族有重要的精神价值，它通过文化的传承彰显着文化自信。随着时代的变迁，非物质文化遗产不断创新，尤其是随着高科技信息化时代的到来，固有的传统法律已经无法完全适应发展现状。因此，有必要创建新的法律制度对此加以规范调整。应当通过法律的规制方式，运用法律的手段和方法将法律的秩序、正义等价值取向纳入对非物质文化遗产的保护。所以，《非物质文化遗产法》在立法理念上更加重视人类的基本价值观和伦理准则，特别是与民族性相对应的传统道德准则；在立法思路上强调系统性、关联性和整体性的统一，因为文化的和谐是公众利益一致性的结果；在立法技术上，追求文化遗产保护技术与规范的紧密结合。这部《非物质文化遗产法》在具体制度建设上体现出了实体规则与程序规则相结合、法律规范性与学科专业性相结合的特点。

1. 实体规则与程序规则相结合

《非物质文化遗产法》的内容包括实体和程序两个方面，这使其有别于其他的法律法规，并且实体规则和程序规则结合得非常紧密。在实体规则设定方面，其所涉及的内容基本上都是按照非物质文化遗产的发现、利用、展示、管理等一系列步骤、标准、程序来确定的。同时，在对非物质文化遗产的保护过程中，程序性的规定占有非常重要的地位，如果没有科学、法定的保护工作程序，非物质文化遗产的保护工作就会缺乏明确的规范、目标和标准。基于文化资源的不可再生性，尤其是非物质文化遗产的特殊性，其在传承的过程中，极易受到社会诸多外部因素的影响从而发生断代，此种断代是对非物质文化遗产的毁灭性打击。故对非物质文化遗产保护的程序性要求非常严格，任何一个步骤上的失误，对非物质文化遗产都可能造成不可逆的伤害。[1]因此，《非物质文化遗产法》中关于程序性立法保护的规定占据了该法较多的篇章。如在该法第二章中，对非物质文化遗产的保护作出了细致的程序性保护规定，第四章对非物质文化遗产的传承问题设计了明确的实体性与程序性规范。对非物质文化遗产保护的程序性规定贯穿于保护工作始终。除此之外，重视程序性法律规范也是构建公众参与机制的必然要求，通过对程序性法律规范的设定，公众的意愿可以得到合理的表达，而且上文也论述了公众参与对非物质文化遗产保护的重要作用。

2. 法律规范性与学科专业性相结合

《非物质文化遗产法》不仅涉及法律层面的规范，而且具有较强的专业针对性，非物质文化遗产的保护不仅涉及法律层面，同时也需要专业的非物质文化遗产保护知识，它需要较为广泛的专业和科学知识与技能基础，对非物质文化遗产实行交叉保护极为重要。从非物质文化遗产的调查、录入目录至非物质文化遗产的传承等一系列工作，是一个极其复杂、系统的程序化工程。基于保护对象——非物质文化遗产——本身的特殊性、复杂性、不确定性，欲要充分发挥《非物质文化遗产法》的应有作用，就必须做到将《非物质文化遗产法》与"文化遗产保护"相融合，而不能使《非物质文化遗产法》离开非物质文化遗产的实际操作单独运行。

在法律规范性层面，《非物质文化遗产法》以"法律"的形式出现，具备一般法律所拥有的法律效力和法律形式。一部制定良好的非物质文化遗产保护法必须将法律规范强制性与非物质文化遗产保护专业性结合起来。一方面，使非物质文化遗产的专业知识、方法、程序在法律强制力的保障下最大限度地发挥作用；另一方面，法律规范也应在非物质文化遗产保护专门技术

---

[1] 胡光："文化遗产保护立法的特点与功能"，载《沈阳工业大学学报（社会科学版）》2014年第3期。

的指引下更具操作性。这两者的有机结合一般通过以下几个方面体现出来：①在法律概念的设定方面要注重将文化遗产保护的专业术语法律化时，必须保持法律概念的严谨性、逻辑性、实用性和规范性；②在法律规范内容上应尽可能鼓励非物质文化遗产专业人员参与对非物质文化遗产的保护工作，以设定具体而专项的权利为重要保障，如构建监督、审查、评估、专业保护性意见等权利；③在非物质文化遗产保护的法律体系构建上，除了专门的非物质文化遗产保护法之外，还应当制定配套的相关补充性规定，如各种规范、操作指南、指引和流程设置等。这些配套性的法律制度比《非物质文化遗产法》更具有可操作性和指导性，与《非物质文化遗产法》相结合，共同在非物质文化遗产保护领域发挥作用。

二、相关的配套性法律制度建设

2011年《非物质文化遗产法》通过后，经过全国人民代表大会常务委员会及国务院批准，我国又建立了"非物质文化遗产名录"制度，至此非物质文化遗产保护法规以及相关配套制度建立起来，标志着我国非物质文化遗产法律制度已经初步成形。但是，再好的制度也需要落实。犹如法谚所云："法的生命，在于实施；徒法不足以自行。"唯有法律，没有落实和履行，再好的法律也只是存留在纸张之上。所以，需要将《非物质文化遗产法》及相关配套的法律制度贯彻到非物质文化遗产保护的全过程。

在世界非物质文化遗产的保护工作中，我国政府始终走在前列，早在2001年，我国政府就向联合国递交了第一批世界非物质文化遗产保护名录，联合国教科文组织宣布的第一批世界非物质文化遗产保护名录名单中，中国昆曲艺术、古琴艺术、新疆维吾尔族的十二木卡姆艺术、蒙古族长调民歌等名列其中。与此同时，在我国国内也开启了非物质文化遗产名录建设，各个省份纷纷开展了本省的非物质文化遗产名录制度。就河北省而言，河北梆子、蔚县剪纸艺术也名列河北省级非物质文化遗产保护名录，这体现了在非物质文化遗产保护方面我国中央与地方的有机联动。

伴随着联合国教科文组织"人类口头及非物质遗产代表作名录"的申报，我国也启动了对"国家级非物质文化遗产名录"制度的保护研究工作。2005年，国务院办公厅发出的《关于加强我国非物质文化遗产保护工作的意见》(以下简称《意见》)就进一步加强我国非物质文化遗产保护工作提出了四点建议。其中第三点建议明确提出：建立非物质文化遗产名录体系，要通过制定评审标准并经过科学认定，建立国家级和省级、市、县级非物质文化遗产代表作名录体系。同时还提出：建立科学、有效的非物质文化遗产传承机制。本书认为，要实现对民间非物质文化遗产的最大限度的保护，就应该出台更为细致的保护细则，使得保护非物质文化遗产有法可依、有章可循。作为《意见》附件的《国家级非物质文化遗产代表作申报评定暂行办法》还详细阐明建立国家级非物质文化遗产代表作名录的目的是推动我国非物质文化遗产的抢救、保护与传承；加强中华民族的文化自觉和文化认同，这不仅是文化自信的内在要求，同样也是保护非物质文化遗产所要达到的目的要求，提高民众对中华文化和历史的认同感；进一步彰显社区、民众及社会个体对中华文化做出的贡献，展现中华人文传统的多样性；鼓励公民、企事业单位、相关的文化教育科研机构以及其他社会组织积极参与非物质文化遗产保护工作；认真履行和贯彻《公约》，使我国非物质文化遗产保护制度与世界接轨，以此增进国际对中国非物质文化遗产的认识与认可，促进国与国之间法律制度的交流与合作。

2006年5月，国务院在《关于公布第一批国家级非物质文化遗产名录的通知》(以下简称《通知》)中明确指出，非物质文化遗产是文化遗产的重要组成部分，是我国历史的见证和中华文化的重要载体，蕴含着中华民族特有的精神价值、思维方式、想象力和文化意识，体现着中华民族的生命力和创造力。保护和利用好非物质文化遗产，对于继承和发扬民族文化传统、增进民族团结和维护国家统一、增强民族自信心和凝聚力、促进社会主义精神文明建设都具有重要而深远的意义。[1]

2006年，我国国务院公布了首批国家级非物质文化遗产名录，共计518项，涉及民间文学、民间音乐等10大项内容[2]；2008年，我国国务院公

---

〔1〕 参见《国务院关于公布第一批国家级非物质文化遗产名录的通知》(国发〔2006〕18号)。
〔2〕 第一批公布的国家级非物质文化遗产项目类别分别为：民间文学(31项)、民间音乐(72项)、民间舞蹈(41项)、传统戏剧(92项)、曲艺(46项)、杂技与竞技(17项)、民间美术(51项)、传统手工技艺(89项)、传统医药(9项)和民俗(70项)。以上数据统计来自于中国非物质文化遗产网：http://www.ihchina.cn，最后访问日期：2021年7月7日。

布第二批国家级非物质文化遗产名录（510项）和第一批国家级非物质文化遗产扩展项目名录（147项）[1]；后又分别于2014年和2021年国务院公布了第四批和第五批国家级非物质文化遗产项目名录。[2]与此同时，我国还加强了对非物质文化遗产传承人名单的建设，2007年、2008年、2009年、2012年、2018年，国家文化主管部门先后命名了5批国家级非物质文化遗产代表性项目代表性传承人，共计3068人。上述这些制度是我国对非物质文化遗产的保护力度提高的证明。《国家级非物质文化遗产名录》和《国家级非物质文化遗产项目传承人名单》的公布，也标志着我国非物质文化遗产的国家级目录已经建立起来。截至2020年12月，中国被列入联合国教科文组织非物质文化遗产名录（名册）的项目共计42项，总数位居世界第一。其中，人类非物质文化遗产代表作34项（含昆曲、古琴艺术、新疆维吾尔十二木卡姆艺术和蒙古族长调民歌）；急需保护的非物质文化遗产名录7项；优秀实践名册1项。42个项目的入选体现了中国日益提高的履约能力和非物质文化遗产保护水平，对于增强遗产实践社区、群体和个人的认同感和自豪感，激发传承保护的自觉性和积极性，在国际层面宣传和弘扬博大精深的中华文化、中国精神和中国智慧都具有重要意义。[3]

三、非物质文化遗产法律保护制度的反思

（一）采取重点保护的原则

在非物质文化遗产保护中，对于不同类型的非物质文化遗产，基于立法理念和它们各自的属性，并结合当前非物质文化遗产保护的形式，应当秉持统一的思想和原则，再根据不同类型的非物质文化遗产，践行有区别的保护

---

[1] 参见《国务院关于公布第二批国家级非物质文化遗产名录和第一批国家级非物质文化遗产扩展项目名录的通知》（国发〔2008〕19号）。

[2] 第四批国家级非物质文化遗产代表性项目名录（共计153项）和国家级非物质文化遗产代表性项目名录扩展项目名录（共计153项）（国发〔2014〕59号），并按照《非物质文化遗产法》的表述，将"国级非物质文化遗产名录"的名称调整为"国家级非物质文化遗产代表性项目名录"；第五批国家级非物质文化遗产代表性项目名录（共计185项）和国家级非物质文化遗产代表性项目名录扩展项目名录（共计140项）（国发〔2021〕8号）。以上资料来自中国非物质文化遗产网：http://www.ihchina.cn，最后访问日期：2021年7月7日。

[3] 以上资料信息来自中国非物质文化遗产网：http://www.ihchina.cn，最后访问日期：2021年7月7日。

方法。由于历史悠久、民族众多等诸因素，也受制于中国古代教育水平普遍低下的现状，我国非物质文化遗产以口头为表现的居多。数代以来，均以口口相传的方式进行传承，而诸如此类的非物质文化遗产，在燕赵地区分布比较广泛，例如河北梆子等。针对此类非物质文化遗产，笔者建议借鉴联合国教科文组织的《人类口头和非物质遗产代表作名录》的方式予以保护，直接借鉴国际先进经验，有助于我国在保护非物质文化遗产的道路上少走弯路。

虽然，我国自《非物质文化遗产法》实施以来，"代表作名录""非物质文化遗产传承人"登记制度早已开始全面实施和推行，但由于非物质文化遗产从认识到保护需经历很长时间，加之相应的"代表作名录"制度目前仍没有具体的实施办法进行全面推行，只是各地方根据自己的实际情况颁布了地方的"代表作保护名录"，还未上升到国家层面的保护制度。针对文化资源流失较为严重的现实，我国应加紧对非物质文化遗产的搜集、整理、研究和保护。在这一指导思想下，在非物质文化遗产的保护工作中，应分清轻重缓急，采取有区别的保护措施。对于那些濒临消失的少数民族地区的非物质文化遗产，应当采取抢救性的保护措施。而在燕赵地区，也存在着较多的少数民族和少数民族聚居地，应该成立民族性保护组织、区域性保护组织，针对特定民族、区域性的非物质文化遗产进行有的放矢的保护。

对于有重要价值的非物质文化遗产，应当采取重点保护措施，如河北省著名的戏曲河北梆子，河北邯郸鼓吹乐、石家庄正定县常山战鼓等，不仅已入选河北省级非物质文化遗产保护名录，同时应被纳入国家层面的保护名录。同时，针对不同类型的非物质文化遗产，应科学地据此属性分别采取不同的技术形式和录音、录像、文本加以固定，将其存放于博物馆或建立文化生态区加以保存，并通过各种不同的形式加大推广和宣传，使用"静态保护"和"活态保护"相结合的措施进行整体性保护；对于其中有技术创新价值和经济价值的部分，可以辅之以知识产权法律制度加以保护；对于不具备技术创新价值，但具有文化传承意义的也应加以保护，它既然从传统文化中脱离出来，那便不仅是对优秀传统文化的沉淀，也是对过往历史的积淀。所以，不论是否具有经济实用价值，都应按照《非物质文化遗产法》的保护精神予以保护和管理。因此，加强非物质文化遗产的法律保护，不仅要认真贯彻执行《非物质文化遗产法》，同时还应制定相应的配套制度，并可以知识产权法作为特别法而发挥其保护作用。

(二) 采取政府主导、民间参与的保护方式

非物质文化遗产是一个代表性的国家符号,对它的保护是维护一国文化身份和文化主权的基本要求,也是国家综合国力的象征。在此保护中,政府负有主要的责任。非物质文化遗产作为全人类共同的精神财富,是社会公共利益的重要组成部分,其中大部分非物质文化遗产都不具有较高的经济价值且对其加以保护又需耗巨资,对于追求经济利益的经济主体而言无利可图,因此,他们不关注这类非物质文化遗产的保护工作。而政府则不同,其作为社会公共利益的代表,保护非物质文化遗产是其不可推卸的责任。在非物质文化遗产的保护中,国家财政力量应起到强有力的支撑作用。政府应肩负起对属于个人及单位所有的非物质文化遗产的管理和保护职责。[1] 同时,作为国家行政机关,它有能力运用国家权力调动人力、物力和财力投入到非物质文化遗产的挖掘、整理和保护工作中,并且还可以运用国家强制力制定保护非物质文化遗产的制度,甚至制定相关法律法规,对破坏非物质文化遗产的行为通过行政处罚和司法制裁等方式予以遏制。因此,政府在非物质文化遗产的法律保护中发挥着主要作用。在联合国教科文组织公布的《公约》中,其中一项重要的内容就是要求各国政府采取行政管理职能、鼓励支持社会力量参与保护工作。我国政府依据目前非物质文化遗产的保护形势,制定并发布了《国家级非物质文化遗产保护与管理暂行办法》《国家级非物质文化遗产代表作申报评定暂行办法》等,就是发挥国家政府主动履行保护非物质文化遗产的保护职责的重要表现,响应了联合国教科文组织的号召。在地方层面,各地方政府也根据国务院文件精神,逐步确立了相应的非物质文化遗产保护实施条例。本书认为,为了充分发挥地方性政府在保护非物质文化遗产中的作用,全国人民代表大会常务委员会可以授权国务院和地方人民政府在非物质文化遗产保护领域出台行政法规和行政规章,这样可以通过法律规章的形式,对民众保护和传承非物质文化遗产的行为加以引导和规范。另外建议在相应级别的政府部门中设立专门的非物质文化遗产保护部门,专门从事该行政区域的非物质文化遗产保护工作,这样明确了部门职责的划分,可以

---

[1] 任学婧、朱勇:"论非物质文化遗产法律保护的完善",载《河北法学》2013 年第 3 期。

较好地推行《非物质文化遗产法》的实施。

在非物质文化遗产的践行保护工作中,本书认为还需从以下几个方面完善政府执行非物质文化遗产保护的政策。

第一,在目前公布的《国家级非物质文化遗产保护名录》的基础上,将符合《非物质文化遗产法》保护范围的非物质文化遗产项目及时纳入名目,可以有针对性地发布《非物质文化遗产保护名录纳入实施细则》,通过具体的规定使入选的"保护名录"具有较强的可操作性,以增强其在实践中的执行力。

第二,结合非物质文化遗产的特点,采取合法、合理的保护措施,避免对非物质文化遗产形成粗暴干预。对政府的行为提出既合理又合法的要求,不仅是现代法治的要求,还是《非物质文化遗产法》对各级政府保护非物质文化遗产提出的内在工作要求。[1]在对非物质文化遗产的保护中是否符合非物质文化遗产的特点是政府行为合法性和合理性的一个基础的判断标准,只有遵循非物质文化遗产特点的政府保护行为,才能起到有效的保护作用。

第三,要处理好非物质文化遗产的保护与现代文明生活发展之间的关系。传统文化一般是中华民族历代文化的积淀,可能有些已经不符合现代文明的内在要求,这就需要在实施《非物质文化遗产法》的过程中,仔细甄别传统文化与现代文明不相符合的部分,对那些与现代文明理念相悖的文化传统,要根据社会主流文化予以适时改造,使其可以适应现代社会。

第四,尊重保持、传承非物质文化遗产的民族、群体的情感和权益。在利用非物质文化遗产进行公开出版、传播、表演、展示、产品开发、旅游等活动时,防止出现歪曲、滥用现象。

第五,加强对非物质文化遗产的整体性保护。对具体文化事象的保护,要尊重其内在的丰富性和生命特点。不但要保护非物质文化遗产的自身及其有形的外观,更要注意它们所依赖、所因应的构造性环境;不仅要重视非物质文化遗产静态的成就,尤其要关注各种事象的存在方式和存在过程。政府一方面要注重文化生态区的建设,一方面要组织专家学者对非物质文化遗产的保护进行学术研究。

---

[1] 刘源、薛金慧:"我国非物质文化遗产法律制度保护研究",载《广西社会科学》2008年第11期。

第二节　我国其他省份非物质文化遗产法律保护机制的策略与经验借鉴

一、安徽省非物质文化遗产的法律保护——以对黄梅戏的保护和传承为例

（一）安徽省非物质文化遗产保护的概况

截至 2021 年 3 月 1 日，安徽省共有人类非物质文化遗产名录（联合国教科文组织命名）项目 3 个，国家级非物质文化遗产名录项目 88 个，省级非物质文化遗产项目 530 个，国家级非物质文化遗产项目代表性传承人 119 名，省级非物质文化遗产项目代表性传承人 576 名，国家级非物质文化遗产生产性保护基地 3 个，省级非物质文化遗产传习基地（传习所）87 个，省级非物质文化遗产教育传习基地 30 个。目前，安徽已完成 37 名国家级和 10 名省级非物质文化遗产传承人采集记录，包括文献片 131 部、综述片 37 部、文字口述资料 350 余万字、图片 15 000 余张。

为了保护非物质文化遗产，继承和弘扬优秀传统文化，推进文化强省建设，安徽省不断加强非物质文化遗产保护工作，贯彻"保护为主，抢救第一，合理利用，传承发展"的工作方针，出台了一系列法律条例，为非物质文化遗产保护工作提供法治保障。安徽省政府根据《非物质文化遗产法》，有关法律、行政法规，结合安徽实际，制定了《安徽省非物质文化遗产条例》。该条例包括总则、代表性项目、传承与传播、利用与发展、保障与监督、法律责任、附则共 7 章 47 条，自 2014 年 10 月 1 日起正式施行。

除此之外，安徽省还采取了一系列措施保护非物质文化遗产，包括创建徽州文化生态保护实验区、安庆戏剧文化生态保护区，探索"非物质文化遗产+扶贫"模式，带动贫困人口增收脱贫，尝试"非物质文化遗产+直播"形式，帮助非物质文化遗产传承人、项目保护单位、扶贫就业工坊和相关非物质文化遗产企业拓展销售渠道等。同时，建设非物质文化遗产名录体系，不断壮大、全面建立国家、省、市、县四级非物质文化遗产名录保护体系，针对各类项目的特征、生存状态、传播途径等属性，制定不同的传承保护方案，建立抢救式保护、博物馆保护、生产性保护、宣传性保护、教育式保护

等多形式的保护机制。扩大国家、省、市、县四级非物质文化遗产代表性传承人队伍,并实施非物质文化遗产传承人群研修研培计划、"名师带徒"工程。发掘和运用传统工艺所包含的文化元素和工艺理念,丰富传统工艺的题材和产品品种,开发了一批手工精湛、面向大众、具有非物质文化遗产元素的安徽品牌传统工艺品及衍生品。广泛开展非物质文化遗产"五进"活动,具体指进景区、进校园、进社区、进军营、进公共文化场馆。此外,举办长三角非物质文化遗产特展、大运河(安徽段)非物质文化遗产特展、澳门"根与魂——安徽省非物质文化遗产展演"、"非物质文化遗产过大年文化进万家——视频直播家乡年"系列活动、"非物质文化遗产购物节"活动、"文化和自然遗产日"安徽主场非物质文化遗产展示活动、传承人群研习培训等七场活动。〔1〕同时,对濒危项目采取抢救措施。开展非物质文化遗产濒危项目抢救工程,抢救性采录濒危国家级、省级非物质文化遗产项目,整理分类录音、录像、文字等信息,形成文本和影音资料,建立非物质文化遗产项目数据库。

(二)安徽省非物质文化遗产——黄梅戏简介〔2〕

黄梅戏原名黄梅调、采茶戏,主要流布于安徽省西南的广大地区。清代末期,黄梅调与安庆市怀宁县等地区民间艺术结合,并用安庆方言歌唱和念白,逐渐发展成了一个新的戏曲剧种,当时被称为怀腔或"皖剧",这就是早期的黄梅戏。其后,黄梅戏又借鉴吸收了青阳腔和徽调的音乐、表演和剧目,开始演出"本戏"。后以安庆为中心,经过一百多年的发展,黄梅戏成了安徽主要的地方戏曲剧种和中国五大戏曲剧种之一,影响十分深远。

黄梅戏的唱腔属板式变化体,有花腔、彩腔、主调三大腔系。黄梅戏以抒情见长,韵味丰厚,唱腔纯朴清新,细腻动人,具有丰富的表现力,且通俗易懂,易于普及,深受各地群众的喜爱。在音乐伴奏上,早期黄梅戏由三人演奏堂鼓、钹、小锣、大锣等打击乐器,同时参加帮腔,号称"三打七

---

〔1〕 摘自中国新闻网: http://www.chinanews.com/cul/2021/02-28/9420992.shtml,最后访问日期:2021年4月2日。

〔2〕 笔者在这部分的写作过程中,查阅了对黄梅戏这一非物质文化遗产的相关介绍,后发现安庆市文化馆在其官网中对黄梅戏的介绍精简而全面,故本部分的写作内容主要来源于该网站的"国家级非物质文化遗产名录项目——黄梅戏",载 http://www.aqswhg.com/a/fyzn/feiyixiangmu/618.html,最后访问日期:2021年4月12日。

唱"。中华人民共和国以后，黄梅戏正式确立了以高胡为主奏乐器的伴奏体系。黄梅戏的角色行当体制是在"二小戏""三小戏"的基础上发展起来的，包括正旦、正生、小旦、小生、花旦、小丑、老旦、老生、花脸、刀马旦、武二花等行。虽有分工，但并无严格限制，演员常可兼扮他行。黄梅戏的表演质朴细致，真实活泼，富于生活气息，以崇尚情感体验著称，具有清新自然、优美流畅的艺术风格。黄梅戏诞生至今出现了许多为人熟知的优秀剧目，其中《天仙配》《女驸马》《牛郎织女》《夫妻观灯》《打猪草》《纺棉纱》等最具代表性。

(三) 安徽省对黄梅戏的法律保护和传承

1. 加强地方立法

对黄梅戏的保护和传承：一是指对黄梅戏艺术整体的原生态保护、继承和创造性传承、发展；二是指对黄梅戏及相关艺术载体的保护传承。安庆市曾先后出台《安庆市构建现代公共文化服务体系的实施意见》《安庆市公共文化服务体系资源整合的实施意见》《安庆市关于支持戏曲传承发展的实施意见》《安庆市关于打响黄梅戏"一唱两走"品牌充分发挥黄梅戏文化惠民乐民作用的意见》等系列文件，有力地促进和保障了文化设施建设、文化服务供给、文化产品生产、文化人才队伍建设、文化活动开展，提高了公共文化服务标准化、均等化和制度化水平。根据《安庆市2018-2022年度地方性法规制定规划》，安庆市文化和旅游局起草了《安庆市黄梅戏保护传承条例（征求意见稿）》，于2019年3月15日向社会公开征求意见。该征求意见稿共有5章34条，对黄梅戏的保护传承、保障措施以及所涉及的人、财、物均作出了具体规定。[1] 2020年7月29日，安庆市市长主持召开市政府第36次常务会议，会议审议并通过了《安庆市黄梅戏保护传承条例（草案送审稿）》。会议强调，该条例要以习近平新时代中国特色社会主义思想为指导，保护和传承黄梅戏艺术，推动黄梅戏创造性转化、创新性发展。会议要求做

---

[1] 如加强对黄梅戏资源的普查和对相关史料、实物的搜集、整理、保存，建立艺术档案；加强黄梅戏保护传承相关的基本设施建设，改善黄梅戏创作生产条件；允许担负黄梅戏保护传承责任的全额事业单位，每年在编制范围内多渠道引进人才；保护激励优秀黄梅戏专业人才；设立黄梅戏艺术创作生产扶持专项资金等。具体参见《安庆市黄梅戏保护传承条例（征求意见稿）》。

好黄梅戏接力传承和集体传承。[1]

通过制定一系列关于非物质文化遗产黄梅戏的保护立法，安庆市基本构建起了对黄梅戏的全方位立法保护体系。

2. 加强知识产权法保护

除了上述立法之外，安庆市进一步强化了对戏曲的知识产权法保护力度。2017 年安徽省文化厅印发《安徽地方戏曲剧种分类保护计划（试行）》，对安徽地方戏曲进行分类指导，科学保护，讲求实效，要求各地和演艺单位自 2017 年开始实行。该保护计划的目标是：将戏曲传承发展纳入各地文化建设主要内容和年度考核指标，要求完成戏曲剧种资源普查，推出一批优秀戏曲剧目等。之后安庆市又开展了戏曲资源调查，根据 2016 年戏曲资源普查结果，结合戏曲院团当前创作生产演出条件情况，将全省戏曲种群分为三类，予以分类指导。[2]

针对较为普遍的黄梅戏作品侵权盗版现象及使用传播的无序状态，资源市场流失严重的现状，安徽省版权局于 2008 年开始采取切实可行的措施，加大对黄梅戏版权的保护力度，促进黄梅戏产业的发展。

首先，从源头上梳理和确认不同类型黄梅戏作品的权利归属。合理界定黄梅戏职务作品和非职务作品，改编、移植作品和原创作品，古典作品和演绎作品之间的法律关系，明晰创作者与著作权的产权关系，制定比较完善的保护方案。

其次，制定相关政策，改善权属不清状况。为黄梅戏作品著作权人颁发了"著作权登记证书"，以法律的形式确认权利人对其所创造的智力成果享有一定的权利，鼓励黄梅戏作品的创作和传播。对于著作纠纷，及时保护著

---

[1] 参见 http://aqxxgk.anqing.gov.cn/show.php?id=785111，最后访问日期：2021 年 5 月 9 日。

[2] 这次市场调研取得了丰富的第一手资料，并划分类型予以分类保护。第一类为黄梅戏。黄梅戏是安徽省最具艺术活力、最有影响的戏曲剧种，是安徽戏曲的半壁江山，计划要求各地对辖区内黄梅戏院团在创作生产、设施建设、人才培养等方面予以重点扶持。第二类为徽剧、庐剧、泗州戏、梆子戏、皖南花鼓戏、坠子戏、推剧、嗨子戏、文南词等。对于此类剧种，要求各地鼓励院团加强创作生产，增加演出场次，增强剧种活力，成为当地丰富群众文化生活的主要艺术载体。第三类为目连戏、含弓戏、四平调、洪山戏、太湖曲子戏、怀腔、弹腔等。这些剧种曾是安徽省地方戏曲的重要组成部分，是濒危和稀有剧种。各地可在文化馆、艺研所等文化机构设立研究小组，确保会唱、会演，并与戏曲院团配合，复排一批传统经典剧目，保住优质戏曲基因和文化根脉。

作权人的权益，为多起民事诉讼的黄梅戏曲版权纠纷案件认真提供了咨询意见。

最后，加大防盗版宣传。通过新闻媒体开设举报投诉网站、公布举报电话、公布举报奖励办法等形式，鼓励权利人积极举报，严肃查处侵权盗版案件。省版权局还以召开培训会、座谈会、研讨会的形式，研究解决黄梅戏发展中出现的版权问题，加强对黄梅戏艺术作品的版权登记，重点保护黄梅戏新剧目，推进黄梅戏产业有序发展。

3. 建立戏曲和文化中心建设用地审批法律制度

安徽省国土资源厅于2016年出台《关于支持戏曲传承发展和推进基层综合性文化服务中心建设的通知》（以下简称《中心建设通知》），要求实行差别化的用地政策以支持戏曲教学、排练、演出设施建设；整合现有资源，加强基层综合性文化服务中心建设，进一步加快文化强省步伐，做好戏曲传承和基层综合性文化服务中心建设中的用地保障工作。

根据《中心建设通知》，戏曲教学排练演出设施用地符合《划拨用地目录》的，可以划拨方式提供，支持现有戏曲教学排练演出设施改造建设；在符合城乡规划、土地利用总体规划的前提下，现有戏曲教学排练演出设施改造可兼容一定规模的商业、服务、办公等其他用途，并按协议方式补充办理用地手续；严格戏曲教学排练演出设施用地供后监管，需改变合同约定的土地用途的，必须取得出让方和市、县人民政府城市规划行政主管部门同意，其中单独建设戏曲教学排练演出设施用地应在用地合同和划拨决定书中明确写明，改变用途应由政府依法收回后重新供应。[1]

4. 将普法教育融入黄梅戏

2018年以来，安庆市充分挖掘黄梅戏文化资源，以群众的"身边人"和"身边事"为题材，用接地气的群众语言，将普法教育融入黄梅戏，不仅提高了法治宣传教育的实效性和吸引力，同时通过普法形式推动了黄梅戏曲的宣传与推广。同年，安庆市开展法治文艺节目创作和推荐评选，面向省内外共征集法治故事、法治漫画、法治戏曲、法治微小说等法治文化作品600

---

[1] 参见"安徽出台政策保障戏曲和基层文化中心建设用地"，载 http://ah.anhuinews.com/system/2016/04/12/007301967.shtml，最后访问日期：2021年6月6日。

余部。全市新创作法治黄梅戏 38 部,于第八届中国(安庆)黄梅戏艺术节期间在市区集中展示 12 场,在县(市、区)巡演 960 余场。包括推进黄梅戏普法进邻里;推进黄梅戏普法进村居;推进黄梅戏普法进校园以及推进黄梅戏普法进人民调解。进一步增强了对非物质文化遗产黄梅戏的推广力度。

5. 加强对代表性传承人的法律保护

基于"以人为本,见物见人"原则,安徽省文化和旅游厅制定了《安徽省省级非物质文化遗产项目代表性传承人认定与管理暂行办法》,通过建立传承人档案、搭建传承平台、补贴传习活动、提供政策保障、拓展传习渠道、扩大宣传等措施,加强对省级非物质文化遗产项目代表性传承人的认定、管理和保护,推动活态传承。

首先,创新培训模式。坚持以"服务活态发展、强化传承人主体性"为宗旨,精心设计课程,以实践、交流、体验为主体,结合参观见学、考察和工作室(实验室)可视化创意分析等多种教学方法,创新非物质文化遗产传承人培训模式。

其次,追根溯源黄梅戏,立项树人传承保护。

第一,加强立项保护。积极申报各级非物质文化遗产等项目,争取政策资金扶持。目前,安庆市有戏曲类"四级"非物质文化遗产保护项目 18 个,国家、省级民间文化艺术之乡 8 个。

第二,加快工程推进。实施濒危项目抢救、60 岁以上传承人口述史记录、黄梅戏保护等系列工程,对项目和传承人进行抢救性采录,已完成黄梅戏经典剧目图书 22 部、黄梅戏丛书 2 部。开展"黄梅戏进校园"活动,编辑《黄梅戏》《黄梅戏唱腔选段》等地方教材,普及、推广黄梅戏艺术教育。

第三,推广师徒传戏。发挥老一辈艺术家和现有名家名角的"传、帮、带"作用,聘请黄新德、韩再芬等著名黄梅戏表演艺术家收徒授艺,聘请熊辰龙、刘国平等活跃在舞台上的国家一级演员为高校学生示范授课,聘用江丽娜、姚美美等退居二线的国家一级演员到学校担任专职教师。采取职业教育、跟班实训、名师带徒、基地传习等方式,启用青年演员担纲主演,大力培育编剧、导演、音乐等紧缺人才。

二、江西省非物质文化遗产的法律保护——以对景德镇手工制瓷技艺的保护和传承为例

（一）江西省非物质文化遗产法律保护概况

截至 2019 年 12 月 31 日，江西省申请国家级非物质文化遗产代表性项目 70 项、省级 560 项、市级 1114 项、县级 2558 项，申请国家级非物质文化遗产代表性传承人 70 人、省级 478 人、市级 1612 人、县级 2117 人。[1]

江西省政府为继承和弘扬优秀传统文化，加强非物质文化遗产保护、保存工作，根据《非物质文化遗产法》和有关法律、行政法规的规定，结合江西省实际情况，制定了《江西省非物质文化遗产条例》。该条例包括总则、非物质文化遗产的调查和代表性项目名录、非物质文化遗产的传承与传播、非物质文化遗产的合理利用与发展、保障措施、法律责任、附则共 7 章 58 条，自 2015 年 9 月 1 日正式施行。近年来，在"一带一路"大背景下，景德镇市以创新的思维和办法，积极探索传统陶瓷产业转型升级新路径。2018 年 1 月 23 日，江西省时任省委书记、省长刘奇在江西省第十三届人民代表大会第一次会议上代表省政府所作的政府工作报告中提出：要大力支持创建景德镇国家陶瓷文化传承创新试验区。2018 年 10 月，国务院批复同意设立景德镇国家陶瓷文化传承创新试验区。陶瓷文化传承创新试验区的创建将为景德镇"打造成冠领中国、代表江西走向世界，世界感知中国、认识江西的国际瓷都"提供重要载体。

（二）景德镇手工制瓷技艺简介

据相关资料记载，景德镇自五代时期便开始生产瓷器，宋、元两代迅速发展，至明、清时期在珠山设御厂，成为全国的制瓷中心。景德镇手工制瓷技艺的重要成型工序在宋代已初步建立。瓷业内部分工日益细化，普遍采用拉坯、印坯、利坯、修足、蘸釉、荡釉等技艺制作瓷坯，再采用匣钵仰烧、垫钵覆烧、支圈覆烧等技法进行装烧。到元代，又发明了瓷石加高岭土的"二元配方法"及青花釉下彩绘技术。明、清两代，景德镇制瓷业进一步发展，"共计一坯之力，过手七十二，方克成器。其中微细节目，尚

---

[1] 参见 http://jx.cnr.cn/2011jxfw/xwjj/20191202/t20191202_524880271.shtml，最后访问日期：2019 年 12 月 2 日。

不能尽也",制瓷手工技艺体系基本完善,采矿、淘洗、练泥、陈腐、拉坯等工序环环紧扣,专业化程度日益提高,各工序都有身怀绝技的能工巧匠,景德镇手工制瓷业至此达到了历史的最高峰。景德镇瓷业习俗是景德镇制瓷历史的重要组成部分。景德镇在宋代出现"村村窑火,户户陶埏"的景观,瓷业习俗已具雏形。明、清以后,珠山御厂的设立和海外市场的进一步扩大带动了景德镇制瓷业的蓬勃发展,致使几乎所有散落在乡村的小窑作坊都集中到城区,形成了众多手工业工场,吸纳了大量从业人员,"窑户与铺户当十之七八,土著十之二三"。景德镇由此成了"五方杂处"、有"十八省码头"之称的陶瓷大都会,为瓷业习俗的最终形成奠定了坚实的基础。

民国时期,景德镇瓷业习俗的突出表现是客籍瓷商队伍的不断壮大及瓷行、瓷庄和瓷号的大量涌现。各商帮都有自己的瓷行、瓷庄或瓷号,他们加强了景德镇与外地的联系,也操纵了景德镇瓷器的运销。随之而来的各地风俗习惯给景德镇瓷业习俗增添了新的内涵。〔1〕历史上,景德镇陶瓷作为海上丝绸之路的重要商品,是联结东西方文明的重要纽带,是东西方文化互鉴与交流重要载体,以其独特的陶瓷文化魅力影响着世界各国人民的生活方式、价值取向、审美情趣,对中华民族传统文化的传播和弘扬起到了巨大的推进作用,成了"中国走向世界、世界认识中国"的重要文化符号之一。2006 年,景德镇传统手工制瓷工艺被国家文化部列入中国首批非物质文化遗产名录。

(三) 江西省对景德镇手工制瓷技艺的法律保护和传承

1. 加强地方立法

(1) 制定《景德镇陶瓷知识产权保护管理规定》。

景德镇在陶瓷工艺非物质文化遗产的保护中,与上述安徽省安庆市对黄梅戏的法律保护略有不同,更强化和重视对知识产权法的保护。为传承和弘扬景德镇陶瓷文化,保护景德镇陶瓷知识产权,促进景德镇陶瓷持续、健康、有序发展,景德镇市人民政府根据《商标法》《专利法》《著作权法》

---

〔1〕 参见 http://baijiahao.baidu.com/s? id = 1673424623709823965&wfr = spider&for = pc,最后访问日期:2019 年 12 月 2 日。

《反不正当竞争法》等有关法律法规制定了《景德镇陶瓷知识产权保护管理规定》（下文简称《保护规定》），于2014年4月16日发布实施。《保护规定》第一章是总则；第二、三章要求完善景德镇陶瓷知识产权联席会议制度，并明确了各相关主要部门的职责；在第四章保护措施部分明确提到了商标权、陶瓷作品著作权、专利权、地理标志和名牌产品、名人作品的相关保护措施；第五章着重介绍了扣押侵权嫌疑货物的强制措施；第六章为法律责任；第七章为附则。

《保护规定》加强了对名人作品的法律保护。在名人作品的相关保护措施部分提到，中国工艺美术大师，中国陶瓷艺术大师，中国陶瓷设计艺术大师、教授、副教授（工艺美术类），江西省工艺美术大师，江西省陶瓷艺术大师的陶瓷艺术作品由市陶瓷协会统一制作、核发《景德镇陶瓷艺术作品证书》。同时，任何单位和个人均不得伪造《景德镇陶瓷艺术作品证书》。非经市瓷局、市陶瓷协会确认，任何单位和个人均不得制作和使用《景德镇陶瓷艺术作品证书》。

针对外界对瓷都仿古瓷生产的关注，有关仿古瓷管理的相关内容也被写入了《保护规定》。其第39条提到要加强仿古瓷生产的管理，督促生产企业和个人诚信经营。对以仿充真，牟取暴利的，依法予以打击；推行仿古瓷配备《景德镇仿古瓷艺术作品证书》，遵循"一品一证"原则，证书中明确制作者或生产企业，以及作品相关信息。《景德镇仿古瓷艺术作品证书》由市陶瓷协会统一制作、核发。

除了增加对仿古瓷的管理，《保护规定》还增加了扣押侵权嫌疑货物的强制措施的相关内容。总体来讲，《保护规定》有四大亮点：①它加大了陶瓷知识产权维权方面的打击力度；②加强了综合侵权执法力度；③进一步优化、规范了执法程序；④加强了对仿古瓷的管理和指导。《保护规定》不仅传承和弘扬了景德镇陶瓷文化，还保护了景德镇陶瓷知识产权，更促进了景德镇手工制瓷工艺的非物质文化遗产保护的法治化。

（2）制定《景德镇市陶瓷文化传承创新条例》。

为了推进景德镇国家陶瓷文化传承创新试验区建设，促进景德镇市陶瓷文化的保护、传承、创新和发展，根据《非物质文化遗产法》《文物保护法》《江西省非物质文化遗产条例》《江西省文物保护条例》等有关法律、法规，结合本市实际，景德镇市人大常委会法工委制定了《景德镇市陶瓷文化传承创新条例》草案初稿。

《景德镇市陶瓷文化保护传承创新条例》的颁布施行，对于景德镇陶瓷手工制瓷工艺非物质文化遗产的保护、传承和利用非常有必要。对陶瓷文化保护、传承和创新进行地方立法，既是为试验区建设提供重要的法治保障，又有利于进一步保护和传承陶瓷文化，也是提高文化"软实力"的客观需要。该条例贯彻国家文物工作方针，确定了坚持有效保护与合理利用、继承历史文化遗产与促进经济社会发展相结合的原则，目的就是守护、传承景德镇的千年文脉，发挥陶瓷文化遗产在经济社会发展中的作用；弘扬景德镇优秀传统文化，实现文化惠民，让文化遗产保护融入人民的日常生活中，同时增强民众对陶瓷文化遗产的认同感，保护人民最基本的文化权益。

2. 加强陶瓷手工制瓷技艺非物质文化遗产的宣传

文化是旅游的灵魂、旅游是文化的载体，文化和旅游相生共兴、融合交汇，推动文化旅游融合发展是大势所趋。景德镇作为一个有着2000多年冶陶史、1000多年官窑史和600多年御窑史的历史文化名城，是海上丝绸之路的重要货源地，也是原国家旅游局向海外推荐的35个王牌景点之一。陶瓷文化是这座城市的根基和灵魂，景德镇希望通过文旅融合，建设经典旅游景区以及优化产业链，在推进陶瓷文化旅游业发展的同时，加紧宣传陶瓷手工技艺非物质文化遗产，通过促进旅游产业的发展，达到对陶瓷手工技艺非物质文化遗产的宣传、创新与发展。为此，景德镇市政府采取了一系列措施提升旅游基础设施工程，加强旅游立体交通网、旅游服务设施网、"智慧智能"旅游互联网等配套建设；建设了一批四星级以上酒店、绿色旅游饭店，发展精品民宿和度假村；挖掘景派美食，打造美食文化街区；加强旅游机构的规范化管理和旅游从业人员的培养培训；建设了一批全国中小学生研学实践教育基地，大力发展陶瓷手工技艺体验和研学实践。

同时，景德镇市还加强国际交流合作，提升陶瓷手工技艺非物质文化遗产的世界声誉,通过发展会展经济,搭建对外交流平台,[1]有力地促进了景德镇陶瓷文化产业的发展。通过举办中国景德镇国际陶瓷博览会,全方位策应"一带一路"建设,通过深化贸易合作、扩大人文交流展示陶瓷手工技艺非物质文化遗产。2020年10月18日,为期5天的"2020中国景德镇国际陶瓷博览会"开幕。在新冠肺炎疫情常态化防控工作背景下,本届瓷博会以创新为抓手,采取"线上+线下"的展会新模式,与天猫、抖音、快手三大平台合作,打造运营"云瓷博会"。再次让全世界人民目睹了中国陶瓷手工技艺非物质文化遗产的魅力,进一步带动了陶瓷手工技艺非物质文化遗产的推广、宣传和利用。

3. 成立景德镇市陶瓷非物质文化遗产保护协会

为深入贯彻落实习近平总书记关于弘扬中国优秀传统文化的指示精神,挖掘中国优秀传统文化,展现中华文化魅力和时代风采,讲好新时代的中国非物质文化遗产故事,以实际行动开创新时代非物质文化遗产保护工作新局面,景德镇市陶瓷非物质文化遗产保护协会成立大会暨首届会员大会于2020年12月12日在景德镇市非物质文化遗产中心会议厅隆重举行。景德镇市陶瓷非物质文化遗产保护协会是景德镇市陶瓷非物质文化遗产保护工作人员自愿组成的自律组织,属非营利性社会团体。协会遵循"继承和弘扬中华民族优秀传统文化,保护非物质文化遗产景德镇手工制瓷技艺,推动非物文化遗产景德镇手工制瓷技艺的保护传承、传播与发展"办会宗旨,接受主管单位的管理和指导,竭力做好对景德镇陶瓷非物质文化遗产的传承和保护工作。

景德镇陶瓷非物质文化遗产保护协会,在保护和传承陶瓷非物质文化遗产工作方面发挥着重要的作用。协会以信息收集、调查研究、咨询服务、举办陶瓷文化交流与合作等活动为工作宗旨。同时,还承担着致力于中国陶瓷非物质文化遗产保护相关机构、团体经济和文化交流,开展非物质文化遗产

---

[1] 2017年9月,外交部举办江西全球推介活动,景德镇以瓷为媒,先后与"一带一路"沿线国家的21个产瓷城市建立了友好城市关系;2019年10月,"丝路瓷行·中国陶瓷文化展"在克罗地亚举行,数以万计的游人驻足参观;成为联合国海陆丝绸之路城市联盟首批创始成员,与国外20多个产瓷城市建立友好关系,连续2年在德国和南非举办中国陶瓷文化展;同年12月,"丝路瓷行·陶瓷传统成型技法现场展示活动"在希腊雅典扎皮翁宫国家博物馆开幕,百余件陶瓷作品以文化交流使者的身份盛大亮相。

作品备案、非物质文化遗产技艺培训等工作。该协会的成立,对普及和提高陶瓷非物质文化遗产保护知识及工作水平,尤其是对景德镇手工制瓷技艺的传承和发展,起到了积极的推动和促进作用。[1]

---

[1] 参见 http://szb.jdz-news.com.cn/html/2020-12/14/content_111929.html,最后访问日期:2020年12月14日。

第三章

燕赵非物质文化遗产法律保护理念和原则

第一节 燕赵非物质文化遗产法律保护理念

一、影响法律保护理念形成的因素

理念是行动的先导,对人的社会实践具有指导作用。[1]理念是文化遗产保护中最核心的使命、愿景和价值观。理念是从文化遗产的历史来源、现在及未来的价值中凝聚而来。从此种角度而言,非物质文化遗产保护理念的形成,首先,需要从观念上重视非物质文化遗产的保护;其次,要关注在保护进程中所出现的具有共性的问题;再次,需要通过立体多维度对保护对象进行有效的研究与观察;最后,还需要借鉴国内外非物质文化遗产保护的经验,并将其与燕赵文化特色进行融合,形成符合燕赵非物质文化遗产的保护理念,这是基于燕赵地区的地理、人文以及历史发展所作的综合考察,并对燕赵地区独有的非物质文化遗产进行个性化的保护过程中所逐步形成的一种使命、愿景和价值观。

在确保非物质文化遗产可持续发展的前提下,科学而有效地利用好这些珍贵"活资源"并使之造福当代,是每个非物质文化遗产保护工作者必须思考的问题。燕赵非物质文化遗产内涵丰富,它所体现的传承性、燕赵地区的地域性、燕赵民族的情感性等多样性特质决定了法律保护方式也应是多样的。在多样性的保护方式中,立法保护是最根本性的保护,只有健全立法保护,才能使

---

[1] 李荣启:《非物质文化遗产保护研究文集》,文化艺术出版社2016年版,第250页。

行政保护、财政支持和知识产权等保护有法可依。当然,立法保护也离不开相关社会保护措施的协调和配合,这对燕赵非物质文化遗产保护理念的确立也具有重要的指导价值。这一保护理念是随着对非物质文化遗产认识的加深、保护观念的逐渐增强而渐进形成的一种对燕赵非物质文化遗产保护的价值观体系。

中国传统农业社会整体上对非物质文化遗产的保护不够重视,更遑论燕赵非物质文化遗产了。而随着高科技信息化时代的到来,文化霸权主义随之扩张,为非物质文化遗产的保护敲响了警钟,这种保护在国家层面上看,是对文化主权的维护,彰显着文化自信。文化主权是一个国家强大的精神力量,是一个国家存在的文化根基,一个国家不能没有自己的文化,如果自己的文化被其他国家同化或掠夺,将会严重影响这个民族的自信。文化本是平等的,不存在优势文化和劣等文化之分,每个文化的形成和发展都凝固着民族意识。我们只有重视文化的内在意蕴,才能从根本上对其进行保护。非物质文化遗产保护既是对具体文化事项的保护,同时也是对保护的价值和意义认识的深化。从民族性的角度看,对非物质文化遗产的保护有助于唤醒和强化一个民族的精神力量。非物质文化和物质文化都是民族自身文化力量的体现,具有民族性。但从传承和发展的角度考察,非物质文化相较于物质文化更容易发挥民族精神传承的作用,这是因为物质文化被固定于一定的载体之上,被物化为恒定形式,表现为静止的、不可再生的。它已经脱离了其原始的生态环境,普通大众不能直接对其进行解读和接受并将其激活并传递出去。相反,非物质文化是一种活态的、不断发展的,产生于民间并在人们日常生活中逐渐发展起来的文化,其精神意蕴可通过其生态环境进行理解,此种文化是民族精神的"活"的体现,也是文化认同的重要标志,是维系民族存在的根本。这种根基一旦遭到破坏,将会使民族文化的基因及其生命链出现断裂,民族的存在也将受到严重威胁。因此,在当今"全球化""一体化"以及复杂的国际环境背景下,我们更要应当加强对非物质文化遗产的保护,这种保护从根本上唤醒了民族精神的根基和灵魂,实际上是一个民族沿袭和发展的必备条件。在人类历史也有许多因自身失传或被外界力量破坏而导致解体乃至消亡的事实,也表明了保护非物质文化的重要性。[1]

---

〔1〕 贺学君:"关于非物质文化遗产保护的理论思考",载《江西社会科学》2005年第2期。

二、具体的保护理念

对非物质文化遗产进行保护，无论是从国家层面还是从民族层面而言，均具有重要的理论和现实价值，它从根本上体现了对民族国家的保护。国家作为多民族共同体，各民族在发展过程中都有自己的文化特点，随着岁月的流逝，积淀成为一个民族最深沉的力量，这种力量是这个民族自尊和自信的根源。虽然在常态下，人们并没有对它给予过多的重视，但在民族危机之时便能显现出来，这是被广泛实践所证实的，民族精神的力量不容小觑。燕赵非物质文化遗产是燕赵地区民众的民族认同感和精神价值的体现，饱含燕赵地区人民的民族情感。对燕赵非物质文化遗产的保护应确立合理的保护理念，并在此基础上形成相应的保护原则以及保护措施和制度。具体而言，对燕赵非物质文化遗产的保护应坚持下列保护理念：

（一）坚持文化平等性的保护理念

基于多样性和复杂性的历史背景、自然环境、民族特点和社会生态诸多因素，不同的国家、民族和区域形成了各具特色、风格迥异、内容丰富的特色文化。这些不同的文化蕴涵着不同国家、地区、民族独具特色的历史印记、内容记录和价值诉求，一并构成了人类可以共享的多样化的文化遗产。文化具有多样性，这是文化的本质所在，由此也决定了不同文化之间具有交流和融合的必要性，对人类来说，生物多样性是维护生态平衡的重要内容，对文化的保护也同样需要多样性的保护方式，多样性的非物质文化是世界文化的重要组成部分。对于燕赵非物质文化遗产的保护，应坚持文化无歧视的态度，在珍爱、重视、维护、传承和发展自身优秀文化的同时，也要包容、欣赏、理解和尊重他人的非物质文化遗产，形成百花齐放、百家争鸣的美好局面。此外，应充分挖掘和发挥燕赵非物质文化遗产独有的重要功能，努力促进文化进步、创新发展和思想深化与精神升华。遵循习近平总书记的"文明因多样而交流，因交流而互鉴，因互鉴而发展"[1]的重要讲话精神，加强世界文化交流，推动世界和平和人类社会共同进步。

---

[1] 习近平："深化文明交流互鉴，共建亚洲命运共同体（2019年5月15日）"，载《习近平谈治国理政》（第3卷），外文出版社2020年版，第468页。

(二) 坚持整体性的保护理念

正如上文所论及的，非物质文化遗产是一个整体性的概念，非物质文化遗产是由历史、文化、人类、环境和传承方式等诸多要素相互作用和有机聚合的整体物象，不能将各要素割裂开来，应将其视为一个整体。非物质文化遗产只有在不脱离其系统时，才能真正得到应有的保护，否则就是对非物质文化遗产的破坏。如果对其要素的理解和保护有所遗漏，对该非物质文化遗产的特定内涵、独特形式以及传承方式、结果效应等的理解和运用将会产生巨大的影响。此种理念在具体应用中体现在以下几个方面：一是对燕赵非物质文化遗产保护应全面普查，然后据此进行相应的上层设计以及规划，以便全面系统、因地制宜地开展保护行动；二是在燕赵非物质文化遗产保护中做好历史遗存、民族特点、区域特色、文化内涵、人文生态、自然环境、传承主体、传承方式和抢救保护开发利用等诸要素的良性互动，确保燕赵非物质文化遗产在时代变迁、社会转型的现实环境中得到科学传承和良性保护。既要保护好燕赵非物质文化遗产的本体，也要保护好燕赵非物质文化遗产赖以生存的自然人文生态环境。如果脱离燕赵非物质文化遗产所特有的主体、民众生活等因素将无法激发后代对燕赵非物质文化遗产的兴趣，这势必会造成燕赵非物质文化遗产传承观念上的障碍，最终无法发挥燕赵非物质文化遗产不断传承和发展的生命力。

(三) 坚持以立法为主导的多元化保护理念

在对燕赵非物质文化遗产的保护中，应以科学的态度确保依法进行以及有序开展。"科学性强调一切从实际出发，实事求是、尊重事物发展的本质属性，遵循事物发展的客观规律，实现主观与客观的统一。"[1]在对燕赵非物质文化遗产的保护中：①要遵循燕赵非物质文化遗产的发展规律，研究其随着历史变迁所发生的内在规律的演进，以科学的方式确定保护的指导思想和"保护为主、抢救第一、合理利用、传承发展"的方针，确保传承保护和开发利用不发生方向性偏差；②要根据对燕赵非物质文化遗产的考察，对各类非物质文化遗产的形式和内容进行科学的鉴定，去粗取精，去伪存真，有

---

[1] 安学斌：“21世纪前20年非物质文化遗产保护的中国理念、实践与经验”，载《民俗研究》2020年第1期。

效利用;③要结合燕赵非物质文化遗产在历史上的传承方式和现代发展方式,确保《条例》等法律法规的有效实施,探索和创新保护方式,对非物质文化遗产进行科学有效的法律保护;④要科学地构建相应的配套保护措施,建立监管和评价体制,根据燕赵非物质文化遗产的特色进行有针对性的多元保护。

(四) 坚持以人为本的保护理念

非物质文化遗产与人关系密切,在其产生、保存、传承和创新的过程中始终以"人"为中心这就要求在非物质文化遗产的保护中确保主体作用发挥与人的全面发展,"以人为本理念强调人的主体性、重要性、能动性、创造性、共享性,认为人是事物发展最重要、最根本、最关键的决定性因素,强调以人为中心和一切为了人,最终目的是实现人的全面发展"。[1]坚持以人为本的保护理念:一是要遵循非物质文化遗产因"人"的需要而创生、文化遗产因"人"的需要而传承保护的规律,摒弃机械地为传承而传承、为保护而保护的僵化而死板的认知,保护非物质文化遗产的目的在于更好地传承与创新、有效地发挥其价值和作用,以便能更好地融入现代生活、适用时代发展的需要。在传承与保护的基础上进行科学开发和合理利用,真正落实非物质文化遗产传承、保护、发展而产生的收益服务民众、惠及民众的目标。二是要重视非物质文化遗产保护中集体的力量。非物质文化遗产的保护并非是个人之力所及,需要最大限度地调动非物质文化遗产传承者、管理者、从业者、受众者、参与者的积极性、主动性和创造性,落实非物质文化遗产传承保护能力提升等核心问题,使"人"这个主体核心发挥重要作用。三是要结合非物质文化遗产的人本特征,结合文化因人的需要而创作和传承这一本质,在非物质文化遗产的传承创新过程中实现人的全面发展。燕赵非物质文化遗产是燕赵地区的一种特殊的文化类型,对它的保护和传承不仅是对燕赵文化做出的贡献,同时也是对全国乃至世界文化遗产保护做出的不懈努力,更好地服务于当今社会的非物质文化遗产保护和传承工作。

---

[1] 安学斌:"21世纪前20年非物质文化遗产保护的中国理念、实践与经验",载《民俗研究》2020年第1期。

(五) 坚持创造性转化和创新性发展的理念

人类社会发展的过程就是再生产的过程,社会生产连续不断、周而复始地进行。作为人类社会重要组成部分的非物质文化遗产本身就是一种典型的传统文化,[1]随着社会生活的发展,而不断地繁衍再生和创新性发展。物质的再生产是人类的进步与社会发展的基础,非物质文化的再生产要求人类社会既要重视历史沉淀过程中所遗留的文化遗产,更要注重文化的创新与繁衍,以此来实现非物质文化遗产的再生产,推动文化再生产完成自我反省、超越和更新,这一过程也是彰显文化自信的过程。这也是遵循习近平总书记所作的"努力实现传统文化的创造性转化、创新性发展"[2]的重要指示。在对燕赵非物质文化遗产进行保护的过程中要明确目标和任务。首先,要确保燕赵非物质文化遗产的永续传承、可持续发展,运用多种传承保护措施,确保燕赵非物质文化遗产不失传、不消亡、不断代;其次,从思想理念、体制机制、法律法规、内涵形式、方法措施、评价监管等多个方面进行创新,以便能更好地打破桎梏、增强动力、激发动力,使燕赵非物质文化遗产不断进行繁衍创新,更加凸显其自身独特价值,以此推动燕赵非物质文化遗产的渐进传承和实现创新性发展;最后,非物质文化遗产本身如同化石资源一样,通过创造性的转化使其成为人类进步、社会发展、经济建设的资源,如通过创造性转化使手工艺类、传统医药类等非物质文化遗产转化为经济发展的支柱产业,产出经济效益和社会效应,从而使非物质文化遗产在新的传承保护模式下焕发新的生机和活力,发挥更大的作用和贡献。

---

[1] 在学术界,涉及传统文化的术语主要有"民间传统文化""民间文学艺术表达""民间文学艺术""非物质文化遗产"等。在国际公约的术语表达中,传统文化的不同界定体现在世界知识产权组织和联合国教科文组织对传统文化用不同的术语表达。在联合国教科文组织的官方文件中,将作为保护对象的传统文化的中文翻译为"非物质文化遗产",世界知识产权组织在总干事报告中将传统文化的中文翻译为"传统文化表现形式"或"民间文学艺术表达"。"传统文化表现形式"或"民间文学艺术表达"与"非物质文化遗产"在基本内容方面是相同或者相近似的,这个结论可以在联合国教科文组织和世界知识产权组织制定的相关文件规定中得出。参见吴汉东:"论传统文化的法律保护——以非物质文化遗产和传统文化表现形式为对象",载《中国法学》2010年第1期;黄捷:"非物质文化遗产传承人保护法律制度研究",广西民族大学2020年博士学位论文,第22页。

[2] 习近平:"努力实现传统文化创造性转化、创新心发展(2014年9月24日)",载《习近平谈治国理政》(第2卷),外文出版社2018年版,第313页。

第二节 燕赵非物质文化遗产的法律保护原则

法律保护原则对具体制度和措施的落实具有指导作用。燕赵非物质文化遗产的保护原则需结合燕赵非物质文化遗产的独特性及其保护理念确立。

一、燕赵非物质文化遗产的法律保护应与世界接轨

保护非物质文化遗产不仅是国家文化发展战略的重要内容，也是实施国家文化战略的重要途径，基于非物质文化遗产的特性及在其保护过程中的具体要求来确定其保护原则。在确立燕赵非物质文化遗产的法律保护原则时，需结合国内外的研究和实践现状。对燕赵非物质文化遗产的保护应重视权利原则和发展原则。权利原则是指非物质文化遗产的保护必须遵循维护人权和发展公民文化权利的原则；发展原则是指非物质文化遗产保护必须遵循维护世界和平、促进世界经济社会和文化发展的原则。但是，这两个原则在保护范围上过于宽泛，缺乏针对保护对象的特性所进行的具体设计，并且这两个原则不仅适用于非物质文化遗产，同样也适用于物质文化遗产，并没有体现出非物质文化遗产保护中特有的原则，更无法体现燕赵非物质文化遗产保护的特性。但是，这两大原则毕竟是国际社会对非物质文化遗产保护所达成的共识，所以可以在这一基础前提下，结合燕赵非物质文化遗产的特性和保护理念细化具体的保护原则。

权利原则是根据《世界文化多样性宣言》[1]和《世界人权宣言》[2]以及有关文化多样性的相关文化并结合在文化保护中所遇到的问题所得出的

---

[1]《世界多样性文化宣言》是由2001年11月2日联合国教育、科学及文化组织大会第三十一届会议通过，重申应把文化视为某个社会或某个社会群体特有的精神与物质、智力与情感方面的不同特点之总和；除了文学和艺术外，文化还包括生活方式、共处的方式、价值观体系、传统和信仰，确认在相互信任和理解氛围下，尊重文化多样性、宽容、对话及合作是国际和平与安全的最佳保障之一，希望在承认文化多样性、认识到人类是一个统一的整体和发展文化间交流的基础上开展更广泛的团结互助。

[2] 1948年12月10日，联合国大会通过第217A（Ⅱ）号决议并颁布，是一份旨在维护人类基本权力的文献。作为第一个人权问题的国际文件。《世界人权宣言》为国际人权领域的实践奠定了基础，对后来世界人民争取、维护、改善和发展自己的人权产生了深远影响。

结论，建立在非物质文化遗产和文化多样性保护理念的基础之上。文化权利在发展过程中不断被细化和完善，范围也在不断变化，其主要内容包括文化参与权、文化平等权、文化自决权和保护少数人群体的文化认同权等，对非物质文化遗产的保护有助于以上文化权利的实现。人类文明是由不同地区、不同国家和不同民族的文化交织而成的，而文化之间也存在强势与弱势，统治与被统治，多数与少数之分。非物质文化在当代来看，也是一种较为弱势的文化。针对这种较为弱势的文化，国际与国家层面都在努力实现对非物质文化的法律保护，积极倡导文化平等以及加强对非物质文化遗产的保护。而燕赵非物质文化遗产相较于其他非物质文化遗产存在名气较小的特点，这非常不利于对其加以保护和传承，更应参照国际社会的做法，扩大保护和传承的路径。同时，对燕赵非物质文化遗产的保护也是为了更好地实施我国的文化发展战略，使这种较为弱势的文化能得到应有的保护，为实现不同文化之间的平等参与和自觉认同做出贡献。

发展原则，就宏观角度而言，是非物质文化遗产的保护中应当遵循的大方向。如果每个国家都能对文化给予相应的保护和重视，并且秉持维护世界和平和促进世界经济社会和文化发展的目标，将会最大限度地减少文化趋同、文化霸权主义等问题的出现。我们应当增强对文化平等权、文化认同权以及文化经济权利的认知，坚持文化应是平等和多元的，文化之间不存在优劣之分。我们应当对不同的文化持包容态度，正确对待不同的文化，并最终通过保护中国传统优秀非物质文化维护世界和平及促进经济、文化发展。在保护和发展燕赵非物质文化遗产时，我们应当逐步树立文化自信，大力宣传本土的非物质文化，以此来削弱外国文化对本国文化的侵袭。[1]

二、基于燕赵非物质文化遗产特质的法律保护原则

按照《非物质文化遗产法》第2条的规定，非物质文化遗产包括：口头

---

〔1〕 刘永明："权利与发展：非物质文化遗产保护的原则（上）"，载《西南民族大学学报（人文社科版）》2006年第1期。

第三章 燕赵非物质文化遗产法律保护理念和原则

传说和表述、表演艺术、社会风俗等。[1]燕赵非物质文化遗产囊括了以上几种类型。燕赵非物质文化遗产保护原则的确定应根据燕赵非物质文化遗产的特质和保护理念进行,我们不仅应当重视非物质文化遗产的生命活态,关注其具有的活态性特点,而且更应重视燕赵非物质文化遗产的独特性。燕赵非物质文化遗产同其他非物质文化遗产类似,都具有极强的人体依附性。这种人体依附性主要体现在对人嗓音的依附以及对人体态动作的依附上,但即便在同类型的非物质文化遗产内部,不同区域的非物质文化遗产也具有不同的特点。如燕赵非物质文化遗产河北梆子和安徽的非物质文化遗产黄梅戏同样都是通过人的自然嗓音得以创作和传播的口头文化与体形文化,它们不仅与物质类文化遗产不同,而且这两种通过自然嗓音形式创作和传播的非物质文化遗产也是具有很大的差异性的。河北梆子和安徽黄梅戏在发音和唱腔方面有着截然不同的特点,对它们的保护就不能"一刀切",应有所区别。因此,对非物质文化遗产的保护应首先确定它们与物质类文化遗产不同,因此对非物质文化遗产的保护应确定具体的保护方式。[2]此外,对不同种类的非物质文化遗产形式也应采取不同的保护方式加以有针对性的保护。

针对燕赵非物质文化遗产的法律保护原则,还必须用发展的眼光加强对燕赵非物质文化遗产的保护。所以燕赵非物质文化遗产保护的原则也不能一成不变,而是应结合新时代的发展而不断地进行调整。对非物质文化遗产保护原则主要以非物质文化遗产自身如何发展和传承以及怎样能够充分保护其在新时代焕发新的生命力为核心,应结合燕赵地区的区域性、燕赵非物质文化遗产自身的特殊性、燕赵非物质文化遗产保护的理念以及具体时代的发展需求综合确定。具体而言,大概包括"物质化"原则等几种具体原则,每一种原则的形成都是在充分结合上述因素和非物质文化遗产保护理念的基础

---

[1]《非物质文化遗产法》第2条规定:"本法所称非物质文化遗产,是指各族人民世代相传并视为其文化遗产组成部分的各种传统文化表现形式,以及与传统文化表现形式相关的实物和场所。包括:(一)传统口头文学以及作为其载体的语言;(二)传统美术、书法、音乐、舞蹈、戏剧、曲艺和杂技;(三)传统技艺、医药和历法;(四)传统礼仪、节庆等民俗;(五)传统体育和游艺;(六)其他非物质文化遗产。属于非物质文化遗产组成部分的实物和场所,凡属文物的,适用《中华人民共和国文物保护法》的有关规定。"

[2] 蔡丰明:"中国非物质文化遗产的文化特征及其当代价值",载《上海交通大学学报(哲学社会科学版)》2006年第4期。

上，具有较强的针对性，并且其内容也会随着时代科技的发展而不断变化和完善。

（一）燕赵非物质文化遗产的"信息化、数据化"保护原则

物质文化遗产与非物质文化遗产并不是完全对立的两个类型，而是一个事物的两个方面，即任何一种文化遗产，大到建筑，小到工艺品，都是由"物质形态"与"非物质的精神"结合的产物。所谓"物质类文化遗产"就是通过艺人的表演和匠人的制作将他们的智慧、经验和技艺"有形化""物质化"[1]，最终具象成肉眼所见，如北京故宫抑或书画大家的山水画。而所谓非物质文化遗产则是由艺人在表演或制作过程中所展现的身体动作或嗓音等。本质上，纯粹的物质文化遗产和非物质文化遗产都是不存在的，上述这种分类也只是为了对两种不同文化的保护需要而进行的划分，而不是说文化本身就自然地被分为两种形态，所以，我们不能割裂二者之间的关系，应对它们进行综合性保护。"非物质"性为非物质文化遗产的最大特性，燕赵非物质文化遗产亦然。在成品形成之前，它通常只是作为一种知识或技艺存在于人们的头脑中，通过匠人、艺人或普通的民众以不同的方式将这种深层次的文化记忆通过自己的身体动作或肢体语言予以表达，才能为公众所知晓。所以，非物质文化遗产需要对艺人在表演和创作过程中的动作进行保护，这具有很强的人身依附性，而这种技能和技艺不能通过完全的物化形式予以保护。所以，相较于物质文化遗产，保护的难度要大很多。随着数字时代的到来，非物质文化遗产的保护方式也带来了新的机遇和挑战。可以通过多媒体技术，将非物质文化遗产的表演过程记录下来，这也是一种对非物质文化遗产"物质化"的保护方式。这种形式的表演记录方式提高了非物质文化遗产的传播效率，在很大程度上确保了对非物质文化遗产的保护与传承。

不管采取何种保护方式，其最终目的都是为非物质文化遗产的传承与发展服务，在高科技信息化时代，应加强和扩大多媒体保护方式的广泛运用，这也是出于网络化和数据化时代发展的需求。基于燕赵地区范围较广，遗产数量和类型众多、名气不大等特点，我们不可能将全部的非物质文化遗产普

---

[1] 苑利、顾军："非物质文化遗产保护的十项基本原则"，载《学习与实践》2006年第11期。

查结果编制成册,这种古老的方式在信息化时代已逐渐暴露弊端,不仅效率低下,而且增加了检索的难度。在非物质文化遗产的保护工作中,我们需结合当今时代需求,利用高科技信息化手段将相关数据和资料存储起来。在这方面,数字化、网络化的管理具有巨大优势,它虽然所占物理空间极小,但是能高效地实现图文声像和数字信息的双向转换和网络传输,方便人们对收集的资料进行整理、删减和补充,也便于人们快速进行检索和调用。这种保护方式的广泛运用确保了在全球范围内资料的共享,使便捷的文化交流成为可能,进一步增强了对非物质文化遗产保护的全球性合作。同时,专用网站的建设也极大地提高了各种调查信息相关表格和文件的传送,极大程度地促进了全球各地专家学者以及调查人员之间的学术交流和互动。信息化网络技术在非物质文化遗产保护中的应用,不仅节省了资金投入,降低了保护成本,而且简化了中间环节,提高了工作效率。在对燕赵非物质文化遗产的法律保护中,我们应结合本地特点,充分利用互联网技术,将燕赵非物质文化遗产的传播、发展与数据时代接轨,通过多种方式进行高速、有效的传播,从而实现对燕赵非物质文化遗产的最大限度的保护。[1]

(二) 以人为本的保护原则

这是燕赵非物质文化遗产人本保护理念逻辑的顺延结果。从表现形式上看,燕赵非物质文化遗产的最大特点是"非物质"性。在成品形成之前,它通常仅仅是一种深层的记忆,必须借助于"人"的行为和活动才能为外界所获知,只有依靠这些与对象相依存的真正主人(主要为传承人),非物质文化遗产的保护才有"物质化"的形体可言。所以,应当重视对非物质文化遗产传承人的保护,并设置相应的保护和激励机制,鼓励非物质文化遗产的传承人积极传播和发展非物质文化遗产。不同于物质文化遗产,非物质文化遗产具有可再生性,对这种可以不断再生类型的文化遗产的保护,应将重点放在对传承人的保护上,这样才能最大限度地促进非物质文化遗产的创新性发展。就此角度而言,在对非物质文化遗产的保护中,我们应紧跟时代步伐,发展和创新非物质文化遗产,仅关注非物质文化遗产的既有成品是远远不够的,还需要重视对传承人的保护。所以,确定以人为本的保护原则是非常有

---

[1] 苑利、顾军:"非物质文化遗产保护的十项基本原则",载《学习与实践》2006年第11期。

必要的。这一保护原则也实现了非物质文化遗产保护中的良性互动,对非物质文化遗产传承人的保护和激励愈强,传承人的手艺就会愈加得到提升,随之,新产品、新工艺和新技术便会源源不断地涌现出来,进而推动非物质文化遗产的创造性转化和创新性发展。

在实践中,加强对传承人的保护,不可避免地会出现传承人的保护与当地民众追求经济利益之间的矛盾。因此,必须处理好非物质文化遗产的保护与所在地民众对于经济利益的追求之间的关系。[1]在这种情况下,以人为本的保护原则显得尤为重要,人类追逐利益是本性使然,所以我们要通过制度去协调上述两者间的利益平衡,在协调的过程中,要确保追求经济利益不能以牺牲传承人的利益为代价。非物质文化遗产的传承,离不开传承人的智慧以及他们所要承担的民族责任感,他们作为非物质文化遗产中的特定群体或者个人,是这种文化的创造者和传承者,对这种文化深层力量的感受尤为深刻,是这种文化的根。对传承人的保护,应坚持人文关怀理念,充分调动起他们的积极性,唤醒他们对民族文化的保护意识。在燕赵非物质文化遗产的保护中,应建立健全传承人的记录名册制度,有针对性地实现对传承人的有效保护,不能因追求经济利益而侵害传承人的合法权益。

(三) 整体性保护原则

整体性保护实际上是在保护物质文化遗产的过程中逐步确立的。[2]非物质文化遗产是一个有机整合的文化整体,是一个系统生成的文化形态,其内涵是一个相互联系、相互依存的层次结构。这其中涉及两个关键性词语:

---

〔1〕 李墨丝:"非物质文化遗产保护法制研究——以国际条约和国内立法为中心",华东政法大学 2009 年博士学位论文,第 226 页。

〔2〕 1964 年 5 月通过的《威尼斯宪章》第 6 条和第 7 条分别强调:"古迹的保护包含对一定范围环境的保护","古迹不能与其所见证的历史和其产生的环境分离"。这种思想在 1986 年《关于历史地区的保护及其当代作用的建议》、1987 年《保护历史城镇与城区宪章》和 1994 年《关于原真性的奈良文件》2005 年《汉城宣言——亚洲历史城镇和地区的旅游业》中都有所体现。2005 年国际古迹遗址理事会第七届大会在西安召开,主题是"背景环境中的古迹遗址"。大会通过的《西安宣言》承认了周边环境对古迹遗址的重要性和独特性贡献,有必要保护和延续遗产及其周边环境的有意义的存在以减少对文化遗产的真实性、意义、价值、整体性和多样性所构成的威胁。从《威尼斯宪章》到《西安宣言》的 40 年里,整体性保护原则不断得到加强,并且已经成为文化遗产保护领域内的普遍共识。参见李墨丝:"非物质文化遗产保护法制研究——以国际条约和国内立法为中心",华东政法大学 2009 年博士学位论文,第 228 页。

"生态"和"整体"。这是由非物质文化遗产的生态性特征所决定的，它包含非物质文化遗产自身生态以及生存空间生态两层内涵，所以对非物质文化遗产的保护应该是一个整体性的保护。就非物质文化遗产自身而言，也是多种技术和技能的集合体，应加以整体保护，任何一项非物质文化都是由多种技术与技能共同构成的。以燕赵非物质文化遗产武强年画的制作为例，制作一幅武强年画至少需要掌握描图、刻板、印制、上色等多道工艺，如果是彩色套版，还需要多次套色印刷，工艺相当繁复，在武强年画的保护中倘若置其他技艺于不顾，只求保护其中的某项技术，即便保护得再到位，年画制作技术也不可能被完整地传承下去。从这个角度而言，我们所说的整体保护，首先应理解为对该工艺全部程序与技术的全面保护。除此之外，还需要对非物质文化遗产的生存空间随同非物质文化遗产自身进行保护。任何的文化遗产都是特定环境的产物，抛开具体环境，文化遗产便成了"无源之水，无本之木"。但尽管如此，环境之于物质类文化遗产与非物质类文化遗产，其影响程度还是有着相当大的区别，对物质类文化遗产的存在环境如果不加保护，往往只会影响到对物质类文化遗产的理解，但如果对非物质文化遗产的生存环境不加以保护，那么其便有消失的风险。

整体性保护原则的落实，需要通过各方主体的相互协助才能完成。对于燕赵非物质文化遗产的保护，在具体操作过程中要注重整合和协调各方利益需求，在实践的过程中发现问题并及时解决，理论只有落实到实践中才能发挥真正的作用。燕赵非物质文化遗产保护不仅是一项系统性的工程，从长远的发展来看，它更是一项全民参与、接续性的历史性任务。我们应充分认识到保护工程的复杂性，在合理的协调各方的利益追求的前提下，将保护的行为变得合法有效。这一目标的实现需要各方主体的共同努力。在这一过程中，应合理地整合各方的利益诉求，避免保护行为走向片面或反面，处理好非物质文化遗产的创造者、拥有者和保护者之间的利害关系。尊重文化的共享者的价值认同和文化认同。燕赵非物质文化遗产（尤其是口头文化遗产）通常具有广泛性与共享性，要特别重视燕赵地区特殊的地理形态、民族特征对这种非物质文化遗产形式的影响，但同时也要尤为注意各种不同形式的非物质文化遗产之间的相互交融性，如乐亭大鼓、皮影戏等习俗或艺术形式为多数种族所共享，在落实整体性保护原则时，要避免文化垄断现象的发生，使本来可以凝结民族力量的非物质文化遗产转变为民族团结的阻碍。基于燕赵区域的特殊性，在对燕赵非物质文化遗产的保护过程中，尤其要重视跨群体、跨区域、跨民族的非物质文化遗产的保护应当成为共享的共同利益与责任。

（四）活态性保护原则

非物质文化遗产是人类社会的一种特殊精神产物，这是一种具有生命力的存在。它的存在和发展必须依靠人的活动，而人本身的活动就是动态的；非物质文化遗产具有自己的基因、要素以及结构和能量，这需要保持非物质文化遗产的活力。它在自然和社会、历史和现实的互动中，不断地生发、变异和创新，这就注定了它处在永不停息的变化之中。[1]因此，在非物质文化遗产的保护中，需要了解其产生和发展的轨迹，寻找其基因的谱系，了解其生命力的来源，由此才能从基础上对其进行保护，而不是停留在表面。[2]"保护"包括两个层面的内容，如果单纯地将此种保护对象视为"静止"的存在，此时的"保护"应被理解为对这种存在的保存和维护，具体体现为就地修补、异地转迁和采集保存等常见举措。这种做法忽视了非物质文化遗产的活态性和生态性的特点，只是将其机械性地固化起来，有违保护的目的性，导致非物质文化遗产的传承与发展受到严重阻碍。另一层面，将"保护"的对象视为"动态"的存在，此时的"保护"在内容上指基于对非物质文化遗产的定义和特征的正确把握，将其视为活态存在，将保护的本质视为维护和强化其内在的生命力，增强其自身"可持续发展"的能力。

结合上文对燕赵非物质文化遗产的特征以及非物质文化遗产的保护原则，此处的保护应更侧重于第二个层面的内容。在对燕赵非物质文化遗产的保护上，要注重对其动态性这一特点的分析。保护燕赵非物质文化遗产的生态环境，应当顺应自然，不能随心所欲地进行开发和破坏。在对燕赵非物质文化遗产实施保护之前，必须结合本区域的非物质文化遗产的特殊性以及时代的发展趋势，在观念上进行一次彻底的革命，将数字技术应用到燕赵非物质文化遗产保护之中，优化保护机制，创新燕赵非物质文化遗产传承平台，

---

[1] 李墨丝："非物质文化遗产保护法制研究——以国际条约和国内立法为中心"，华东政法大学2009年博士学位论文，第227页。

[2] 苑利、顾军："非物质文化遗产保护的十项基本原则"，载《学习与实践》2006年第11期。

将多媒体运用于燕赵非物质文化遗产保护之中。[1]这既表现为外在技术对燕赵非物质文化遗产保护措施的不断优化,又表现在多媒体技术内化非物质文化遗产的生命力上。让多媒体技术不仅成为辅助燕赵非物质文化遗产保护与传承的工具,更是将多媒体技术融入非物质文化遗产,使之成为其中的一部分,融合创新非物质文化遗产项目,打造非物质文化遗产信息化新局面。多媒体技术的引入与应用不仅是一种展示、宣传、保存的外在手法,更是激发燕赵非物质文化遗产内在生命力与创造力的催化剂。

(五) 多方参与协助原则

在文化遗产的保护工作中,政府、学术界、商界、新闻媒体及各级文保组织的积极参与相当重要,如果没有上述组织的积极参与(特别是没有各级政府的积极组织、调动与引导),文化遗产保护工作将举步维艰,燕赵非物质文化遗产的保护更是如此。所以,应确立多方参与协助原则,在这一原则中,应充分实现各级政府职能的充分发挥和社会各界力量的积极参与。

(1) 发挥政府的职能。非物质文化遗产是属于全人类的文化遗产,它同时又存在于不同的国度内,因此,它的发明创造者也属于不同的国家,在对非物质文化遗产的抢救和保护工作中,各国政府是重要主体。[2]在非物质文化遗产保护工作中,政府的职能主要集中在以下四个方面:一是建立完善的政策体系;二是建立完善的法律体系;三是建立完善的基金运作体系;四是建立完善的组织管理体系。这四大体系的建立是中央政府有效组织、规划、建立我国非物质文化遗产保护体系的政策基础、法律基础、经费基础及组织基础。[3]但政府在行使相应的职能时,应注意避免借助公权力越权管理现象的发生,这会严重地影响非物质文化遗产传承人传统的管理模式和组织模式。这种不当介入不仅会破坏非物质文化遗产的原生环境,而且也会影响民间文化的自主传承;不但会严重挫伤民间艺人传承非物质文化遗产的积极性,同时也会因不了解非物质文化遗产特有的传承规律而将活生生的"民

---

[1] 对于这一问题,上文已经有较为详细的论述,此处不再累叙。
[2] 李荣启:《非物质文化遗产保护研究文集》,文化艺术出版社2016年版,第3~4页。
[3] 苑利、顾军:"非物质文化遗产保护的十项基本原则",载《学习与实践》2006年第11期。

俗"变成千篇一律的"官俗"。通过观察国内外非物质文化遗产的保护实践活动我们可以发现，如果政府职能发挥不当，就会出现"大保护大破坏，小保护小破坏，不保护不会破坏"的奇怪现象。这也充分说明，政府在保护过程中不能进行过度干预，要顺应非物质文化遗产的自身特性以及生态环境进行保护，这也为燕赵非物质文化遗产保护中政府职能的发挥提供了重要的参考。

（2）学术界的参与。学术界的专业人士对非物质文化遗产的理解比社会中的大多数人都更加准确和迅速，在保护非物质文化遗产的进程中，学术界起着先知先觉、宣传和指导的作用。因此，学术界通过向外界发表关于非物质文化遗产的价值以及保护的重要性研究，可以增强公众对于非物质文化遗产的了解和可信度，有助于对非物质文化遗产进行保护。在对非物质文化遗产的保护工作中，学术界并不是自己亲身参与对非物质文化遗产的保护与传承，而是通过细致的研究，从理论的高度告诉每一位非物质文化遗产守望者什么是文化遗产，为什么要保护非物质文化遗产以及怎样保护。而大众欠缺对非物质文化遗产重要性的认识，更不知道在社会转型的特殊时期应如何保护这些非物质文化遗产。燕赵地区拥有数量庞大的高等研究院校和研究机构，它们采取多样化的研究方式并加以践行，在燕赵非物质文化遗产的保护中发挥着重要的作用。河北省内的多所高校均开始推动非物质文化遗产项目走进大学课堂，设置非物质文化遗产相关课程，选拔和培养知识水平和专业水平较高的非物质文化遗产传承人才。河北科技大学将民间舞蹈、民间音乐作为全校选修课，纳入学分体系；河北体育学院将《河北民间武术》列入正式教学课程，并建设成为省级精品课程；承德民族师范高等专科学校将二贵摔跤、蹴球等非物质文化遗产项目列入教学计划。这些措施让大学校园不仅成了燕赵非物质文化遗产的宣传阵地，更是成了传承非物质文化遗产的摇篮。[1] 近年来，河北省学者更是加强了对燕赵非物质文化遗产的学术研究，贡献了重要的学术研究成果。截至2020年2月28日在中国知网共统计相关

---

[1] 康莉霞、赵君玉、魏冬："燕赵非遗宣传现状浅析"，载《石家庄铁路职业技术学院学报》2017年第4期。

有效文献 837 篇。[1]

(3) 发挥商界的职能。在非物质文化遗产保护中商界的贡献有目共睹，在北京和西安等文化古城，我们总能在很多旅游景点看到各种不同的非物质文化遗产的表演或者作品展。这种宣传方式不仅增强了传承人的积极性，而且让传承人更有动力进行传承和创新。在这一方式中，商界发挥了其自身的组织和保护优势，但同时也应高度警惕由商界介入引发的相关问题。商业主体的最大特点就是利益最大化和利益的及时兑现，但非物质文化遗产的最大价值并不是它的经济价值，况且其经济价值也难以及时兑现。因此，只按经济规律而不按非物质文化遗产的保护规律推动非物质文化遗产产业化发展，肯定会给非物质文化遗产的保护工作带来安全隐患。商界在保护过程中，不可避免地会对非物质文化遗产进行包装，对非物质文化遗产进行艺术化、娱乐化、表演化、现代化改造，这势必会在一定程度上破坏非物质文化遗产的原有本色，现实中对非物质文化遗产的破坏大多与过度的商业性开发有关。我们在充分发挥燕赵地区各商界力量加强对燕赵非物质文化遗产的保护和宣传的同时，也应高度重视其中的隐患，这为燕赵非物质文化遗产的保护既提供了经验，也带来了反思。

(4) 发挥新闻媒体的职能。在非物质文化遗产保护工作中，新闻媒体既不是组织者也不是规划者，但它在非物质文化遗产保护中的作用亦不容小觑。国内外非物质文化遗产保护的实践证实，没有新闻媒体的介入，政府的意志及学者的观点就不能得到充分的传播。因此，如何发挥新闻媒体的作用便成了燕赵非物质文化遗产保护中需要予以重点关注的问题。当然，发挥新闻媒体的作用，也应以了解燕赵非物质文化遗产为前提，否则很容易在复杂的操作过程中因概念不清、理念滞后等原因而对非物质文化遗产及保护方法作出价值误判，给燕赵非物质文化遗产保护工作造成负面影响。

(六) 本真性原则

本真性，有时也被称为"原真性""真实性"，其英文原意是确实性、

---

[1] 本数据的收集以中国知网的学术期刊网作为检索数据库，检索主题为"非物质文化遗产"或"非物质文化遗产"，且论文作者单位为河北省区域的大中专院校、科研院所、事业单位等机构，筛选去除不具有学术研究性质的新闻报道、公告通知等。具体参见焦志芬、张立肖、杨亚晶："河北省非物质文化遗产研究现状计量分析"，载《河北科技大学学报（社会科学版）》2021年第2期。

纯正性。20世纪60年代，真实性原则被引入到历史文化遗产保护领域，后逐渐在世界范围内达成共识，并被应用到对非物质文化遗产的保护中。[1]

文化本真性是文化多样性的基础，是文化的精神积淀和价值理念的体现。真实性原则是要保护原生的、本来的、真实的文化遗产，保护其遗存的全部历史文化信息。真实性原则的提出，为物质文化遗产保护和修复提供了重要的参考原则。[2]一种文化一旦失去了自己的原形，就很容易丧失存在的理由和价值，这种失真会导致文化多样性的骤减。因此，对非物质文化遗产的保护应当重视对其本真的保护，这种本真也是一种文化区别于其他文化的标志。非物质文化遗产作为各民族群体历史的延续，是那个时代他们生存方式的组成部分，是维系特定民族群体认同的价值系统，同时也是民族群体之间相互区别的重要标识和差异性存在的显著、直观表现。在非物质文化遗产的保护与开发中坚持本真性原则，我们应当充分认识它的传承性和结构性特点，认真分析能够存续的本质内涵及其独特方式。燕赵非物质文化的本真性是燕赵非物质文化遗产区别于其他非物质文化遗产的标识。

在燕赵非物质文化遗产的保护与开发中需要贯彻本真性原则，在具体操作上，应区分三种不同的基本方式：①原生态保护。这种方式的保真度最高，因为它根植于原住居民的生存活动之中，融入于原住居民的日常生活，是原住居民生活方式的一部分，是原住居民自己的行为。②复制性保护。这种保护方式对于非物质文化遗产的保护具有一定作用，但是在保真性上有所降低，因为此种方式脱离了原住居民的生活方式，脱离了原住居民的自然生活环境和生活方式，主要着眼于追求商业价值。选择性地集中选择民族非物质文化遗产中的一些具有较高观赏价值、市场价值的文化要素，是复制者的行为。③表演性保护。此种保护方式需要借助舞台形式，或者数字化方式将民族传统中的非物质文化遗产的文化事象再现。"表演"活动是一种商业开

---

[1] 1964年5月，在威尼斯举行的第二届历史古迹建筑师和技师国际会议上通过的《国际古迹保护与修复宪章》（又称《威尼斯宪章》）提出了文化遗产保护的真实性含义，即将文化遗产"真实地、完整地传承下去"。1994年12月，世界遗产委员会在日本奈良召开会议，通过了《关于真实性的奈良文件》，肯定了真实性是定义、评估、监控世界遗产的一项基本原则。

[2] 李墨丝："非物质文化遗产保护法制研究——以国际条约和国内立法为中心"，华东政法大学2009年博士学位论文，第43页。

发行为,其对民族传统文化要素的艺术化再现也有些失真,但只要是真正的民族文化的"表演"活动,它就或多或少地保存了这种文化的本真性。根据文化现象所表现出的基本形态,我们大致可将文化区分为"原生态文化"与"次生态文化"两类。所谓"原生态文化"就是指历史上创造并流传至今的、未经任何刻意改变的传统文化;而所谓"次生态文化"则是指那些在传统的、在原生文化基础上创造出来的新兴文化。而非物质文化遗产保护工作所要重点保护的正是这种未经"污染"的"原生态文化"。在保护过程中经常出现以"原生态"为名,把农村中一些民俗艺术传承者、歌者或舞者抽出来,[1]并对他们所表演的节目加以改造进行表演的行为;一种是村寨把自己的民俗工艺当成商品,为招徕游客而进行脱离其生存环境的反复表演。这两种情况相比,后一种情况中的村民的民俗虽然脱离了生存环境,但是作为民俗的艺术形态还没有遭到根本破坏,而前一种则完全脱离了民众的日常生活环境,完全转变成一种盈利行为,使民俗陷入了通俗化、庸俗化和趋同化的旋涡。

(七)保护文化多样性原则

保护文化多样性是非物质文化遗产保护的理念同时也是保护原则,文化多样性保护在非物质文化遗产的保护中尤为重要,文化具有主体性,体现着一定群体的价值观念,是由特定民族、国家在特定区域内通过长期的生活而形成的一定的生活模式。恩斯特·伯恩海姆在他1889年出版的《历史方法论教程》一书中把文化定义为"社会生活中形式和程序的总体,脑力和体力劳动的方式与结果的总和"[2]。由于每个民族历史传统的不同,生存方式不同,所以创造出的文化也不尽相同,各具不同的民族特色。因此,由这些不同的文化共同构成了文化多样性。这与保护生物多样性具有相通之处,各种文化之间由于流动和交融有可能导致部分弱势文化灭亡和失传,在保护文化的活动中,更应关注各种衍生而出的亚文化,这就是此处所讲的保护文化多样性原则。而文化是一个国家的"软实力",是人民各种观念形态形成的

---

[1] 苑利、顾军:"非物质文化遗产保护的十项基本原则",载《学习与实践》2006年第11期。
[2] 恩斯特·伯恩海姆进一步指出:文化体现为三个主要方面:①物质文化;②语言、文化艺术、自然和社会科学以及宗教;③所有具有表征性价值的东西——是非观念、理念、信心和规范。参见庄锡昌等编:《多维视野中的文化理论》,浙江人民出版社1987年版,第119页。

基础，同时也是文化自信的源泉，文化的多元化为后续文化的发展提供了源源不断的动力。所以，从这一角度出发，我们也应当客观地看待文化多样性，对其进行充分的保护。

我国是一个多民族国家，不同民族具有不同的文化表现形式，民族的多样性同时也为我国文化多样性提供了坚实的基础，造就了丰富多彩的非物质文化遗产。燕赵地区自古以来拥有不同的民族，这也造就了燕赵地区文化的多样性。《世界文化多样性宣言》表明："文化在不同的时空会有不同的表现形式。这种多样性的表现形式构成各人类群体所具有的独特性与多样性。"所以，文化多样性是事物发展的必然趋势，是不可逆转和不可磨灭的。在对燕赵非物质文化遗产的保护过程中更应结合燕赵地区的历史和非物质文化遗产的特点，强化对非物质文化遗产多元化保护原则的适用。

(八) 精品保护原则

非物质文化遗产不同于普通的文化，它是一个民族在长期的历史发展过程中不断淘汰和改进后传承下来的精品文化。我们所要保护的文化遗产并不是文化的全部，而是一个民族所传承下来的精华，是一个民族最为珍贵的精神财富。判断一种文化是否为文化遗产，应从以下三个方面进行分析：①是否具有历史价值。历史价值是指文化遗产在帮助我们认识历史的过程中所体现的认识价值，文化遗产的历史认识价值主要表现为证史价值、正史价值及补史价值等三个方面。②是否具有艺术价值。"艺术价值是指文化遗产呈现给我们的认识各种艺术发展规律的独特价值。"[1]艺术价值不是所有文化遗产所具有的性质，但大多数文化遗产都具有较高的艺术价值，如物质类的文化遗产中的建筑、绘画、雕刻书法作品以及非物质文化遗产中的音乐、舞蹈、表演艺术等都具有独特的艺术价值。联合国教科文组织十分重视文化遗产的艺术价值。《保护世界文化和自然遗产公约》[2]明确规定凡列入《世界遗产

---

[1] 苑利、顾军："非物质文化遗产保护的十项基本原则"，载《学习与实践》2006年第11期。

[2] 1972年11月16日，联合国教科文组织（UNESCO）大会第十七届会议在法国巴黎通过了同名文献。该公约主要规定了文化遗产和自然遗产的定义，文化和自然遗产的国家保护和国际保护措施等条款。该公约规定各缔约国可自行确定本国领土内的文化和自然遗产，并向世界遗产委员会递交其遗产清单，由世界遗产大会审核和批准。凡是被列入世界文化和自然遗产的地点，都由其所在国家依法严格予以保护。

名录》〔1〕的文化遗产项目均必须符合下列一项或几项标准方可获得批准。其中便包括"代表一种独特的艺术成就，能在一定时期内或世界某一文化区域内，对建筑艺术、纪念物艺术、城镇规划或景观设计方面的而发展产生过大影响"。③是否具有科学价值，《保护世界文化和自然遗产公约》在将诸项目提名列入《世界遗产名录》时，除强调历史价值、艺术价值外，还对入选项目的科学价值提出了要求，在人类文明上，超凡脱俗的艺术精品往往代表着那个时代的最高技术水平。

在对燕赵非物质文化遗产的保护过程中，我们也应当对其进行全面的分析和考量，对是否具有以上三种价值进行充分的调研，并建立相应的精品保护方案进行合理保护。

(九) 濒危遗产的优先保护原则

在对非物质文化遗产的保护过程中，应对各类不同类型的非物质文化遗产进行分类，尤其是对那些濒危非物质文化遗产应采取有差别的优先保护原则，将濒危的非物质文化遗产放在首位，集中人力、物力和财力及时而有效地进行抢救。在此背景下，许多国家已经认识到了保护濒危非物质文化遗产的重要性，"保护为主，抢救第一"也成了许多国家非物质文化遗产保护的共识。

非物质文化遗产因具有活态性，并且主要以人为传承载体，所以极易面临灭失的风险，在这一保护原则中加强对传承人的保护是落实这一原则的重要措施。为了贯彻落实这一基本原则，在燕赵非物质文化遗产保护中，应加强与传承人的交流合作，利用现代技术尽可能将非物质文化遗产传承人的技艺记录下来，并充分壮大非物质文化遗产传承人的队伍，鼓励传承人将其技艺向燕赵地区之外的其他地区传播和宣传。

同时，借助高科技信息化时代这一有利背景，从根本上提高燕赵非物质文化遗产传播的力度。尤为值得一提的是，这种方式可以彻底克服燕赵非物

---

〔1〕《世界遗产名录》(The World Heritage List) 是于1976年世界遗产委员会成立时建立的。世界遗产委员会隶属于联合国教科文组织。联合国教科文组织于1972年11月16日在第十七次大会上正式通过了《保护世界文化和自然遗产公约》。其目的是保护世界文化和自然遗产。中国于1985年12月12日加入该公约，1999年10月29日当选为世界遗产委员会成员。截至2019年7月5日，中国世界遗产总数增至55处，自然遗产增至14处，自然遗产总数位列世界第一。

质文化遗产大多知名度不高不利于传播这一问题。通过互联网进行宣传和记录，如通过快手、抖音、微博等平台，为燕赵非物质文化遗产的传承人建立相应的账号，既可以在原有的生态环境下进行演绎，又能够使非物质文化遗产传承人因此获得相应的收入，并能够使大众随时随地观看燕赵不同区域的民族特色，不仅使处于濒危境地的非物质文化遗产得以保存，也较好地解决了由地理位置偏僻导致的传播受阻，从而提升了燕赵非物质文化遗产在全国乃至全世界的知名度。

结合上述几大保护原则，对燕赵非物质文化遗产的保护就是为了体现时代性，让历史传承下来的非物质文化遗产在当代重新焕发出新的生命力。在对燕赵非物质文化遗产进行保护的过程中，确保上述保护原则的落实，这需要不断完善相应的保护措施，加强人力、物力的投入，将对燕赵非物质文化遗产的保护与利用相结合，在尽量保护燕赵非物质文化遗产不变质的前提下，寻找牟利的手段。可以将燕赵非物质文化遗产进行科学的产业化，这不仅可以缓解保护经费不足的压力，也有助于激发传承人的积极性以及带动燕赵地区的经济发展，以此更加有效地推动燕赵非物质文化遗产的宣传。当然，这是一个漫长的过程，需要各方相互配合以及相关配套设施的建立。目前，燕赵地区开通了千年运河、冬奥时光、未来之城、满族风情、渤海之滨、巍巍太行和壮美长城等七条非物质文化遗产游览推荐路线，这是燕赵非物质文化遗产保护和利用相结合的优秀成果。[1]

---

〔1〕 苑利、顾军：" 非物质文化遗产保护的十项基本原则 "，载《学习与实践》2006 年第 11 期。

第四章

燕赵非物质文化遗产法律保护机制的反思[1]

一、燕赵非物质文化遗产法律保护概貌

燕赵非物质文化遗产的法律保护机制离不开保护理念和保护原则,理念和原则在非物质文化遗产的保护中最具基础性和指导性。在相应的理念和原则的指导下,我国建立了相应的配套制度。唯有对相应的制度进行现状考察,找出在实践中所存在的问题,方能在分析和反思的基础上提高对燕赵非物质文化遗产的保护水平,建立更为科学、合理的法律保护机制。

(一) 燕赵非物质文化遗产的法律保护体系

对于民族国家本身来说,非物质文化遗产是其独有的民族精神和全民性的活的记忆,是深入脊髓的文化积淀,也是其独特文化身份的确证和文化认同的标志,是维系民族存在的生命线。对于整个人类社会来说,非物质文化遗产是世界文化多样性的体现,是人类可持续发展的保障,[2]对它们进行全面性的法律保护至关重要。在人类文化保护意识相对薄弱的当下,法律保障尤为重要。保护非物质文化遗产是一场持久而艰巨的战役,要想打好这场战役,仅有应急性措施以及民众的自觉是远远不够的,必须要以刚性的法律制度作为基础和保障。其中,立法的保护是根本。

非物质文化遗产保护制度的建立和健全不可能离开这一宪法基础,否则

---

[1] 鉴于河北省是燕赵地区的核心和代表性区域,并且学术界对燕赵地区的认识存在不同见解,所以限于本书研究篇幅所限,在本章以及第五章相关内容的研究上,主要以《条例》为样本进行研究说明。

[2] 李墨丝:"非物质文化遗产保护法制研究——以国际条约和国内立法为中心",华东政法大学 2009 年博士学位论文,第 1 页。

权利就失去了其存在的正当理由。[1]《宪法》第 119 条规定，民族自治地方的自治机关自主地管理本地方的教育、科学、文化、卫生、体育事业，保护和整理民族的文化遗产，发展和繁荣民族文化。虽然该条所涉及的文化遗产主要是少数民族自治地方的文化遗产，但也为非物质文化遗产的保护提供了指引和方向。同时，《宪法》第 47 条规定："中华人民共和国公民有进行科学研究、文学艺术创作和其他文化活动的自由。国家对于从事教育、科学、技术、文学、艺术和其他文化事业的公民从事的有益于人民的创造性工作，给予鼓励和帮助。"该条规定为其他非自治地方的非物质文化保护提供了强有力的法律支撑，也为全国各省市非物质文化遗产的立法保护提供了指引。

非物质文化遗产中所包含的文学艺术等表现形式与著作权客体有较大的契合之处，因此，非物质文化遗产中的一部分内容可以参照《著作权法》加以保护。根据《著作权法》第 6 条的规定："民间文学艺术作品的著作权保护办法由国务院另行规定。"这也是我国第一次提出以著作权形式对民间文学进行保护。2020 年 11 月 11 日，中华人民共和国第十三届全国人民代表大会常务委员会第二十三次会议通过《关于修改〈中华人民共和国著作权法〉的决定》，自 2021 年 6 月 1 日起施行。新修订的《著作权法》第 6 条仍沿用了修改前的第 6 条，为非物质文化遗产的保护提供了知识产权法方面的支撑。按照《著作权法》第 6 条的规定，燕赵地区被纳入国家级非物质文化遗产保护名录的河北评剧，在其发展进程中所形成的新编剧目应该可以得到《著作权法》的保护。

（二）政府层面

早在 2005 年河北省政府就出台了《河北省人民政府办公厅关于加强全省非物质文化遗产保护工作的意见》。其中明确提到了河北省非物质文化遗产保护工作的重要性和紧迫性，以及科学确立河北省非物质文化遗产保护工作的目标和方针。河北省政府对于燕赵非物质文化遗产的保护予以高度的重视，并采取了灵活多变的保护措施。就目前燕赵非物质文化遗产保护的发展状况而言，政府是最重要的保护主体。当前，燕赵非物质文化遗产保护工作的资金主要来源于政府财政投入。

---

[1] 高轩："非物质文化遗产保护立法的宪政考量"，载《法商研究》2009 年第 1 期。

1. 逐步加大政府财政投入

各项工作的开展都离不开资金的保障，非物质文化遗产的保护工作也不例外，充足的资金支持是维持和保证非物质文化遗产保护的基础。形成稳定的资金保障制度需要明确资金的来源、资金投入的对象以及金额和比例。具体而言，非物质文化遗产保护资金的主要来源是政府的财政拨款。不仅是燕赵地区，当前我国很多地区的非物质文化遗产保护工作的资金主要都来源于政府财政投入。由于诸多方面的原因，燕赵地区的许多非物质文化遗产知名度和影响度较低，市场开发力度较小，"吸金"能力非常弱。因此保护工作的资金消耗需要依靠政府的支持。伴随着非物质文化遗产保护工作的深入，政府的资金投入政策也在不断完善，财政投入力度逐渐加大，具体包括针对重点非物质文化遗产项目和代表性传承人进行财政支持。

在对燕赵非物质文化遗产的保护中不仅得到了河北省政府的支持，同时也得到了中央的财政支持。据统计：2019 年，我国针对河北省国家级非物质文化遗产代表性项目的投入补助经费约为 2100 万元，比 2017 年提高了 700 万元，其中包括 31 个年度重点保护项目，5 个振兴传统工艺项目和 1 个传承人群研培项目。[1]同年，国家对河北省 118 位国家级非物质文化遗产代表性传承人补助 236 万元。同时，河北省政府也设立了非物质文化遗产保护专项资金，2019 年，河北省政府对省级非物质文化遗产代表性项目投入约 522 万元，对 642 位省级非物质文化遗产代表性传承人补贴约 385 万元。2020 年和 2021 年国家突遇新型冠状病毒肺炎疫情，即便在经济相对低迷的特殊时期，河北省政府对省级非物质文化遗产代表性项目的投入依旧保持在 520 万元左右，向 600 多位省级非物质文化遗产代表性传承人补贴约 380 万元。[2]随着非物质文化遗产保护经费的增加，越来越多的燕赵非物质文化遗产项目开始得到保护，而政府对代表性传承人补助经费的保持与提高也在很大程度上激发和提高了非物质文化遗产传承人保护和传承传统非物质文化遗产的积极性和

---

[1] 参见张会爽："河北省传统武术非物质文化遗产保护研究——以饶阳戳脚为例"，河北经贸大学 2020 年硕士学位论文。

[2] 河北省财政厅《关于提前下达 2021 年省级非物质文化遗产保护专项资金的通知》（冀财教［2020］183 号）；河北省财政厅《关于提前下达 2020 年省级非物质文化遗产保护专项资金的通知》（冀财教［2019］142 号）。

主动性。

2. 构建了四级名录保护体系

2006年,河北省启动了非物质文化遗产普查、记录、申报等各项工作。截至2019年12月,河北省非物质文化遗产普查、申报工作进展良好,基本建成了"国家—省—市—县"四级非物质文化遗产名录保护体系。各类管理保护机构相继成立。国家分别于2006年、2008年、2011年、2014年公布了4批国家级非物质文化遗产代表性项目名录,共计1372(子项3154)项,河北省文化厅分别于2006年、2008年、2009年、2012年、2013年、2017年、2019年公布了7批省级非物质文化遗产代表性名录项目,共计990项(含国家级)。[1]另外,河北省各市、县地区也积极响应国家和省政府号召,积极开展市、县区域内的非物质文化遗产普查、申报工作。

3. 代表性传承人得到有效保护

上文我们已经重点论述了传承人在非物质文化遗产保护和传承中的核心地位,只有保护好掌握非物质文化遗产技艺的人,建立尊重传承人的传承制度和规则,才能真正实现在新时代环境中挽救面临濒危态势、随时有可能传承中断和出现文化价值断层的非物质文化遗产。明确对非物质文化遗产传承人的保护和管理,是开展非物质文化遗产保护的基础性工作。

对此,河北省积极开展了一系列相关工作:一方面,颁布和落实保护代表性传承人的相关政策,积极开展代表性传承人认定工作;另一方面,开展形式多样的保护活动,提高代表性传承人的工作积极性。除了落实国家颁布的传承人保护政策,河北省还通过制定一系列政策法规进一步推进非物质文化遗产保护工作。

(1) 印发了《河北省省级非物质文化遗产项目代表性传承人认定与管理办法》,[2]明确了代表性传承人的认定条件、承担的责任以及管理措施,使传承人的保护工作进一步法治化和规范化。

(2) 建立代表性传承人电子档案库,推进代表性传承人认定工作。2008

---

[1] 河北省文化和旅游厅:http://whly.hebei.gov.cn/Home/ArticleDetail?id=12685,最后访问日期:2020年1月7日。

[2] 2020年12月4日河北省文化厅发布《河北省省级非物质文化遗产代表性传承人认定与管理办法》,共包括总则、申报与认定、代表性传承人的权利和义务以及管理和附则五章内容。

年至今，河北省共认定了 5 批省级非物质文化遗产代表性传承人，河北省各市域也积极展开了市级传统非物质文化遗代表性传承人的申报、评选工作。同时，给予国家级代表性传承人每年 2 万元的补助经费，省级代表性传承人 6000 元的补助经费，并对重点项目和传承人给予特别关照。

（3）对重点项目进行有针对性的保护。为了提高传统武术传承人进行非物质文化遗产保护的积极性，在原河北省文化厅的带领下，河北省举办了一系列形式多样的保护活动。2014 年，非物质文化遗产保护中心组建了传承人口述史记录整理培训队伍，对代表性传承人进行探访，旨在记录传承人对技艺和人生的回顾，加深人们对非物质文化遗产传承人的了解和关注。举办多样的非物质文化遗产宣传活动。2016 年，原河北省文化厅举办了"沃土神韵·美丽河北——河北省非物质文化遗产传承人摄影巡展"活动，活动展出了众多与"永年太极拳""邢台梅花拳""戳脚"等传统武术传承人相关的精美照片，表现出了传承人的精神面貌、精彩演出等各方面内容。2018 年，河北省启动国家级非物质文化遗产代表性传承人抢救性记录工作，充分体现了政府对传承人的重视和保护。

（4）出台相应的办法。2020 年 12 月 14 日，河北省文化与旅游厅发布《河北省省级文化生态保护区命名与管理暂行办法》，对加强非物质文化遗产区域性整体保护，维护和培育文化生态以及传承弘扬中华优秀传统文化、坚定文化自信，满足人民日益增长的美好生活需要发挥了重要的保障作用。[1]

（三）相继设立各类管理保护机构

设立专门的组织机构是非物质文化遗产保护工作的重要保障，经过不断的完善，在政府指导下，河北省成立了各类非物质文化遗产保护机构。先是各级行政管理部门逐步成立，接着基层文化机构和社会组织也相继建立。

为统筹河北省非物质文化遗产保护工作，2004 年，河北省非物质文化遗产保护中心正式成立；2009 年，原河北省文化厅下设社会文化处（非物质文化遗产处），专门负责开展河北省非物质文化遗产保护的相关工作；2018

---

[1]《河北省省级文化生态保护区命名与管理暂行办法》共包括总则、申报与设立、建设与管理以及附则四章内容。

年,机构改革,河北省政府设立文化和旅游厅,内设非物质文化遗产处,负责河北省非物质文化遗产政策和规划的拟定,指导全省非物质文化遗产的普查、记录、申报等工作。同时,河北省各地市也相继成立了行政机构和部门,负责处理各市域的具体工作。以衡水市为例,在文化部门设立非物质文化遗产科,并配备了专业管理人员专门负责衡水市的非物质文化遗产保护工作。基层文化机构以及民间组织成了燕赵非物质文化遗产保护的重要阵地。当前,河北省内共建成各类文化馆、群众艺术馆、博物馆二百多个,这对燕赵非物质文化遗产的传承和发展意义重大。

(四)总结与反思

近年来,燕赵地区各级政府加大了对本区域非物质文化遗产的保护力度,其保护的效果可谓有目共睹。但是,在保护过程中各级政府也遇到了很多问题,如由于认识观念的局限而在申请非物质文化遗产时误将群众性活动视为非物质文化遗产,浪费了大量的人力和物力;一些地方因为政府的过度干预,使"民俗"失去了原有的生态;部分地区没有弄清非物质文化遗产与物质文化遗产的保护区别,而在保护过程中未重视非物质文化遗产的活态化保护这一特点,把其与物质文化遗产一起放进了博物馆的保险柜中;有些地方虽然保护了所谓的非物质文化遗产,却忽视了与其息息相关的生存环境,甚至抛弃了非物质文化遗产的传承人。这些问题充分地反映了在对非物质文化遗产保护过程中应当加大对非物质文化遗产基础知识的宣讲和普及。具体而言,存在以下几个集中性的问题:

(1)对于非物质文化遗产的保护的认识不够全面,对其长期复杂性的把握不到位,政府在发挥相应作用时,没有把握好相应的尺度。非物质文化遗产保护没有被充分纳入全国各地政府的总体布局,缺失具体保护措施,保护主体、传承主体的判断和定位不准,出现重申报、轻管理,重开发、轻保护等不好的现象。

(2)对传承人保护的措施不够系统、全面,非物质文化遗产的传承面临人亡艺绝的困境。主要表现为以下几个方面:对于非物质文化遗产项目的传承人信息的建档保护不够完善;传承人一般年龄较大且人数不多,存在着未将非物质文化遗产进行有效传承之前就已辞世的现象;存在寻找下一代传承人的工作难度,因为非物质文化遗产一般具有复杂的技艺且需长时间苦练才能习得，有些还需要具备一定的天赋，且学习这类文化成本较大、耗时较长。

（3）法律相关规定存在滞后的现象，对于非物质文化遗产的保护仍不完善，虽然《条例》已经颁布，但省内各级政府的相关配套措施并没有完全跟上，存在诸多法律空白。

（4）非物质文化遗产生存环境不断恶化，对非物质文化遗产的保护应是整体性保护，对于其生存环境也应当给予相应的重视，但是由于经济的发展以及城市化进程的推进，很多资料和资源已经流失，导致很多非物质文化失去了生存环境。

（5）对保护非物质文化遗产的经费投入不足，在一定程度上制约了对非物质文化遗产的保护。绝大多数地区的经费投入不足，且非物质文化遗产保护的基础设施也不完善，严重限制了进一步的保护行动的开展。

（6）学界对于非物质文化的研究不足，导致其在实际保护活动中未能发挥应有的作用，非物质文化遗产学科体系并未建成，理论的滞后导致在保护活动中不能有效实现对非物质文化遗产进行特色化保护。

（7）创造性转化和创新性发展还在摸索过程中，转化模式、产品设计尚不成熟，离科学适用、创新发展和造福民众尚有较大距离。

在数字技术高速发展的时代，燕赵非物质文化遗产保护和传承迎来了新的机遇与挑战，燕赵非物质文化遗产是人民世代相承、与群众生活密切相关的各种传统文化的表现形式。它是一个民族、一个群体、一种文化的表达形式或重要特征，同时也蕴含着民族文化的精髓，体现了不同地域、不同民族的人文风貌。但目前燕赵非物质文化遗产的保护主要面临以下三个问题：第一，一部分依靠口传心授方式等加以传承的非物质文化遗产濒临消亡。大量有历史文化价值的珍贵实物与资料遭到了毁弃或流失境外；随意滥用、过度开发非物质文化遗产的现象较为常见。[1]第二，法律法规的规定与非物质文化遗产保护现状不相匹配，不能适应当代非物质文化遗产保护的现状。第三，民众保护意识不足。燕赵地区的不同区域对非物质文化遗产的保护程度

---

[1] 王文章、陈飞龙："非物质文化遗产保护与国家文化发展战略"，载《华中师范大学学报（人文社会科学版）》2008年第2期。

不同，重申报、轻管理，重开发、轻保护的现象非常普遍。

二、立法层面：照搬上位法，缺乏燕赵特色

《非物质文化遗产法》于 2011 年 2 月审议通过，这是我国非物质文化遗产保护在立法方面的一大成就，是国家加强对非物质文化遗产的法律层面保护的重要体现，但是这部法律对非物质文化遗产权属等事项并没有作出很详尽的规定，只是一部行政性质的法律，主要规范各级行政部门的行为，以政府为主导，并未就行政复议等事项作出规定。我国的地方性非物质文化遗产保护条例也并未将《非物质文化遗产法》中的原则性条款在其地方立法权限的范围之内进行细化。[1] 2014 年 3 月颁布的《条例》也不例外。

《条例》缺少创新性，大体上是对《非物质文化遗产法》的照搬，将其内容复制过来，没有凸显出燕赵地区非物质文化遗产保护的特色，因此在实施时不能有的放矢，因地制宜。《条例》包括总则、非物质文化遗产的调查与代表性项目名单、非物质文化遗产传承与传播、非物质文化遗产保护法律责任以及附则等 6 章，在章节上总体复制了《非物质文化遗产法》，在内容上也基本是对《非物质文化遗产法》的摘抄和复制。《条例》缺少创新性和针对性，无法有针对性地保护燕赵非物质文化遗产。

（1）《条例》的总则一章在内容上大体和《非物质文化遗产法》一致，只不过在主体的称谓上强调了河北省，将 10 条简化为 7 条，将县级以上人民政府对非物质文化遗产的保护、财政预算规定稍加细化，强调了专款专用以及任何组织和个人不得截留、留用、侵占等。除此之外，在内容上整体照搬了《非物质文化遗产法》的第一章，并没有加入地方性的一些细化规定。

（2）《条例》的"非物质文化遗产调查与代表性项目名录"一章，多条与《非物质文化遗产法》类似甚至相同，将《非物质文化遗产法》的第二章和第三章整合为一章。在具体内容上，删除了国家的工作安排，以河北省为主体确定了相关内容，但也未列出具有代表性的项目名录，没有明确河北省的哪些非物质文化遗产需要保护，没有凸显出燕赵地区的特有文化，从整

---

〔1〕 王立军、刘云升："非物质文化遗产地方立法缺陷之检讨"，载《河北法学》2016 年第 9 期。

体上来看，更像是一个框架。而在文化遗产学界，名录制度被公认为文化遗产保护的基本制度，[1]在对非物质文化遗产的保护中，如果缺乏项目名录，将无法准确界定哪些项目需要采取措施加以保护，这是对缔约国的要求，[2]在国内的非物质文化遗产保护中，项目名录制度更是必不可少。

（3）《条例》在"非物质文化遗产的传承与传播"一章中，将主体缩小至河北省，传承与传播方式基本上与《非物质文化遗产法》相同。没有规定特有的传播方式，也没有规定具体的传承形式。《条例》规定要加强对传承人的培养，但是并没有规定以何种方式进行培养、以什么样的标准进行培养以及如何确定传承人。随着社会的发展，非物质文化遗产因为缺乏传播和传承，导致年轻一代对非物质文化遗产的相关知识了解甚少，遑论对非物质文化遗产保护做出贡献了。所以，应加强对非物质文化遗产的宣讲和保护并给予相应的支持。《条例》只规定了对非物质文化遗产发展进行资金支持，给予报酬等，但并没有详细的操作规则。随着老一代传承人的故去，非物质文化遗产传承人的数量日渐减少，《条例》附加给传承人招收学徒、培训、办学等义务是以一种强制性的方式来强化对非物质文化遗产传承人的培养，效果并不是很好，不如在立法中采取激励的方式，鼓励人们基于喜爱而传承，基于热爱去培养，以一种平等、激励的形式鼓励传承人传播非物质文化遗产。目前，在对非物质文化遗产的传播上，设置博物馆、传习场所等都是较为传统且没有新意的形式，应结合燕赵文化的特点与时俱进，发展多样性的传播方式，让大众在欣赏的同时进行学习，在学习的同时进行传播，在传播的同时进行传承，在传承的同时进行创造，将这种文化的背景展示给大众，让这种文化走进校园，对孩子们从小进行熏陶，让这种文化走进人们的生

---

[1] P. J. O'Keefe, L. V. Prott, *Law and the Cultural Heritage*, Volume I—Discovery and Excavation, Professional Books Ltd., 1989, p. 267.

[2] 根据《保护世界文化和自然遗产公约》第11条的规定："（一）本公约各缔约国应尽力向世界遗产委员会递交一份关于该国领土内适于列入本条第（二）款所述《世界遗产目录》的组成文化遗产和自然遗产的财产的清单。这份清单不应当看作是详尽无遗的。清单应包括有关财产的所有地及其意义的文献资料。（二）根据缔约国按照第（一）款规定递交的清单，委员会应制订、更新和出版一份《世界遗产目录》。其中所列的均为本公约第一条和第二条确定的文化遗产和自然遗产的组成部分，也是委员会按照自己制订的标准认为是具有突出的普遍价值的遗产。一份最新目录应至少每两年分发一次。……"

活，结合当今的科技，让人们重温当年的文化热情和体味其中的精神意蕴。

（4）《非物质文化遗产法》对专家评审委员会的组成未作出严格的限定，《条例》对此予以照搬，也没有作出具体的规定。所以导致在非物质文化遗产评定等活动中，地方自主选择的专家或组织是否专业、是否具有足够的专业知识成了一个大问题。由于《条例》没有针对燕赵地区的特殊情况对《非物质文化遗产法》做出符合燕赵地区现状的修改，对于专家评审委员会的组成等缺少统一的规定，导致非物质文化遗产的认定存在不规范的问题。

（5）《条例》并没有对各个部门的职能进行详细的划分，这导致了实践中管理无序的状况。河北省地处华北平原，东临渤海、内环京津，西为太行山，北为燕山，燕山以北为张北高原，由于特殊的地理位置以及丰富的历史，河北省也拥有资源丰富的非物质文化遗产。作为本地的特色文化，非物质文化遗产成了推动本地旅游业发展的重要支柱之一，这固然可以促进非物质文化遗产的传播，但在发展旅游业的同时难免会疏忽了对非物质文化遗产的保护，甚至导致非"正宗"的非物质文化遗产的传播。"尤其是在蓬勃发展的文化生态旅游热潮中，伪民俗、假展演屡见不鲜，传统文化已经失去了本真价值，不能算是真正的非物质文化遗产。"[1]长此以往，势必会对燕赵非物质文化遗产的保护造成消极影响。燕赵地区的非物质文化遗产种类繁多且体系庞大、复杂，因此需要文化、工商、旅游等多个不同部门参与，共同合作加强对非物质文化遗产的保护和传承。由于《条例》对此缺乏相应细致的部门职责划分，导致出现了对非物质文化遗产保护的不利局面。旅游开发公司等营利性机构以自身利益为出发点，在一定程度上会损害非物质文化遗产传承人的相关利益，因为利益分配的不均衡性，导致非物质文化遗产的资源使用权被大规模转移或低价转让，不仅损害了非物质文化遗产传承人的合法权益以及传承和保护非物质文化遗产的积极性，并且非常不利于对非物质文化遗产的传承和传播。

针对目前燕赵非物质文化遗产保护中的法律漏洞，应加强相关立法，最大限度地保护燕赵非物质遗产。越是在信息化时代，越应强化法律的保护。

---

[1] 李墨丝："非物质文化遗产保护法制研究——以国际条约和国内立法为中心"，华东政法大学2009年博士学位论文，第227页。

在借助旅游产业传播燕赵地区非物质文化遗产的过程中，一定要结合燕赵地区非物质文化遗产的特色和当地的独特优势，基于相关立法，本着有利于非物质文化遗产传承和发展的理念，实现对燕赵非物质文化遗产的法治化保护，以法律手段保障燕赵非物质文化遗产的传承和创新。

三、《条例》内容有待充实

非物质文化遗产同其他的法律客体有所不同，它是一种包括文化财富的所有方面的文化表现形式，[1]是一种独特的文化产物。它是动态的，而不是一成不变的，在其流传发展的过程中不断发展完善，获取新的特色。非物质文化遗产的存在依赖于传承人所开展的传承活动，是"非静态的文化遗产"，会随着特定社区、族群生活的发展而演变。[2]所以，对非物质文化遗产的保护不能仅仅停留在文字的记录上，不能单纯地采取静态的保护模式，应当实现动态保护，使非物质文化遗产得到完美的传承与发展。这就要求相关的法律法规能够适应燕赵地区非物质文化遗产保护的实践发展需求，从而使燕赵地区非物质文化遗产法律保护措施具有时代性和地方特色。作为目前燕赵非物质文化遗产法律保护体系核心的《条例》，其内容的实时更新和完善事关燕赵地区非物质文化遗产法律保护的实效性。

（一）应充实"重点保护"的可操作性

《条例》相较于《非物质文化遗产法》增加了"非物质文化遗产保护"一章，强调对濒危的非物质文化遗产代表性项目予以重点保护。但此处的重点保护仅仅是原则性规定，非物质文化遗产的权属不够明确。这在司法实践中可能会导致在重点保护的同时，忽略非物质文化遗产的本来内涵，反而导致该非物质文化遗产无法继续传播燕赵地区的优秀文化。重点保护必定意味着大量人力、物力、财力的投入，所以在保护时往往因为急于求成，保护力度过大而造成对非物质文化遗产的损害，影响其流传和创新。非物质文化遗产是民间的一种特殊文化，不能因政府的过度干预而剥夺其原本的权属。它

---

[1] [澳]卡迈尔·普里："民间文学艺术表现形式的保存与维护"，高凌瀚译，载《版权公告》（中文版）1998年4期。

[2] 黄捷："非物质文化遗产传承人保护的法律制度研究"，广西民族大学2020年博士学位论文，第23页。

根源于民众，也只有在民众中才能保持其原有的韵味。

（二）应明确资金使用途径和鼓励支持的力度

《条例》第 30 条规定了资金的使用事项范围，如非物质文化遗产的调查与研究、濒危非物质文化遗产项目的抢救、非物质文化遗产项目的传承和传播等。虽然资金使用项目明确，但欠缺相应的使用标准，这难免会在实践中造成经费的流失与滥用。如果对经费使用标准有所规定，哪怕是较为原则性的规定，也会为政府或者传承人的经费使用提供方向，对利用经费开展项目保护有所规划。当然，该条同时规定应定期公布资金的使用情况，进行群众监督，这一点相对保证了资金的正确使用，但是欠缺群众如何进行行政复议、申诉举报，以及对举报人的利益如何进行保护等规定。《条例》第 36 条规定政府及其有关部门应当鼓励、支持有关单位和个人有效保护、合理利用非物质文化遗产资源。但是该条例欠缺针对鼓励和支持的相关规定，缺乏可操作性。鼓励、支持应当实事求是，既应当有法律的保护，同时也应给予经费等相关支持，满腔热血不足以支持非物质文化遗产的发展。

（三）对非物质文化遗产的分类过于固化

河北省对非物质文化遗产的研究和保护尚处于起步阶段，对非物质文化遗产的认定尚有不足。《条例》作为《非物质文化遗产法》的下位法，对非物质文化遗产的分类完全照搬《非物质文化遗产法》，将其分为 6 类，其中第 6 类为兜底条款，目的就是应对将来可能出现的非物质文化遗产新种类。[1] 虽然非物质文化遗产的分类不可能穷尽，但是《条例》第 3 条规定的（一）（二）（三）（五）这 4 类非物质文化遗产的范围已经确定，当未来出现新型非物质文化遗产时，只能将其划入第（四）类传统礼仪、节庆等民俗和第（六）类其他非物质文化遗产。随着河北省非物质文化遗产探索工作和保护工作的进行，日后必将会出现很多新类型的非物质文化遗产，如果将其全部

---

[1]《条例》第 3 条规定："本条例所称非物质文化遗产，是指各族人民世代相传并视为其文化遗产组成部分的各种传统文化表现形式，以及与传统文化表现形式相关的实物和场所。包括：（一）传统口头文学以及作为其载体的语言；（二）传统美术、书法、音乐、舞蹈、戏剧、曲艺和杂技；（三）传统技艺、医药和历法；（四）传统礼仪、节庆等民俗；（五）传统体育和游艺；（六）其他非物质文化遗产。属于非物质文化遗产组成部分的实物和场所，凡属文物的，适用文物保护法律、法规的有关规定。"

纳入兜底条款，势必会造成这两类非物质文化遗产条款的类别过于混杂。因此，如果能将前文提到的4类都设置成开放性条款去应对未来可能出现的新型非物质文化遗产，那么非物质文化遗产的分类将更加细化和合理，[1]也将更具可操作性。

另外，《条例》虽然对各种非物质文化遗产进行了大致分类，但是其作用也仅限于分类，并没有继续将分类后的每种非物质文化遗产的具体保护方式予以细化。例如，节日风俗习惯该如何保护，评剧、武安平调落子等地方曲艺应如何保护。这些具体的细节性保护措施，在大致的分类后没有了下文。日后一旦遇到法律问题，虽然可以大致查找到相关的法律依据，但是因为没有具体规定、缺乏针对性，极易引发法律适用的混乱，造成虽有成文法却无法良好适用的消极反作用。

（四）公众参与机制有待强化

《条例》对于非物质文化遗产的保护中的公众参与机制规定得不够完善。非物质文化遗产不是属于某个个人的文化，它是属于社会大众的文化财富，需要社会公众参与保护和传承。由于缺少公众参与和监督机制，政府以及其他相关机构的工作人员的行为欠缺相应的社会监督，甚至会出现漠不关心或者滥用公权力的行为。同时，由于缺少公众参与，在行政执法过程中，有关的工作人员受到个人认知的限制以及个人文化水平的干扰，可能会导致在非物质文化遗产的认定上出现错误。[2]行政参与是行政机关应为行政相对人提供机会作出行政行为决议的过程，从而保障相对人的程序性权利，保障社会和公共利益的实现，这是行政法的基本原则之一。行政参与的价值在于行政权力运行的利害关系人不仅有对行政权力运行的过程发表个人意见的权利，并且这种意见能对结果的形成产生有效的作用。《条例》目前只规定了代表性传承人行政相对人的法律地位，但是对于其他的普通传承人甚至社会公众的参与权未作出规定。而事实是，对于一些本土的民俗文化，恰是当地的本土居民了解得更为透彻，对这些民俗、民间的文化等非物质文化遗产的保

---

[1] 参见康莹："论我国非物质文化遗产的法律保护"，吉林大学2019年硕士毕业论文。
[2] 穆永强、蒋环："国家非物质文化遗产兰州鼓子的法律保护"，载《民主与法制时报》2020年8月13日。

护，属于原生境人[1]的权利内容。在这种情况下，原生境人本身就应属于行政相对人，如果认为只有代表性传承人才是行政参与人，那么在法律关系的界定上就会出现错误。只有在非物质文化遗产保护过程中，使更多的原生境人参与调查、推荐和共同决策才能更好地完成上述工作，进而节省政府的财力和物力。[2]

（五）《条例》应补充刑法保护内容

1. 燕赵非物质文化遗产法律保护缺少刑法内容

我国目前对非物质文化遗产的保护采取公法保护为主、私法保护为辅的原则。公法保护主要是应用行政法对其进行保护，而相比较于其他法律，刑法是最为严厉的制裁手段。然而，在非物质文化遗产的法律保护层面，并没有相应的刑法保护。对于是否应当为非物质文化遗产增加刑法保护，应结合刑法的目的以及刑法的属性加以衡量。在非物质文化遗产的法益十分重要且其他法律制裁尚不足以给予保护情况下，应考虑刑法保护。非物质文化遗产蕴含的法益具有综合性，对法益保护的手段也应多元化。非物质文化遗产不仅具有经济价值，更重要的是具有文化价值，承载着人类社会的精神追求和价值理念，寄托着人类情感，体现着一定的公共利益。因此，有必要对其进行刑法保护。但由于早期人们对非物质文化遗产的内涵理解得不够深入，导致了将非物质文化遗产排除在刑法保护之外。就现实而言，在很多情况下，仅仅适用返还原物、排除妨害、消除危险、赔偿损失等民事救济方法或者行政处罚，只能在一定程度上弥补由侵权行为造成的经济损失，警诫力度不够。[3]对于侵权行为，应当既弥补因此所遭受的经济损失，还起到警示的作用。对于侵害非物质文化遗产损害公共利益的行为，民事责任手段明显不够，对于非物质文化遗产遭受的重大利益损害采取剥夺生命、自由和财产等

---

[1] 由于非物质文化遗产生长地的人文环境、地理环境孕育了此种文化，遂以"原生境"来界定非物质文化遗产的产生、成长环境，而将其发祥地、来源地、流传地民众称为"原生境人"。参照高轩、伍玉娣："非物质文化遗产的私权性及其体现——以《中华人民共和国非物质文化遗产法》的缺陷为视角"，载《河北学刊》2012年第5期。

[2] 夏琦绿："我国非物质文化遗产的行政法保护问题研究——以《非物质文化遗产法》为核心展开"，华东师范大学2017年硕士学位论文，第12~14页。

[3] 王良顺："非物质文化遗产刑法保护的问题辨析与路径选择"，载《贵州社会科学》2019年第6期。

手段进行惩罚，会有更大的威慑力，是对非物质文化遗产的兜底保护，也是最有力度的保护方式。[1]

2. 《条例》第 37 条规定了依法查处违反非物质文化遗产相关法律、法规的行为，但是没有明确这些违法行为将接受何种处罚，缺乏法律的敬畏感

如果惩罚力度明确，在面对相关问题时，人们就会权衡利益得失，减少破坏非物质文化遗产的行为。如果法律条文仅是一些苍白的文字，是不足以令违法者心存畏惧的，必定无法发挥法律的预防与惩戒功能。在非物质文化遗产的法律保护中，应尽量减少这样类似的不明确规定，以清晰的刑事责任、民事责任和行政处罚条文进行约束。同样的问题也存在于《条例》的"法律责任"一章。该章规定了政府、有关部门、非物质文化遗产保护机构的责任以及对传承人违反规定的处罚，列举了政府的 4 种违法行为以及兜底条款，对国家工作人员玩忽职守的行为进行了限制性规定，同时规定了传承人拒不履行法定义务的责任等。但是，欠缺对第三人的破坏与阻挠行为的相关规定。非物质文化遗产是特定社会和时代的文化产物，极易遭受不特定第三人的破坏。因此，应对上述主体之外的第三人的法律责任有所规定，让社会大众形成尊重非物质文化遗产、保护非物质文化遗产的观念，由此才能将非物质文化遗产发扬光大。燕赵地区非物质文化遗产是燕赵地区特有的文化产物，它代表着燕赵地区的历史变迁，不仅需要相关政府机构和民间组织的参与，更需要广大民众的积极配合。

四、制度层面：具体制度可操作性差

(一) 非物质文化遗产范围界定模糊

1. 对"非物质性"存在误解

联合国教科文组织在 2003 年 10 月通过的《公约》中对非物质文化遗产的范围作出了明确规定，包括"各种社会实践、观念表述、表现形式、知识、

---

[1] 王良顺："非物质文化遗产刑法保护的问题辨析与路径选择"，载《贵州社会科学》2019 年第 6 期。

技能以及相关的工具、实物、手工艺品和文化场所"。[1]由此可见，所谓"非物质性"，除了各种虚拟形式外还包括工具、实物、手工艺品和文化场所。但是，我国现行的《非物质文化遗产法》第2条在对非物质文化遗产的范围进行界定时，仅对此进行了原则性的规定，除了对"美术、书法"等非物质性文化遗产进行列举外，"实物和场所"仅仅在条文最后给予附带提及。[2]

本着地方立法与中央立法相衔接的理念，河北省在2014年4月2日依据《非物质文化遗产法》颁行了《河北省非物质文化遗产条例》。《条例》作为《非物质文化遗产法》的下位法，本应该因地制宜，充分结合本省的非物质文化遗产种类，对《非物质文化遗产法》中的原则性规定予以细化，重新厘定"非物质性"的界定标准。但遗憾的是，《条例》对非物质文化遗产范围的界定方式仍然照搬了《非物质文化遗产法》，没有真正领会到《公约》的规定实质，孤立地看待非物质文化遗产的精神因素与物质因素，将二者截然分离。非物质文化遗产与作为其载体的"物"本就浑然一体，是一个完整的、密不可分的整体，而《条例》对于文化遗产非物质性理解产生的偏差，必不利于全面、完整地保护河北省乃至燕赵地区的非物质文化遗产。

2. 种类列举带来的歧义

《条例》第3条规定："本条例所称非物质文化遗产，是指各族人民世代相传并视为其文化遗产组成部分的各种传统文化表现形式，以及与传统文化表现形式相关的实物和场所。……"从该条规定我们可以看出，河北省在立法时明确将实物和场所纳入了非物质文化遗产的范围，承认其与传统文化表现形式具有相同的法律地位。但在其后对"美术、书法、音乐"等传统的非物质文化遗产种类进行列举时，却并未将"实物"和"场所"予以并列列举。这样前后不一致的区别对待，使得人们容易对"实物"和"场所"的性质产生歧义，从而不利于对河北省非物质文化遗产的保护。

---

[1]《公约》第2条："在本公约中：（一）'非物质文化遗产'，指被各社区、群体，有时是个人，视为其文化遗产组成部分的各种社会实践、观念表述、表现形式、知识、技能以及相关的工具、实物、手工艺品和文化场所。……"

[2]《非物质文化遗产法》第2条："本法所称非物质文化遗产，是指各族人民世代相传并视为其文化遗产组成部分的各种传统文化表现形式，以及与传统文化表现形式相关的实物和场所。……"

第四章　燕赵非物质文化遗产法律保护机制的反思

（二）行政申报制度的可操作性不强

《条例》第10条规定："公民、法人或者其他组织认为某项非物质文化遗产项目体现当地优秀传统文化且具有历史、文学、艺术、科学价值的，可以向县级以上人民政府文化主管部门提出列入非物质文化遗产代表性项目名录的建议。"第11条规定："县级以上人民政府应当将本行政区域内体现当地优秀传统文化，具有历史、文学、艺术、科学价值的非物质文化遗产项目经认定后列入本级非物质文化遗产代表性项目名录，并报上一级人民政府文化主管部门。"第12条规定："县级以上人民政府可以将本级非物质文化遗产代表性项目向上一级人民政府文化主管部门推荐，经认定后列入上一级非物质文化遗产代表性项目名录。"

申报乃保护之始，非物质文化遗产申报制度对于非物质文化遗产的保护极为重要。但通过上述条文我们可以看出，《条例》仅对非物质文化遗产的申报流程作了粗略规定，其中每个具体的申报环节都没有详细规定。例如，对于申报的截止期限、争议解决办法以及职能部门不作为的法律责任等具体细节都未予规定，由此带来了申报制度可操作性差的弊端，不利于河北省非物质文化遗产的申报和保护，所以当务之急就是在原来的基础上健全行政申报制度、规范申报流程。

（三）传承人退出制度有待完善

非物质文化遗产是历史遗留的产物，它重在传承，所以传承人在非物质文化遗产的保护和传承中具有极其重要的地位。非物质文化遗产传承人作为非物质文化的传承载体，在非物质文化传承的过程中具有不可或缺的作用，只有对非物质文化遗产传承人的各项权益加以法律保护，才能使其利益得到稳固，才能保证非物质文化遗产的传承和创新。但是，《条例》对非物质文化遗产传承人的关注不够强，保护力度不够具体，以至于传承人的各项权益得不到足够的保护，没有办法全身心地投入[1]，导致个别非物质文化遗产濒临消失。《条例》虽然对在非物文化遗产的传承人的认定、权利和义务等作出了规定，但这些规定均欠缺可操作性。根据《条例》第20条以及第40

---

[1] 百秋等："呼伦贝尔市少数民族非物质文化遗产地方立法保护研究"，载《内蒙古师范大学学报（哲学社会科学版）》2017年第4期。

条的规定，[1]当代表性传承人无正当理由未履行第 20 条规定的义务时，将按照第 40 条的规定取消代表性传承人的资格。虽然按照《条例》第 21 条的规定，县级以上人民政府文化主管部门应当组织有关部门和专家，定期对非物质文化遗产代表性项目的代表性传承人进行评估，但是却欠缺对评估内容、标准和结果的规定，导致在实践中，代表性传承人一旦入选，基本不会受到绩效考核以及定期监督。同时，对违反第 20 条义务的程度未加以规定，这就会导致在实践中操作困难。是只要违反义务就取消传承人资格还是需要达到一定程度后方能取消传承人资格？如果传承人因为丧失行为能力或部分丧失行为能力而丧失传承人地位应当如何安置？曾对非物质文化遗产传承做出过重大贡献的传承人在退出后，其权益应该如何保障？这些问题与传承人自身利益直接相关，《条例》理应针对不同情况作出分别说明。

（四）非物质文化遗产行政管理制度的规定过于原则化

《条例》中的一些制度规定过于原则化，仅具有宣示性作用，在实践中操作困难，必须予以进一步细化，对于只规定原则性条款而缺乏具体执行的条款应当在日后的修改中予以修补。

1. 非物质文化遗产的文化主管部门的职责规定模糊

《条例》第 6 条规定："县级以上人民政府文化主管部门负责本行政区域内非物质文化遗产的保护、保存工作。县级以上人民政府其他有关部门在各自的职责范围内，负责有关非物质文化遗产的保护、保存工作。"该条只规定了非物质文化遗产的行政保护主体，但是对于其职责的具体内容、权限、行为标准、责任等都没有进行规定。由于对非物质文化遗产主管部门的职责内容欠缺具体规定，导致这一规定在实践中难以发挥作用。如果在保护和传承非物质文化遗产的实践中出现问题，这一规定将会成为空中楼阁，无法有

---

[1]《条例》第 20 条规定："非物质文化遗产代表性项目的代表性传承人应当履行下列义务：（一）采取收徒、培训、办学等方式传授技艺，培养新传承人；（二）妥善整理、保存相关实物和资料；（三）配合非物质文化遗产调查；（四）参与非物质文化遗产公益性宣传活动；（五）接受县级以上人民政府文化主管部门的业务指导和监督检查。"第 40 条规定："非物质文化遗产代表性项目的代表性传承人无正当理由拒不履行规定义务的，由县级以上人民政府文化主管部门取消其代表性传承人资格，重新认定该项目的代表性传承人。"

效指导相关部门的工作，相关部门将无法可依。这既与我国行政法规定的依法行政原则相悖，也不能真正有效地保护河北省非物质文化遗产。另外，非物质文化遗产的保护和传承主要依靠传承人，政府主要是利用其所掌握的行政资源、经济实力和专业技术对非物质文化遗产的传承和保护发挥辅助作用。而《条例》仅规定了非物质文化遗产保护工作的主管部门，没有对其职责等作出具体规定，不仅不利于保护工作的展开，还会使主管部门滥用职权，甚至过度干预、取代传承人，反而更加不利于河北省非物质文化遗产的法律保护。

2. 非物质文化遗产的调查规则缺乏可操作性

《条例》第8条规定："县级以上人民政府应当根据非物质文化遗产保护、保存工作的需要，组织有关部门和单位对本行政区域内的非物质文化遗产进行调查。"该条是一个原则性的规定，没有明确可供执行的准则和标准。该条虽规定了县级以上人民政府可以组织有关部门和单位对非物质文化遗产进行调查，但是对调查应当遵循的规范、调查行为的合法性标准以及违反法定调查程序应当承担的责任都没有作出详细的规定。因此，针对非物质文化遗产的调查规则制定专门的行政部门规章是弥补这一缺陷的有效方式，也将使该条规定更具可操作性。

3. 管理机构规定不合理，管理体制松散

根据《条例》第6条，首先，该条第1款将河北省非物质文化遗产的保护、保存工作全部安排给了文化主管部门，但是却未详细规定文化主管部门的权限、职责等内容。这样不仅不利于非物质文化遗产保护工作的开展，而且会导致文化主管部门在开展非物质文化遗产相关工作时搞"一言堂"，排斥其他部门。其次，该条规定的第2款又将县级以上人民政府的其他部门同样作为非物质文化遗产的保护部门，从而造成管理部门混乱，导致出现多方管理或者责任推诿的局面。最后，《条例》缺乏相互制约、相互配合的机构设置和细致分明的权责设定，不利于相关工作的决策和执行。虽然《条例》规定了县级以上人民政府文化主管部门负责本行政区域内的非物质文化遗产的保护、保存工作，但是在实践中，一些部门只负责调查、一些部门只负责管理和保护，且各个部门之间彼此缺乏沟通联系，经常出现责任不明确、互相推诿的情况，导致河北省非物质文化遗产的保护工作难以落实。[1]

(五) 缺乏非物质文化遗产资源惠益分享制度规定

《条例》缺乏非物质文化遗产资源惠益分享制度，这使得河北省非物质文化遗产的经济和知识产权利益很容易受到损害。资源惠益分享机制又称利益分享机制，是实现利益创造者和创造利益的相关贡献者之间共享利益的重要保障。[2]具体到对非物质文化遗产的保护，是指非物质文化遗产的权利人以惠益分享原则为基础，享有分享其创新成果经济利益的权利。[3]在非物质文化遗产的资源惠益分享制度中，应重点强调非物质文化遗产的传承人、非物质文化遗产的使用者以及持有者都应当有权分享由非物质文化遗产开发带来的利益或者益处，从而实现利益在利益创造者和创造利益的相关贡献者之间的共享。非物质文化遗产的使用者和持有者享受非物质文化遗产在利用过程中产生的经济收益符合传统的私法理论。在上述三方主体中，非物质文化遗产的传承人有时会与持有者以及使用者发生身份上的重合。在非重合的情形下，亦可应用法律保障非物质文化遗产传承人的利益分配权，平衡非物质文化遗产传承人与持有者和使用者之间的利益。非物质文化遗产的传承人具备资源惠益分享的合理性，非物质文化遗产是人类智力劳动成果的结晶，非物质文化遗产的传承人拥有智力成果并具备财产权的合理性。[4]非物质文化遗产是人类的共同财产，同时也是传统社区的共同财产，但是它不是所有人的共有资源，对非物质文化遗产施以知识产权保护，使其成为私有财产并不会给后人正当使用非物质文化遗产造成法律障碍。[5]资源惠益分享制度是非物质文化遗产传承人权益的重要保障，其要求非物质文化遗产的使用者在追求利益最大化的同时适当顾及非物质文化遗产创造者、传承人等少数群体的利益，进而规制非物质文化遗产的商业利用，实现可持续利用与有效传承保护，达到私权激励的目的，有效防止非物质文化遗产被歪

---

[1] 参见王琼梅："我国非物质文化遗产法律保护问题研究"，云南大学2016年硕士毕业论文。

[2] 齐爱民、赵敏："非物质文化遗产系列研究（五）非物质文化遗产商业开发中的利益分享机制之确立"，载《电子知识产权》2007年第8期。

[3] 黄玉烨："论非物质文化遗产的私权保护"，载《中国法学》2008年第5期。

[4] 黄捷："非物质文化遗产传承人保护的法律制度研究"，广西民族大学2020年博士学位论文，第80页。

[5] 齐爱民：《知识产权法总论》，北京大学出版社2010年版，第52页。

曲和滥用。[1]

在非物质文化遗产资源惠益分享制度中，应充分发挥对非物质文化遗产有保护职责的相关部门的管理作用。任何单位和个人在河北省内进行非物质文化遗产考察、调查等活动都应当接受当地人民政府文化行政部门的管理，必须经过文化行政主管部门的审核批准；国内外企业、研究机构利用河北省非物质文化遗产的资源进行商业开发所获得的经济和知识产权方面的惠益都应该与河北省非物质文化遗产提供方分享。另外，还要规定惠益分享制度的具体内容。例如，权利人所享有的利益占总收益的比例，在实践合作中因为非物质文化遗产的经济价值不同，所以数值比例可能也有所不同，双方可以在合作中具体商议，但是在立法中必须规定权利人所享有的最低比例，以更好地保护权利人的合法权益。

惠益分享制度不仅可以为权利人带来一定的经济利益，提升权利人保护河北省非物质文化遗产的积极性，还可以降低政府的工作压力，以便集中力量保护更加弱势的非物质文化遗产。正是由于缺乏非物质文化遗产资源惠益分享相关规定，才使得国内外的有些公司毫无忌惮地掠夺和使用河北省内的非物质文化遗产资源，导致河北省内非物质文化遗产资源被严重滥用。

五、法律保障层面：法律保障机制不足

（一）欠缺有效的法律救济制度

无救济便无权利，《条例》的颁行不仅是为了更好地保护非物质文化遗产，也是为了更好地保护非物质文化遗产原生境人的合法权益。但从《条例》的相关规定来看，该条例并没有对非物质文化遗产相关权利的救济途径进行规范，欠缺强且有力的行政救济制度。不仅如此，在大多数情况下，我国仍然适用民事法律程序来救济受到损害的相关遗产权利，但是《民事诉讼法》却未赋予原生境人诉讼主体资格，导致原生境人没有相应的诉讼权利，这样就会导致行使民事诉讼权利的不一定是非物质文化遗产的相关权利人，

---

[1] 黄捷："非物质文化遗产传承人保护的法律制度研究"，广西民族大学2020年博士学位论文，第81页。

使得相关权利人的合法权益得不到保障。

（1）代表性传承人认定标准模糊。《非物质文化遗产法》第29条[1]规定了非物质文化遗产代表性项目的代表性传承人应当符合的条件，即熟练掌握其传承的非物质文化遗产；在特定领域内具有代表性，并在一定区域内具有较大影响；积极开展传承活动等。《条例》本应在此基础上作出细化规定，但是其却仅在第16条规定："县级以上人民政府文化主管部门对本级人民政府批准、公布的非物质文化遗产代表性项目，可以认定代表性传承人。"将《非物质文化遗产法》规定的三项认定条件全部予以删除，造成了立法空白。《条例》对代表性传承人认定标准进行如此原则化的规定，不仅会造成实践中代表性传承人认定困难，更不利于对非物质文化遗产的保护和发展。因此，《条例》应该细化《非物质文化遗产法》规定的三项具体认定条件。例如，针对"熟练掌握""较大影响""一定区域内"等模糊的表述，河北省应该根据本地区的实际情况予以补充、细化，以免在代表性传承人的认定过程中出现歧义。

（2）传承人的权利缺乏有效的法律保护。非物质文化遗产保护的根本是政府对传承人的尊重和保护，对非物质文化遗产各种表现形式和过程进行保存、记录和资料收集，尊重非物质文化遗产创造者按照自己的意愿选择生活方式和发展方式的权利。[2]《条例》第19条规定："非物质文化遗产代表性项目的代表性传承人主要享有下列权利：（一）开展授徒、传艺、交流等活动并享受传承资助；（二）参加有关活动获得相应报酬；（三）向有关部门、单位提出非物质文化遗产保护、保存工作的意见和建议；（四）开展传承、传播活动确有困难的，可以向县级以上人民政府文化主管部门申请支持。"首先，上述权利的第（二）项、第（三）项不是传承人所独有的权利，它

---

[1]《非物质文化遗产法》第29条规定："国务院文化主管部门和省、自治区、直辖市人民政府文化主管部门对本级人民政府批准公布的非物质文化遗产代表性项目，可以认定代表性传承人。非物质文化遗产代表性项目的代表性传承人应当符合下列条件：（一）熟练掌握其传承的非物质文化遗产；（二）在特定领域内具有代表性，并在一定区域内具有较大影响；（三）积极开展传承活动。认定非物质文化遗产代表性项目的代表性传承人，应当参照执行本法有关非物质文化遗产代表性项目评审的规定，并将所认定的代表性传承人名单予以公布。"

[2] 田艳：《少数民族非物质文化遗产传承人法律保护研究》，中央民族大学出版社2017年版，第117页。

是每一个公民都应该享有的权利，而第（四）项可以向县级以上人民政府文化主管部门申请支持是在"确有困难"的前提下。其次，即便第（一）项和第（四）项是传承人所独有的权利，但规定得也过于模糊。如第（一）项规定传承人可以享受传承资助。资助的前提是什么？需要达到什么要求？资助的标准又是什么？第（四）项规定对开展传承、传播活动确有困难中的"确有困难"的认定标准没有进行阐明。由此可见，《条例》虽然对传承人的权利进行了规定，但规定得并不细致，有很多不完善的地方，且刚性不够，执行困难，从而导致对燕赵地区非物质文化遗产传承人的权利缺乏有效的法律保护。

（3）传承人的传承行为缺乏安全保障监督机制。以河北省"非物质文化遗产传承人杨风申制造烟花案"为例，[1]非物质文化遗产传承人杨风申因制作非物质文化遗产"五道古火会"所需要的烟花而被赵县人民检察院以涉嫌非法制造爆炸物罪提起公诉，虽然杨风申最终被免于刑事处罚，但是该案还是在社会上引发了巨大反响。该案的裁判结果使我们不得不反思，非物质文化遗产传承人在进行传承行为时的安全保障监督机制是否健全。当公安机关不能正确辨别违法犯罪行为与非物质文化遗产传承人的传承行为时，非物质文化遗产传承人的合法权益应该如何保障？《条例》乃至《非物质文化遗产法》并没有就对非物质文化遗产传承人的传承行为予以安全保障作出相关规定，如果因为法律的不健全导致非物质文化遗产传承人在进行传承行为时受到法律制裁，这势必会在社会中引发巨大争议。一方面，传承人乃至其后代会因为传承行为涉嫌违法犯罪而不敢继续进行非物质文化遗产传承，导致

---

[1] 河北省石家庄市中级人民法院［2017］冀01刑终557号刑事裁定书。杨风申，1938年出生，河北省赵县南杨家庄村人，五道古火会的会头，河北省"五道古火会"非物质文化遗产传承人。"五道古火会"于2011年被列入河北省非物质文化遗产名录。2012年4月，石家庄市人民政府办公厅颁给杨风申市级非物质文化遗产项目代表性传承人证书，非物质文化遗产项目为"赵县五道古火会"。2013年12月，河北省文化厅为杨风申颁发证书，命名他为第三批省级文化遗产项目"赵县五道古火会"的代表性传承人。2016年2月19日，杨风申在制作古火会所需的烟花时被赵县警方拘留。2017年4月，杨风申一审被赵县人民法院以非法制造爆炸物罪判处有期徒刑4年6个月。杨风申及家人不服判决，认为自己制作的烟火药是为了传承非物质文化遗产，且没有造成社会危害，并不违法，向石家庄市中级人民法院提起上诉，仍维持原判。2017年12月29日上午10点，石家庄市中级人民法院依法对"杨风申犯非法制造爆炸物罪"一案进行二审宣判，判决杨风申犯非法制造爆炸物罪，免予刑事处罚。

该项非物质文化遗产落入后继无人的尴尬境地。"非物质文化遗产传承人杨风申制造烟花案"后，杨风申唯一的弟子被吓跑了，不敢再继续进行烟花制作。另一方面，人民群众将会对我国的司法行为提出质疑，严重损害司法机关的公信力。

在对"五道古火会"进行认定时，相关机关已经考虑到了火药制作的危险性，但官方认为火药制作仅是整个民俗活动的一个组成部分，其更大的价值在于当地的民俗社会作用，因此将其归于传统技艺类别。[1]"五道古火会"之所以流传至今，就是凭借着其自身的安全防控措施和传承人的自我防控。但是，如果仅依靠传承人的自我防控，缺乏完整的安全保障监督机制，那么对于传承人和非物质文化遗产来说，其安全和发展都是难以保障的。遗憾的是，《非物质文化遗产法》和《条例》都没有对此作出相应的规定。如果没有一整套规范、详细的安全保障规定和传承人履行职责时的全力保障及救济程序，河北省非物质文化遗产将很难得到完善、有效的保护。

（4）明确团体传承人的法律地位。《公约》承认了群体（尤其是土著团体）在非物质文化遗产的创作、保护、延续和创新方面所具有的重要作用。[2]部分非物质文化遗产确实是一定社会群体集体智慧的劳动成果，这类群体或者团体对非物质文化遗产的产生、创作等活动做出了重要的贡献。但是，我国《非物质文化遗产法》以及《国家级非物质文化遗产代表性传承人认定与管理办法》并没有对团体传承人的认定标准进行明确规定。遗憾的是，《条例》也没有对团体传承人的认定作出具体规定。河北省非物质文化遗产的种类繁多，表现形式各不相同，除了一部分以个人就可以传承的非物质文化遗产外，还有大量的非物资文化遗产需要通过群体或者集体共同协作的方式实现传承（比如冀中笙管乐、河间大鼓、徐水狮舞、冀南皮影戏等）。这些非物质文化遗产仅靠个人根本难以实现传承和保护。如果将该项非物质文化遗产项目的代表性传承人认定为某一个代表性传承"人"，将会忽视代表性传承人的存在，使得非物质文化遗产陷入碎片化，更不利于对河北省非物

---

［1］ "非物质文化遗产传承人杨风申制造烟花案二审宣判 免于刑事处罚"，载 http://www.gov.cn/xinwen/2018-05/18/content_ 5291814.htm，最后访问日期：2021年7月3日。

［2］ 参见《公约》。

质文化遗产的整体性保护。《条例》对于团体代表性传承人的认定标准只字未提，这不符合现阶段河北省内非物质文化遗产传承和保护的现状，不仅无法有效激发普通个体传承人的传承动力，而且会使传承群体因得不到肯定而丧失传承的积极性和主动性。在此，河北省可以借鉴北京市、上海市等其他省市的相关立法经验，完善团体传承人认定标准。[1]

（二）缺乏对原生境人法律地位的确认

所谓"原生境人"，是指以具有一定科学、艺术、文化等价值，在长期生产生活中创造并不断创新、发展，体现共同的价值取向、精神理念的智力劳动成果及其必不可分的物质载体为联系纽带而形成的生产生活聚合体，即生产并自然传承特定非物质文化遗产的群体。由"原生境人"的定义可知，"原生境人"是一个非常广泛的概念，除了非物质文化遗产的代表性传承人之外，还包括与非物质文化遗产相关的传统区域的一切人，不论其是否掌握非物质文化遗产的知识、思想、技艺等。[2]《非物质文化遗产法》和《条例》都没有对原生境人的法律地位予以确认，只规定了代表性传承人的权利和义务等，这实际上阻断了普通大众参与当地非物质文化遗产保护的渠道，增加了当地群众保护非物质文化遗产的难度。仅仅靠非物质文化遗产代表性传承人这一小部分人，非物质文化遗产将很难得到全面、有效的保护。文化和旅游部于2018年印发了《关于公布第五批国家级非物质文化遗产代表性项目代表性传承人的通知》，[3]虽然河北省共有43人上榜，但是

---

[1]《北京市非物质文化遗产条例》第22条规定："市、区文化和旅游主管部门对代表性项目可以认定代表性传承人。代表性传承人可以是个人或者团体。代表性传承人应当符合下列条件：（一）熟练掌握其传承的非物质文化遗产；（二）在特定领域内具有公认的代表性，并在一定区域内具有较大影响；（三）积极开展传承活动。同一个代表性项目有两个以上个人或者团体符合前款规定条件的，可以同时认定为代表性传承人。"第23条第1款规定："传承代表性项目的个人或者团体可以向市、区文化和旅游主管部门申请成为代表性传承人。"《广西壮族自治区非物质文化遗产保护条例》第21条第1款规定："县级以上人民政府文化主管部门对本级人民政府批准、公布的非物质文化遗产代表性项目，可以认定其代表性传承人。代表性传承人包括个人和团体。"《上海市非物质文化遗产保护条例》第28条第1款规定："市和区、县文化行政管理部门对本级人民政府批准、公布的非物质文化遗产代表性项目，可以认定代表性传承人。代表性传承人包括个人和团体。"

[2] 高轩：《我国非物质文化遗产行政法保护研究》，法律出版社2012年版，第39页。

[3] 这是文化旅游部于2018年5月8日发布的通知，通知下发给了各省、自治区、直辖市文化厅（局），新疆生产建设兵团文化广播电视局，各计划单列市文化局。第五批国家级非物质文化遗产代表性项目代表性传承人共计1082人。

河北鼓吹乐、冀中笙管乐、女娲祭天等非物质文化遗产的代表性传承人仅有 1 人，很难有效地保护和传承非物质文化遗产。所以《条例》应增加对原生境人的法律地位确认，将原生境人纳入法规政策，架起原生境人保护当地非物质文化遗产的桥梁，促使原生境人投入保护和传承非物质文化遗产活动。

（三）以公法保护为主，欠缺私法救济

在我国非物质文化遗产的法律保护体系中，对非物质文化遗产的法律保护主要侧重于公法保护模式，即行政法保护，私法保护体系尚未构建。但是，非物质文化遗产兼有公益属性和私益属性，"非物质文化遗产上体现的利益既有公共利益、公共关系，又有私人利益、个人权利"。[1]所以，对非物质文化遗产的保护应强化公法和私法的双重保护模式：一方面，通过公法的行政方式维护非物质文化遗产权的公益属性；另一方面，利用私法保护相关权利主体的私权利益。这两种模式并不对立，而是互补共存的关系。[2]非物质文化遗产在传承和发展的过程中不可避免地会遇到侵权行为，所以对非物质文化遗产加强私法保护实属必然。但目前的《条例》很显然欠缺私法保护，尤其是知识产权法保护。在非物质文化遗产的传播过程中，传承人应当享有发表、署名、修改、保护作品完整性等权利，只有这样才能确保非物质文化遗产在传播过程中不被歪曲和篡改。

从《非物质文化遗产法》的内容编排来看，其主要是一部行政性质的法律，《条例》基本沿袭了这部立法，对河北省非物质文化遗产进行公法保护。这种公法模式以强大的经济力量和执法力量为后盾，在非物质文化遗产资源的信息整理、搜集、抢救等方面具有高效性。但这种公法保护模式的不足在于，其忽视了非物质文化遗产体现的利益不仅有公共利益和公共关系，还有私人利益与个人权利。[3]要实现有效而全面的保护，仅依靠这种公法模式是远远不够的。因为任何一个政府的公共资源都是有限的，而对非物质文化遗产的保护工作又是一个无限且繁杂的过程，这就必然会产生矛盾。因此，我

---

〔1〕 黄玉烨："论非物质文化遗产的私权保护"，载《中国法学》2008 年第 5 期。

〔2〕 任学婧、朱勇："论非物质文化遗产法律保护的完善"，载《河北法学》2013 年第 3 期。

〔3〕 参见李墨丝："非物质文化遗产保护法制研究——以国际条约和国内立法为中心"，华东政法大学 2009 年博士学位论文。

国应提升私法模式保护力度,私法模式规范调整的是非物质文化遗产之知识产权人的民事权利或行为。[1]目前私法模式主要是利用知识产权法对非物质文化遗产私权利益予以保护,尽管《著作权法》规定了"民间文学艺术作品的著作权保护办法另行制定"[2],但由于该具体办法至今仍没有出台,可以说,非物质文化遗产的知识产权保护制度在我国仍是空白。[3]在经济全球化浪潮日趋剧烈,市场经济、文化产业迅猛发展的今天,非物质文化遗产的知识产权问题已不容回避。河北省在非物质文化遗产保护上面临着遗产灭失及不当利用的问题,尤其是在非物质文化遗产的不当利用方面,相关的知识产权保护制度存在一定的缺失。

此前,知识产权制度与非物质文化遗产的法律保护一直处在无法兼容的状态下,因为从传统的观点来看,二者在权利主体、权利客体、保护期限等问题上都存在差异,[4]这导致我国知识产权制度与非物质文化遗产的法律保护始终不能兼容。但是,随着理论和实践的发展,非物质文化遗产法律保护与知识产权制度之间具有了合作的空间。

1. 非物质文化遗产与知识产权制度保护的客体具有一致性

知识产权的客体为智力成果,其类型多为各种发明创造、文学艺术著作以及具有商业价值并不可对外开放的商业秘密等,即"无形物";非物质文化遗产法律保护的客体为特定的社区世代相传的、作为该社区文化和社会组

---

[1] 任学婧、朱勇:"论非物质文化遗产法律保护的完善",载《河北法学》2013年第3期。
[2] 《著作权法》第6条规定:"民间文学艺术作品的著作权保护办法由国务院另行规定。"
[3] 《著作权法》第6条的规定为民间文学艺术作品的著作权保护提供了立法依据。1992年,国家版权局正式开始着手《民间文学艺术作品著作权保护条例》的立法调研工作,并已形成相关草案。然而,迄今为止,该草案仍未获得通过。但问题是,即便《民间文学艺术作品著作权保护条例》获得通过,结合现行著作权法中的相关制度,可以预计这种保护也不足以为民间文学艺术提供充分、有效的保护。因为一般来说,绝大多数民间文学艺术仅仅是一种表达方式,并没有形成严格意义上的作品。而该条例的保护对象是"民间文学艺术作品",这些作品只是民间文学艺术当中的一小部分。所以,如果该条例出台时仍然只是保护"民间文学艺术作品",那么对民间文学艺术的保护将具有很大局限性。See "Agreement revising the Bangui Agreement of March 2, 1977, on the Creation of an African Intellectual Property Organization", Annex Ⅶ: Literary and Artistic Property, Article 59; "Paying Public Domain and Exploitation of Expressions of Folklore", Ban‐gui (Central African Republic), February 24, 1999; 任学婧、朱勇:"论非物质文化遗产法律保护的完善",载《河北法学》2013年第3期。
[4] 李袁婕:"2016年文化法治建设实现重大突破",载《中国文物报》2017年1月13日。

成部分的智力活动成果,[1]在本质上也属于"无形物"。因此,保护客体同为"无形物"的知识产权制度与非物质文化遗产具有一致性。

2. 非物质文化遗产与知识产权制度的价值取向趋同

按照新制度经济学的理解,产权是人与人之间的经济交换关系,这种观点进一步丰富和细化了马克思的产权理论,体现着人支配物的主体性以及对物的使用所产生的人与人之间的相互关系,是一种激励行为。[2]在经济学上,产权与所有权关系密切,产权是所有权的动态表现,是由财产交易引发的财产的所有权、占有权、支配权、交易权、使用权、受益权等。[3]知识产权属于私权的范畴,与"所有权"类似,但其是一个"有限"的所有权。[4]知识产权的权利人因为其创造的智力成果获得了知识产权的保护,但正如法理学原理所说的,"任何权利的行使都要受到一定的限制",在知识产权领域存在着利益平衡原理。非物质文化遗产的法律保护同样存在着这样一个相同的价值取向。现阶段,非物质文化遗产作为一种"软实力",其价值在现在社会的发展中日益凸显。而非物质文化遗产在传承的基础上,必须进行创新和发展,这恰恰是对非物质文化遗产进行法律保护的价值所在。正如有的学者所言,在传播过程中进行创新,是非物质文化遗产存在、传承、发展和得到法律保护的内在需求。[5]所以,必须在非物质文化遗产的法律保护中寻求利益平衡,既要实现合理保护和传承非物质文化遗产,又要避免传承人等对非物质文化遗产进行垄断和滥用。综上所述,非物质文化遗产与知识产权制度具有相同的价值取向。

---

[1] 齐爱民:"非物质文化遗产系列研究(一)非物质文化遗产的概念与构成要件",载《电子知识产权》2007年第4期。

[2] 马克思的产权研究"既见物,又见人",体现着物的基础上人和人之间的关系。而且,马克思产权研究中的"物"侧重于生产资料。新制度经济学产权理论的基础"排他性"意味着新制度经济学的产权研究"见人不见物",而且"物"既包括产前即劳动和服务的资料和对象,也包括产后即劳动和服务的产品。参见王海传、岳丽艳、吴波:"所有权、产权与人的发展——西方新制度经济学与马克思的差别",载《山东社会科学》2011年第12期。

[3] 王海传、岳丽艳、吴波:"所有权、产权与人的发展——西方新制度经济学与马克思的差别",载《山东社会科学》2011年第12期。

[4] 参见李云峰:"丝绸之路经济带非物质文化遗产知识产权法律保护机制研究",西安理工大学2017年硕士毕业论文。

[5] 刘晓远:"'非遗'保护与知识产权法的契合性",载《四川戏剧》2016年第11期。

3. 弥补非物质文化遗产公法保护模式的不足

公法对于非物质文化遗产的法律保护十分重要，它主要利用公共资源对公共利益进行维护，在保护非物质文化遗产及世界文化多样性方面功不可没。[1]这也是各级政府的相关职能部门行使公权职能的法律依据，有力地实现了对非物质文化遗产的发掘、抢救和保存，使非物质文化遗产保护工作在法律规范的指引下有序进行。同时，公法对于非物质文化遗产的法律保护也存在着明显的弊端。公共资源的稀缺性与非物质文化遗产保护的巨大需求之间存在矛盾。非物质文化遗产保护需要投入大量的人力、物力、财力。但政府往往只能投入有限的资源，无法使非物质文化遗产得到全面、及时、有效的保护。[2]相反，知识产权制度可以很好地弥补公法的弊端。与非物质文化遗产联系最为紧密的就是传承人，对非物质文化遗产的保护同样离不开对传承人的保护，上文对此已有全面论述和说明。知识产权制度作为私法的一部分，可以弥补非物质文化遗产公法保护模式的不足。

采用知识产权制度加强对非物质文化遗产的法律保护无疑是比较切实可行的。但是，《条例》并未规定传承人、整理人、改编人、邻接权人的知识产权。由于知识产权制度没有被具体运用到河北省非物质文化遗产的法律保护体系之中，这就造成河北省大量非物质文化遗产资源面临"公共悲剧"。《著作权法》第6条虽然规定"民间文学艺术作品的著作权保护办法由国务院另行规定"，但是国务院却一直未对此作出规定，导致代表性传承人或者社会组织在非物质文化遗产遭到侵权的时候往往无法可依。曾经轰动一时的"河北梆子维权案"[3]之所以反响巨大，就是因为非物质文化遗产维权路漫漫，即便是作为全国首批非物质文化遗产的河北梆子也是在被侵权10年之

---

[1] 参见李墨丝："非物质文化遗产保护法制研究——以国际条约和国内立法为中心"，华东政法大学2009年博士学位论文。

[2] 参见李墨丝："非物质文化遗产保护法制研究——以国际条约和国内立法为中心"，华东政法大学2009年博士学位论文。

[3] 自2007年开始，河北梆子剧院以河北梆子《打金砖》《三打陶三春》《双错遗恨》三个剧目被非法复制发行为由，状告中国国际广播音像出版社、北京中新联数码科技股份有限公司、河北音像人音像制品批销公司。经过石家庄市中级人民法院一审，梆子剧院得到了21万元的赔偿。在二审中，法院认定三家被告构成侵权，但对获利数额进行了重新核定。在法官的努力下，当事人最终达成调解协议，几家单位停止侵权，并由实际获利的中国国际广播音像出版社和北京中新联公司赔偿河北梆子剧院经济损失11万元。

后才艰难地迎来了胜利,可见非物质文化遗产维权之难。现如今,随着旅游业的兴起,一些外地进河北的游客可能随手将拍摄的河北当地非物质文化遗产发到网上进行传播。还有个别影像公司、电视台等利用非物质文化遗产进行商业炒作、宣传。这些个人和组织之所以如此肆无忌惮地侵犯非物质文化遗产的知识产权,就是因为我国欠缺对非物质文化遗产加以保护的知识产权制度。非物质文化遗产虽无法满足知识产权客体的某些条件,但是知识产权制度无疑是最能保护非物质文化遗产的法律制度。

第五章

燕赵非物质文化遗产法律保护体系构建

非物质文化遗产是古老民族传统文化的历史见证,蕴含着丰富的文化价值和经济价值,基于对非物质文化遗产进行有效的保护,规范对非物质文化遗产的保护和利用行为就成为我国非物质文化遗产保护领域的重要任务。随着经济的不断发展,社会公众在追求利益最大化的同时,对中华几千年文明的认知也有了改观,人们基于对商业价值的追求,也会大规模地利用非物质文化遗产。燕赵非物质文化遗产是中国非物质文化遗产宝库中的瑰宝,展现了燕赵地区的优秀传统文化,应加强对燕赵非物质文化遗产的法律保护。河北省作为燕赵地区的重要省份,于2014年3月21日在河北省第十二届人民代表大会常务委员会第七次会议上通过了《河北省非物质文化遗产条例》,为河北省非物质文化遗产的保护提供了法律依据,也为燕赵非物质文化遗产保护提供了借鉴,在河北省非物质文化遗产的法律保护中发挥着重要的作用,也是河北省保护非物质文化遗产最主要的法律依据。但是,该地方性法规自身仍亟待完善,并缺乏与之配套、具有可操作性、可以适用于不同类型非物质文化遗产保护案件审理的相关法规,有些问题需要进一步的解决。[1]对燕赵非物质文化遗产法律保护体系的构建,既要发挥社会各个机构的作用和传承人的积极性,更要重视法律政策的作用。从宏观的法律政策层面而言,搭建完善的非物质文化遗产法律保护体系,加强公法和私法保护模式的运用,既可以为非物质文化遗产保护提供法律上的指引,又可以落实到具体的保护方法之中,比如,进一步明确政府的地位、完善燕赵非物质文化遗产

---

[1] 欧洲专利局编著:《未来知识产权制度的愿景》,郭民生、杜建慧、刘卫红译,知识产权出版社2008年版,第136~140页。

燕赵非物质文化遗产法律保护机制研究

的认定程序、对传承人的重视等。

第一节 构建燕赵非物质文化遗产公法私法保护模式

燕赵非物质文化遗产是燕赵地区人民的集体记忆，反映着燕赵历史的光荣时刻，映衬着燕赵文明的久远，燕赵地区的非物质文化遗产的数量一直居于全国前列。其不仅内容丰富，且形式多种多样，极具历史特色和文化特色，具有历史性、民族性、整体性、地域性、多样性、传承性等特点，但也有着消失的风险。对燕赵非物质文化遗产的保护工作一直受到相关部门的重视，也正在努力构建一套更完善的法律保护体系，在这个法律体系的构建过程中，强调公法和私法相结合是关键环节，虽然对于非物质文化遗产的公法和私法保护存在理论上的争议，[1]但本书认为，对非物质文化遗产保护应采取公法私法相结合的模式，这既与非物质文化遗产兼具公权和私权属性相吻合，也与当前大环境下对非物质文化遗产保护的需求相契合。唯有公权和私权齐发力的保护模式，才能成为燕赵非物质文化遗产保护最坚实的法治堡垒，通过法律自身的强制力、严谨性属性来打击各种毁损、破坏燕赵非物质文化遗产的违法行为。燕赵非物质文化遗产公法和私法保护模式的确立，也是顺应"我国的非物质文化遗产保护立法，在保护模式上经历了一个从纯粹的公法保护到以公法为主、兼顾私法的过程"[2]一立法保护发展趋势。

---

[1] 对此，在学术界存在三种不同的主张。一是"公权保护为主说"。该说认为，非物质文化遗产应以公权保护为主，这样有利于保护文化的多样性，有利与保护非物质文化遗产中体现的公共利益，也与非物质文化遗产保护宗旨相契合，对内可以弘扬优秀民族文化，对外可以保持文化产业贸易的平衡。二是"私权保护说"。该说主张，对非物质文化遗产所设定的政策或者措施不仅应当包括公权管理上的扶持、抢救和弘扬，而且应当包括私权保护措施的强化。应尽快加强知识产权保护。三是"综合保护说"。该说认为，非物质文化遗产的复杂性决定了对它的保护需要采取综合性措施。具体观点请参见黄玉烨："论非物质文化遗产公权保护探究"，载《光明日报》2010年8月10日；丁丽瑛："保护非物质文化遗产与开发传统文化产业的结合路径"，载《海峡法学》2011年第3期；陈庆云："非物质文化遗产保护法律问题研究"，载《中央民族大学学报》2006年第1期；李明德、管育鹰："非物质文化遗产法律保护研究报告"，载中国社会科学院知识产权中心编：《非物质文化遗产保护问题研究》，知识产权出版社2012年版，第350页。

[2] 黄玉烨："论非物质文化遗产的私权保护"，载《中国法学》2008年第5期。

一、明确公法私法模式的保护目标

《非物质文化遗产法》第1条明确了该法的立法目的："为了继承和弘扬中华民族优秀传统文化，促进社会主义精神文明建设，加强非物质文化遗产保护。"《条例》第1条也同样确定了其立法目的："为了加强非物质文化遗产保护、保存工作，继承和弘扬本省优秀传统文化，根据《中华人民共和国非物质文化遗产法》等法律、法规的规定，结合本省实际，制定本条例。"由此可见，《条例》的立法目的与《非物质文化遗产法》的立法目的相同，并未突出本行政区域内的燕赵非物质文化遗产的特色。同时，《条例》第3条与《非物质文化遗产法》第2条对非物质文化遗产的定义和列举内容也相同。诚然，下位法与上位法相同无可厚非，但下位法也要突出本行政区域内的特色。

（一）应动态确定燕赵非物质文化遗产的保护

河北省是一个非物质文化遗产的大省，拥有数量众多、内容丰富而独特的燕赵非物质文化遗产。国家级非物质文化遗产项目227项，居全国第二位；省级非物质文化遗产项目400项，国家级非物质文化遗产代表性传承人91人，居全国前列；省级非物质文化遗产代表性传承人260人。[1]按照主体分类，燕赵非物质文化遗产有民间文学、民间美术、民间音乐、民间舞蹈、传统戏剧等内容。按照地区区分，又有石家庄、保定、张家口、沧州等地域方面的不同。[2]非物质文化遗产与其他法律客体的独特之处在于它是活态的和不断发展的，传承过程中需要不断完善和创新，随着实践的推移可能衍生出新的特色。因此，对于法律的保护目标来说，不能采取一成不变的静态保护模式。静态保护模式主要通过传统的保护模式，依靠博物馆、生态馆、图书馆、档案馆等各种馆藏保护传承人的历史。但仅仅通过馆藏是无法有效复制传承人的本真性生活形态的，无法适应传承人现代化发展的生存环境。[3]我们应该重视非物质文化遗产的传承性和动态性，从静态的保护模式

---

［1］ 以上数据统计来源于网络资源："河北（中华人民共和国省级行政区）"，载 https://baike.baidu.com/item/河北/65777?fr=aladdin.0，最后访问日期：2021年4月17日。

［2］ 赵虎敬："河北省非物质文化遗产法律保护"，载《河北企业》2013年第10期。

［3］ 黄捷："非物质文化遗产传承人保护法律制度研究"，广西民族大学2020年博士学位论文，第55页。

逐渐演变为动态保护模式。而如今，我国对非物质文化遗产的保护主要是利用统计归纳遗产保护名录等静态保护模式，这种静态保护模式对于非物质文化遗产保护是极其不利的。非物质文化遗产是在一代代的相继传承中得以持续流传的。在这期间，其内涵与底蕴并不是一成不变的，而是随着时间的推移以及社会的发展被不断赋予新的内容，有了新的意义。静态保护模式非但不能解决非物质文化遗产在发展演变过程中出现的新问题，反而不利于它的长远发展和创新。非物质文化遗产最重要的特征就是其具有传承性，静态保护模式不利于对传承人文化生态空间的保护，更无法从根本上激发传承人的延续生命力。因此，我们亟须转变当前的法律保护模式，变静态保护模式为动态保护模式。在动态保护模式下，对传承人传承技艺和传承知识的保护与现代化发展应保持一致，这更利于对非物质文化遗产本真性和整体性的保护。

　　动态保护模式以对传承人的法律保护为要点，而对一个主体的最有效的法律保护应该是公法和私法相结合的保护方式。具体到对燕赵非物质文化遗产传承人的保护，应加强对传承人、传承团体的资金支持与政策扶持，为诸多宝贵的燕赵非物质文化遗产得以延续流传提供保证。另外，要提高执法力度，凡是违反有关法律法规的行为都应被纳入各级文化执法部门的监督检查和执法范围，做到有法必依、执法必严、违法必究，真正将非物质文化遗产法律法规落到实处。通过燕赵地区人民的共同努力，逐步建立起比较完备的、有燕赵特色的非物质文化遗产保护制度，使珍贵、濒危并具有历史、文化和科学价值的燕赵非物质文化遗产得到有效保护，并得以传承和发扬。建立动态的保护模式，推动法律政策保护目标与时俱进。

　　（二）准确定位燕赵非物质文化遗产的公权和私权属性

　　（1）对非物质文化遗产的法律属性予以明确的定位，方能给予正确而合适的法律保护。"法是以权利和义务为机制调整人的行为和社会关系的。权利和义务贯穿于法律现象逻辑联系的各个环节、法律的一切部门和法律运行的全部过程。"〔1〕燕赵非物质文化遗产的法律保护应以厘清相关权利义务关系为前提，确定燕赵非物质文化遗产的法律属性。非物质文化遗产是人类社

----

　　〔1〕 张文显主编：《法理学》，高等教育出版社1999年版，第86页。

会的智力劳动成果,同时也是人类社会传统文化的一种表现形式,所以既涉及私权性,也涉及公益性,应对其进行私权和公权的保护,而不同性质的法律,其法律保护目标和手段各异,〔1〕所以要明确这两种法律模式的法律保护目标。一方面,在私权保护上,引入知识产权法保护,建立非物质文化遗产的知识产权保护体制,以立法的方式规制燕赵非物质文化遗产的使用许可、转让等,防止由权利人放弃或者传承人锐减引发的无形遗产逐渐走向消亡的情况,并减少侵权行为的发生,运用《民法典》加强对传承人合法权利的保护。另一方面,作为公共文化领域的燕赵非物质文化遗产,不能被作为私权予以私法保护。因此,法律应当把燕赵非物质文化遗产视为公共领域的特殊部分,以公法为主对其进行法律保护,发挥行政法的规范调整功能。行政法作为法律的一个部门,具有公法属性,国家行政管理行为受其规范和调整,国家行政权力的行使受其约束和保障,行政法的一个重要功能就是调整公权行为,特别是调整国家行政权力。鉴于当前对燕赵非物质文化遗产的保护主要以公权保护为主,因此运用行政法手段并充分发挥《条例》的实效性至关重要。在燕赵非物质文化遗产的法律保护实践中,单一的公权保护逐渐暴露出了其弊端性,坚持公法与私法相协调的原则是当前应该克服的难题之一。由于燕赵非物质文化遗产既有集体性,又有个体性,从法律角度而言,涉及公权且与私权联系紧密。所以,公法与私法应协调发展,建立综合的法律保护体系。

(2) 在法律保护燕赵非物质文化遗产的过程中,应处理好几个关系。坚持开发与保护相结合的原则,在进行立法时应该以保护开发为出发点,重视对相关人员保护开发燕赵非物质文化遗产能力的培养,提高燕赵非物质文化遗产继承人的积极性,挖掘其价值,发挥其对社会发展的积极作用;应坚持权益分享共赢原则,做到保护权利人的利益,实现权利人与开发主体共同分享开发利用燕赵非物质文化遗产所创造的价值,这符合人类社会发展的整体

---

〔1〕 私权属性的私法保护的私权主要表现为精神权利和经济权利。前者如注册权、文化尊重权、来源标示权、维护完整权、生存发展权等;后者如利用许可权、利用分享权、税收优惠权等。公共利益属性的公权保护的公权主要涉及国家公权、文化公权、政府主导权,具体来说包括决策权、管理权、监督权、保障权等。参见李荣启:《非物质文化遗产保护研究文集》,文化艺术出版社 2016 年版,第 193 页。

利益；应坚持借鉴其他省份的相关立法与保持燕赵特色原则，吸取它们的有益经验，结合燕赵非物质文化遗产自身的特征，建立起独具燕赵特色的法律保护体系；应坚持全民共同参与原则，燕赵非物质文化遗产保护和传承是一项系统工程，单靠政府努力是不能完成的，全民参与是对政府行为的有力监督与补充。

（3）应明确燕赵非物质文化遗产的传承和保护主体。[1]在非物质文化遗产法律保护中，传承主体和保护主体是两个完全不同的主体。国务院办公厅印发的《关于加强我国非物质文化遗产保护工作的意见》提出了"传承人"这一概念。祁庆富教授所认为的非物质文化遗产传承人是："在有重要价值的非物质文化遗产传承过程中，代表某项遗产深厚的民族民间文化传统，掌握杰出的技术、技艺、技能，为社区、群体、族群所公认的有影响力的人物。"[2]按照这一概念，具备专业的技术和技能是传承人的必备要件之一；而非物质文化遗产的保护主体，具有广泛性，不以具备专业的技术和技能为必要条件。燕赵非物质文化遗产相关立法中所涉及的主体应该是参加保护工作的相关当事人，具体包括传承主体和保护主体，其中政府机构应处于保护的主导地位；传承主体是民间文艺的群众，他们是随时行走的"活财富"。但是，目前对传承人的保护现状并不乐观，因此，对传承人的保护迫在眉睫，而且对各个文艺研究所、艺术馆、社会团体等为保护燕赵非物质文化遗产提供各种支持的场所，应制定强有力的法律保障；应清楚地界定各类燕赵非物质文化遗产客体的范围，因为非物质文化遗产无法脱离当地民族特殊的生产生活方式，它依托于人本身而存在，是"活"的文化，也是传统文化中最脆弱的部分之一。因此，非物质文化遗产所保护的客体应该包括非物质文化遗产的外延部分；应对燕赵非物质文化遗产保护目标及工作方针、原则进行明确规定，且对制度进行具体分析。

燕赵非物质文化遗产的法律保护目标应该是：防止造成文化垄断；防止

---

[1] 非物质文化遗产保护中所涉主体的术语表达非常广泛和复杂。其中有非物质文化遗产的主体、非物质文化遗产的保护主体、非物质文化遗产的传承人、非物质文化遗产的代表性传承人等术语。非物质文化遗产的法律保护应对不同的主体进行合理的界定和区分。鉴于部分概念在前文已有针对性论述，故在此仅重点探讨非物质文化遗产的传承主体和保护主体这两个概念。

[2] 祁庆富："论非物质文化遗产保护中的传承及传承人"，载《西北民族研究》2006年第3期。

对燕赵非物质文化遗产造成不同程度的破坏；防止社会公众摒弃或者抛弃燕赵非物质文化遗产的其他价值，进而导致很多古老艺术面临失传的危险。同时，应随之提高对燕赵非物质文化遗产法律保护的认知程度，提高公众对燕赵非物质文化遗产立法保护的重要性认识，增强法律执行力，对燕赵非物质文化遗产保护的实施过程进行有效且严密的监督。

二、加强对传承人的公法和私法保护

我国在颁布《非物质文化遗产法》前已颁布了《文物保护法》等相关法律法规，这些法律法规使对非物质文化遗产领域中传统技艺的法律保护有了具体依据，使对非物质文化遗产的保护有法可依，对促进我国非物质文化遗产法律保护体系的建立具有重要意义。《非物质文化遗产法》是全国性的对非物质文化遗产进行保护的重要性法律文件，具有较高的权威性。但通过对我国非物质文化遗产法律保护的司法实践调查我们发现，《非物质文化遗产法》对燕赵非物质文化遗产的保护略显不足。某些制度需进一步的细化。

（一）应明确传承人的法律地位

我国《非物质文化遗产法》第3条规定[1]国家传承、传播非物质文化遗产，即国家是传承主体。我国非物质文化遗产保护发展至今，传承人作为传承主体，一直承担着传承传统非物质文化遗产的任务。但是，我国法律将国家规定为传承的主体，这可能导致政府对传承过程造成过多干涉，极易导致保护主体和传承主体的权责不明，不仅不利于保护，反而会对其造成破坏。国家应当作为保护主体而不是传承主体，成为非物质文化遗产保护的坚实后盾，将传承职责交给传承人完成。在对燕赵非物质文化遗产的保护上，应以其为鉴。应明确传承人的法律地位，换言之，用立法的形式确定传承人为燕赵非物质文化遗产传承的唯一合法主体。这是传承人法律保护的基础，同时也是传承人享有其他权利的保障。而政府作为保护主体，不仅要保障燕赵非物质文化遗产的延续性，更要保障传承主体的法律地位。政府对传承过程的过多干涉会破坏燕赵非物质文化遗产中的原本基因，不仅会影响传承人

---

[1]《非物质文化遗产法》第3条规定："国家对非物质文化遗产采取认定、记录、建档等措施予以保存，对体现中华民族优秀传统文化，具有历史、文学、艺术、科学价值的非物质文化遗产采取传承、传播等措施予以保护。"

传承的积极性，还会影响燕赵非物质文化遗产自身的原生态性、民间性与真实性。要清楚地认识到保护主体与传承主体不仅在内涵上存在较大差异，在各自的职能上更是大相径庭，不能用保护主体替代传承主体。因此，结合上述理由，可将《条例》第4条[1]的内容修改为：本省对非物质文化遗产采取认定、记录、建档等措施予以保护，对体现本身优秀传统文化，具有历史、文学、艺术、科学价值的非物质文化遗产通过传承人采取传承、传播等措施予以保护。这样既可以明确传承人的法律地位，同时又展现了政府是保护燕赵非物质文化遗产的最后屏障。

(二) 细化传承人所享有的权利

加大对传承人的法律保护是燕赵非物质文化遗产保护的关键，应在法律中明确传承人的权利和义务，这体现了河北省对燕赵非物质文化遗产保护的重视力度。目前，《条例》赋予传承人的权利内容不够完善，导致传承人无法明确自己的权利，无法利用法律规定保护自己的权益。因此，应对传承人的权利义务作出以下规定：

1. 赋予传承人对非物质文化遗产的知识产权

我国《民法典》第123条第2款对知识产权客体作出了具体、明确的规定。[2]非物质文化遗产传承人所掌握的传统手工技艺属于知识产权客体保护范围，也就是说，传承人应当享有相应的知识产权，有获得知识产权保护的权利。通过引入知识产权保护，我们可以更好地加强对燕赵非物质文化遗产的保护力度，调整传承人利益与市场经济下商业利益之间的关系。首先，传承人与开发者之间的利益分享问题是非物质文化遗产商业开发中最为突出的问题，加强对传承人的知识产权保护，不仅可以解决不同主体之间的利益分配问题，而且可以提高传承人保护的积极性。其次，引入知识产权可以防止非物质文化遗产领域中有些传统手工技艺被假冒窃取。因为传承人可以通过申请专利权、商标权、著作权、商业秘密等多种方式，对知识产权客体进行

---

[1] 《条例》第4条规定："本省对非物质文化遗产采取认定、记录、建档等措施予以保存，对体现本省优秀传统文化且具有历史、文学、艺术、科学价值的非物质文化遗产采取传承、传播等措施予以保护。非物质文化遗产的保护、保存，应当正确处理传承、发展与开发、利用的关系。"

[2] 《民法典》第123条第2款规定："知识产权是权利人依法就下列客体享有的专有的权利：(一) 作品；(二) 发明、实用新型、外观设计；(三) 商标；(四) 地理标志；(五) 商业秘密；(六) 集成电路布图设计；(七) 植物新品种；(八) 法律规定的其他客体。"

保护，有效制止侵权行为的发生。最后，知识产权本身具有发展性的特点，随着社会的变化而不断调整和发展，知识产权所保护的范围也在发生变化，内涵被不断丰富。根据世界知识产权组织公约的相关规定，知识产权本身是不断发展和创新的。如著作权保护的范围已经随着大数据的发展扩展到短视频作品、计算机网络游戏等各个方面。可以预见，未来燕赵非物质文化遗产领域传承保护中出现的问题，可以利用知识产权的特性来解决，有利于强化对燕赵非物质文化遗产的法律保护。

2. 规定传承人发展权

保障传承人享有的发展权，这是传承人法律保护中的必备内容，是将传承人的身份利益和财产利益相结合的重要桥梁，而《非物质文化遗产法》以及《条例》却均没有明确传承人发展权的概念，更未具体规定传承人发展权的内容。我们完全可以从立法的目的以及条文的相关内容推出传承人发展权。

"发展权"思想肇端于《联合国宪章》和《世界人权宣言》。《联合国宪章》第1条第3款提出发展是"促成国际合作，以解决国际间属于经济、社会、文化及人类福利性质之国际问题……"联合国以追求各会员国共同发展为最终目标。[1]联合国大会于1986年12月4日第41/128号决议通过《发展权利宣言》。其第1条和第2条分别规定："发展权利是一项不可剥夺的人权，由于这种权利，每个人和所有各国人民均有权参与、促进并享受经济、社会、文化和政治发展，在这种发展中，所有人权和基本自由都能获得充分实现。……""人是发展的主体，因此，人应成为发展权利的积极参与者和受益者。……"[2]按照《发展权利宣言》的规定，每个人都享有发展权，但是否可以此为据确认发展权的法律属性，在理论界却存在肯定说和否定说两种不同的观点。[3]本书赞成肯定说的观点，因为发展权既然可以被作为一

---

[1] 姜素红：《发展权论》，湖南人民出版社2006年版，第65页。

[2] 参见《发展权利宣言》第1条和第2条。

[3] 一是否定说。该学说认为发展权仅仅是社会政策的组成部分，并不属于法律原则的范畴。部分欧美国家认为，在国际社会中，发展权仅仅被当作社会政策和国际经济来接受，他们否定了发展权的法律性质，并不认为发展权是一项法律原则。二是肯定说。持这种观点的学者认为：发展权是一项基本权利，发展机会均等和发展利益共享是发展权的重要内容。个人和集体有权参与政治、经济、文化等各方面活动，他们有权享受其发展所获利益。参见徐显明主编：《人权研究》（第2卷），山东人民出版社2002年版，第36页；汪习根："发展权含义的法哲学分析"，载《现代法学》2004年第6期。

项国际社会认可的权利，那么在不同的国内法中赋予其一定的法律属性便与《发展权利宣言》的宗旨并不违背，不能仅把发展权作为政策或者道德权利。非物质文化遗产传承人发展权的内容应包含传承人身份权和传承人财产权，具体是指非物质文化遗产传承人积极、自由和有意义地传承和发展非物质文化遗产并优先享有发展所带来的身份和财产利益的权利。[1]据此，传承人的发展权是它所享有的与其身份利益直接相关的财产利益，可以在法律规定的范围内，对非物质文化遗产进行占有合理使用和利用，并可以享受所取得的物质利益。对传承人的保护应适用多元化模式，不应当局限于"公权"层面上的"管理""传承""名录登记"，可以通过产权交易、产权流转等私权确权的模式保护传承人的发展利益。[2]

3. 传承人享有获得物资及其他帮助的权利

对于立法所确立的与传承人相关的义务规范，不是让政府对非物质文化遗产的传承人进行限制。相反，国家和社会团体要充分尊重传承人的主动创造性，避免过分干涉传承内容以及传承方式，给传承人创造完成传承使命的条件。《条例》第 30 条以政府义务的形式对促进传承发展的物质、经济条件作出了相应的规定，同时还应明确传承人履行义务时有获得物质及其他帮助的权利，政府应利用相关政策扶持传承有困难的项目，帮助其实现产业化，对其所创造的效益可以根据情况减免税收等。这样可以极大地提高传承人的积极性，进一步促进燕赵非物质文化遗产的传承与保护。

（三）细化传承人认定机制

在对非物质文化遗产法律保护的进程中，对传承人的认定是保护非物质文化遗产的基础。按照我国《非物质文化遗产法》第 29 条的规定，各级文化行政部门根据非物质文化遗产传承人提出的申请，经过依法审查，采取一系列方式，批准符合条件的传承人为代表性传承人，[3]并在本条的第 2 款对

---

[1] 黄捷："非物质文化遗产传承人保护法律制度研究"，广西民族大学 2020 年博士学位论文，第 99 页。

[2] 黄捷："非物质文化遗产传承人保护法律制度研究"，广西民族大学 2020 年博士学位论文，第 102 页。

[3] 田艳："非物质文化遗产代表性传承人认定制度探究"，载《政法论坛》2013 年第 4 期。

传承人的认定标准进行了明确规定[1],简言之,传承人应当具有技艺性、权威性和能动性。我们应当看到,条文中诸如"熟练""较大影响"等表述,并没有一个认定标准,实践中出现过多个条件相似的传承人争夺"非物质文化遗产"代表性传承人的情况。依据我国《非物质文化遗产法》的上述认定标准,只要掌握技艺熟练、在当地有影响力、对技艺的传承具有积极性,竞争者便可以被认定为代表性传承人。因此,传承人认定标准和认定程序应具有可操作性。

(1) 围绕"承"和"传"两方面进行认定。"承"是指传承人必须通过学习前人遗留下来的遗产掌握此遗产所蕴含的文化内涵;"传"是指传承人要在前人所授的基础上,赋予其时代特点,并能很好地将其发展延续下去。对此,我们可以参考国外的做法:如果文化遗产持有者的技艺密不传人,那么无论其技艺多么超群,都不会被政府认定为"人间国宝"。

(2) 依行政区域对传承人进行划区管理。"非物质文化遗产"是民间的整体遗产,虽然划区域管理容易切断非物质文化遗产在地域上的连续性,但目前,燕赵地区对非物质文化遗产的保护还处于初级阶段,利用行政区域政府监管各地非物质文化遗产的保护,可防止权责不明,有利于对"非物质文化遗产"的保护。

(3) 在认定标准明确的基础上,还需要细化、完善认定程序。按照我国《非物质文化遗产法》第29条第2款的规定,应先由申请人向政府提出书面申请,再由政府部门对提出的申请进行审核,最后公布审核通过的情况。一旦通过,这个申请人即会成为该项目的代表性传承人。纵观整个程序我们可发现,传承人的主动申请才是最重要的环节。然而,从燕赵非物质文化遗产传承人的生存环境来看,[2]大多数的传承人都生活于偏远乡村,信息相对闭塞,传承人无从了解相关制度,更遑论主动提出成为该项目的代表性传承人的申请了。因此,这种由传承人主动申请的方式在实践中实属难以实现。另外,目前传承人的认定申报是通过书面方式递交申请的"学院式评审",地

---

[1] 《非物质文化遗产法》第29条第2款规定:"非物质文化遗产代表性项目的代表性传承人应当符合下列条件:(一) 熟练掌握其传承的非物质文化遗产;(二) 在特定领域内具有代表性,并在一定区域内具有较大影响;(三) 积极开展传承活动。"

[2] 这种情况不仅仅存在于燕赵地区,这在全国都是一个较为普遍的现象。

方政府无法深度、细致地了解传承工作的丰富性和复杂性,所以很难真正对传统手工技艺传承人实施保护。[1]

由此,在燕赵非物质文化遗产传承中,要进一步细化《条例》对传承人的认定程序,要重点兼顾那些地处偏远、没有条件主动申请的传承人。地方各级政府部门要在现有认定程序的基础上,转变原有工作思路、改变原有工作方法,由被动受理转变为主动寻找传承人,帮助当地具备申请条件的申请人申请成为传承人。另外,对于认定程序中的"学院式评审",可在保持原有以递交书面材料方式为主的基础上,强化深入民间进行调查取证,使政府工作人员深入到传承第一线,了解传承的具体工作情况及困难,给传承人提供更有针对性的保护。以上方式可进一步完善传承人认定程序,使更多的传承人得到认定和保护。[2]

(四) 细化燕赵非物质文化遗产的纳入与保护机制

(1) 强化燕赵非物质文化遗产普查工作。将普查摸底作为燕赵非物质文化遗产保护的基础性工作来抓,统一部署、有序进行。在充分利用已有工作成果的基础上,分地区、分类别地制订普查工作方案,组织开展对燕赵非物质文化遗产的现状调查,全面了解和掌握各地的非物质文化遗产资源的种类、数量、分布状况、生存环境、保护现状及存在的问题。要运用文字、录音、录像、数字化多媒体等各种方式,对燕赵非物质文化遗产进行真实、系统和全面的记录,建立相应的档案和数据库,这是燕赵非物质文化遗产法律保护的基础。

(2) 建立燕赵非物质文化遗产代表作名录体系。要通过制定评审标准并经过科学认定,建立省、市、县三级非物质文化遗产代表作名录体系。省级非物质文化遗产代表作名录由省政府批准公布。市、县级非物质文化遗产代表作名录由同级政府批准公布,并报上一级政府备案。

(3) 加强对燕赵非物质文化遗产的研究、认定、保存和传播。组织各类文化单位、科研机构、高等院校及专家学者对燕赵非物质文化遗产的重大理论和实践问题展开讨论,注重科研成果和现代技术的应用。组织力量对燕赵非物质文化遗产进行科学认定,鉴别真伪。经政府授权的有关单位可以征集

---

〔1〕 孙正国:"非物质文化遗产传承人的命名研究",载《文化遗产》2009年第4期。

〔2〕 储俊峰、樊嘉禄:"从传统手工技艺传承人保护的视角看《非遗法》之不足",载《湖北警官学院学报》2014年第7期。

部分非物质文化遗产的实物、资料，并予以妥善保管。采取有效措施，防止珍贵的燕赵非物质文化遗产实物和资料流出境外。对燕赵非物质文化遗产的物质载体也要予以保护，对已被确定为文物的，要按照《文物保护法》的相关规定执行。充分发挥各级图书馆、文化馆、博物馆、科技馆等公共文化机构的作用，有条件的地方可设立专题博物馆或展示中心。

（4）建立科学、有效的燕赵非物质文化遗产传承机制。对列入名录的燕赵非物质文化遗产代表作，可采取命名、授予称号、表彰奖励、资助扶持等方式，鼓励代表作传承人（团体）进行传习活动。通过社会教育和学校教育，使燕赵非物质文化遗产代表作的传承后继有人。研究探索对传统文化生态保持较完整并具有特殊价值的村落或特定区域，采取动态整体性保护的方式。在传统文化特色鲜明、具有广泛群众基础的社区、乡村，开展创建民间传统文化之乡的活动。[1]

三、创立新型知识产权保护制度

目前，各地方对非物质文化遗产大多只进行公法层面的保护，但公法条文大多仅具有指向性、原则性的内容，所以仅依靠公法不能满足当前对非物质文化遗产保护的需求，应进一步强化私权的保护。非物质文化遗产是被各群体、团体（有时为个人）视为文化遗产的各种实践、表演、表现形式、知识和技能及其有关的工具、实物、工艺品和文化场所，[2]非物质文化遗产的客体具有知识性，包含大量的信息，这是知识产权保护的理论根基，因为"知识、信息作为民事客体，其意义在于它们构成知识产权法所保护的利益"。[3]到目前为止，世界范围内已有超过40个国家的著作权法或地区性著作权条约明文规定保护民间文学艺术作品。[4]通过我国《非物质文化遗产法》第44条[5]我们也可以看出，我国对非物质文化遗产的知识产权保护持

---

[1] 参见《国务院办公厅关于加强我国非物质文化遗产保护工作的意见》。
[2] 参见《公约》第2条。
[3] 吴汉东主编：《知识产权法》，法律出版社2004年版，第17~22页。
[4] 黄玉烨："论非物质文化遗产的私权保护"，载《中国法学》2008年第5期。
[5] 《非物质文化遗产法》第44条规定："使用非物质文化遗产涉及知识产权的，适用有关法律、行政法规的规定。对传统医药、传统工艺美术等的保护，其他法律、行政法规另有规定的，依照其规定。"

肯定的态度。但具体到燕赵非物质文化遗产的知识产权保护上却存在诸多未知。因此，如何运用知识产权保护燕赵非物质文化遗产是一个复杂而长远的问题。本书认为，可以建立一个专门的燕赵非物质文化遗产知识产权保护制度，对现行知识产权制度进行创新，完善燕赵非物质文化遗产知识产权保护的可操作性，创构一个公法和私法全方位保护的多元法律控制体系。

（1）在调整对象上，依据《非物质文化遗产法》第44条的规定，使用非物质文化遗产涉及知识产权的，需要根据有关法律、行政法规的规定进行规制。我国《著作权法》第6条指明了民间文学艺术作品的著作权保护办法由国务院另行规定，但至今却仍未出台相关规定。《著作权法》保护的对象包括了音乐、戏剧、舞蹈、杂技等艺术作品，这与非物质文化遗产的保护客体高度重合，理应成为非物质文化遗产运用知识产权保护的重要法律依据，但在2014年，国家版权局发布了《民间文学艺术作品著作权保护条例》，却因为种种原因未颁布施行，未能实现用著作权保护非物质文化遗产的美好愿望，这造成了知识产权保护和《非物质文化遗产法》在内容上的脱节。另外，即便将非物质文化遗产的客体纳入著作权法进行保护，也仅仅是一小部分，范围非常有限，导致大部分的非物质文化遗产无法进入知识产权的调整范围。对此，可考虑创立新型知识产权制度，在立法中采用"音乐、戏剧、曲艺、舞蹈、杂技艺术作品等非物质文化遗产"的表述，实现《著作权法》与《非物质文化遗产法》的有效衔接，[1]将所有的非物质文化遗产均纳入知识产权保护范围。

（2）在权利主体上，知识产权的权利主体是相对明确的个人、法人以及非法人组织，而燕赵非物质文化遗产则是燕赵地区人民智慧的结晶，是几百年来燕赵子孙代代传承下来的技艺。在传承的过程中，传承者取其精华去其糟粕，并融入燕赵地区当时的时代精神，使其既保有民族特色又与时俱进。它的主体既有可能是个人，也有可能是某一特定群体，大多数甚至处于一种权利主体不确定的状态。因此，在界定燕赵非物质文化遗产的主体方面，新型知识产权制度应当将传统知识产权的主体范围扩大至包含特定的群体、区域以及民族国家。而当权利主体不明确时，可以将国家或者燕赵地方的村

---

〔1〕 丁朋超："论生态场视阈下大运河非物质文化遗产保护的制度完善"，载《河南财经政法大学学报》2020年第2期。

落、区、县等视为非物质文化遗产的权利主体。例如，宫灯、宫面、宫酒作为石家庄市藁城区的一项著名非物质文化遗产，当它的权利主体不能确定时，可以将藁城区视为权利主体。

（3）在保护期限上，学术界目前存在不同的认识。有的学者主张应采用无期限模式，还有的学者不赞成这种观点，认为应参照《著作权法》的规定实行有期限保护。[1]本书认为，商标权可以续展，专利权和著作权却都有明确的保护期限，过了保护期限，该项智力成果就会进入公共领域，任何人都可以无偿使用。而燕赵非物质文化遗产就如同葡萄酒一样，经历的时间愈长价值愈高，每项燕赵非物质文化遗产都至少经历了上百年的传承发展，包含了多个时代的精神内涵，如果给予一个确定的期限，过了保护期限就会损害传承人的权利，降低传承人的积极性。因此，在新型知识产权中，应将燕赵非物质文化遗产和传统知识产权的保护期限加以区分，对燕赵非物质文化遗产进行永久性保护，或者采取类似商标权的保护，到期后可以进行续展以达到永久性保护的目的。在这方面，我国可以借鉴意大利的相关做法。[2]

（4）在权利内容上，手工艺类和医药类燕赵非物质文化遗产符合申请专利条件的，享有独占使用权、许可使用权、报酬权、署名权、转让权。具备鲜明的地域性和地方特色的燕赵非物质文化遗产可以申请商标或者地理标志予以保护的，享有独占使用权、转让权、使用许可权。但是，通过申请著作权对燕赵非物质文化遗产予以保护可能会诱发权利冲突。[3]著作权包括精神

---

[1] 这两种观点具体来讲：一是认为应当无期限保护传承人的知识产权。传承人代表着中华民族文化的发展进程，是维护民族文化发展完整性、多样性和传承性的重要保障，对于传承人著作权的保护期限应当采取永久性的保护模式，才能从整体上传承中华民族的文化精髓。基于非物质文化遗产表现形式的特殊性和传承人传承非物质文化遗产的活态性，传承人基于非物质文化遗产创作的作品具有重大的历史意义，如将作品的著作权限定在一定期限内保护，将无法充分地保护传承人的传承价值，因此设定永久性的保护期更利于保护传承人的著作权。二是认为应当在一定期限内保护传承人基于非物质文化遗产创作的作品的著作权。期限性是知识产权的重要属性，《著作权法》的立法目的是维护著作权人的相关权利，通过法律保护让著作权人的权利在一定的时间范围内获得经济效益。"著作权保护的时间性使著作权保护非物质文化遗产不具有永久性。"参见：中国社会科学院知识产权中心编：《非物质文化遗产保护问题研究》，知识产权出版社2012年版，第216页；蒋万来：《传承与秩序—我国非物质文化遗产保护的法律机制》，知识产权出版社2016年版，第244页；黄捷："非物质文化遗产传承人保护法律制度研究"，广西民族大学2020年博士学位论文，第138页。

[2] 意大利在其版权法中首先规定了民间传统文学艺术作品保护期限不受限制。

[3] 赵虎敬："河北省非物质文化遗产法律保护"，载《河北企业》2013年第10期。

权利和经济权利两方面的内容：经济权利包括复制权、演绎权、传播权；精神权利包括发表权、署名权、修改作品权和保护作品完整权。保护作品完整权是指保护作品不受歪曲、篡改的权利，而燕赵非物质文化遗产的传承本身就意味着改变和创新，会被植入当代精神的内涵，以符合时代潮流。其在这一点上与保护作品完整权不相适应。因此，在新型知识产权制度中，著作权人有权反对任何人对其作品进行有损声誉的歪曲、篡改，但是可以考虑允许其他人在不损害权利人声誉的前提下对非物质文化遗产进行创新。

四、引入公益诉讼制度

我国《民事诉讼法》规定提起诉讼的主体必须是与本案有直接利害关系的自然人、法人和其他组织，但是对非物质文化遗产的权利主体的界定，本来就是一个复杂并且尚待解决的问题，这便导致当非物质文化遗产遭受不法侵害时，由于主体资格的确定问题引发权利无法主张的局面。2012年修改后的《民事诉讼法》在第55条增加了公益诉讼制度[1]，此条为将公益诉讼制度适用于保护非物质文化遗产提供了参照。

（一）引入公益诉讼的必要性

在2000年前后，公益诉讼理论被引入我国。[2]公益诉讼在我国司法实践中发挥了重要作用，这引起了法学实务界以及学术界的高度关注，有许多学者均建议将公益诉讼制度引入非物质文化遗产保护。[3]将公益诉讼制度引入非物质文化遗产保护是较为可取的法律保护模式，同时也具有理论和现实的必要性。通过上文的分析可知，由于非物质文化遗产自身的特性，加之种类繁多，全部诉诸传统的诉讼理论必然造成制度的不适应。因此需要寻求行之有效的纠纷解决机制作为传统诉讼制度的补充，这也是完善非物质文化遗产全方位保护路径的必然需求。借鉴环境公益诉讼制度构架非物质文化遗产公益诉讼制度是从非物质文化遗产司法保护中的问题出发解决现实矛盾的便

---

[1] 2012年《民事诉讼法》第55条规定："对污染环境，侵害众多消费者合法权益等损害社会公共利益的行为，法律规定的机关和有关组织可以向人民法院提起诉讼。"

[2] 苏家成、明军："公益诉讼制度初探"，载《法律适用》2000年第10期。

[3] 刘源、薛金慧："我国非物质文化遗产法律制度保护研究"，载《广西社会科学》2008年第11期。

捷途径。[1]一方面，燕赵非物质文化遗产作为一个区域的精神财富，具有社会公益性；另一方面，公益诉讼中提起诉讼的原告可以是与案件没有直接利害关系的自然人、法人和其他组织。这直接解决了非物质文化遗产诉讼中主体资格缺失的这一问题。因此，有必要构建非物质文化遗产公益诉讼制度。世界上的每一个国家都有着自己独特的非物质文化遗产，其是每个国家和民族的精神象征，是独一无二的物质和精神财富。非物质文化遗产是财产属性和文化属性的集合体，财产属性以文化属性的存在为前提，因为非物质文化遗产的文化价值决定了其经济价值，经济价值体现了非物质文化遗产的财产属性。[2]这两种财富都应该得到法律的保护。燕赵地区的非物质文化遗产就是燕赵地区优秀传统文化的深沉积淀。上文的相应章节已经就非物质文化遗产的公法保护进行了阐述，要充分发挥《非物质文化遗产法》以及《条例》在保护非物质文化遗产上的功能。同时国家政府也要运用国家行政强制力，通过政府对非物质文化遗产的破坏行为予以行政处罚，并开展宣扬保护非物质文化遗产工作，从而全方位地实施保护非物质文化遗产的行政行为。

为了完善非物质文化遗产的保护模式，在考虑将公益诉讼引入到非物质文化遗产的保护中时，可以参照《民事诉讼法》对环境保护、消费者权益保护领域的公益诉讼制度。

1. 非物质文化遗产公共属性的必然要求

非物质文化遗产的公共属性为其引入公益诉讼提供了理论支撑。非物质文化遗产就其功能价值来看，是为了保护国家、社会的公共利益而非私人的利益。从经济学的角度来讲，属于典型的公共物品。非物质文化遗产具有公共产品的属性，在消费上不具排他性，在某一时空条件下可供不特定的多数人同时使用，一个人对非物质文化遗产的消费不会妨碍其他人。[3]非物质文化遗产所追求的民族认同感、凝聚力和文化多样性等成果也都由全体成员共享。公益诉讼相对于私益诉讼而言，是为了保护社会公共利益，将非物质文化遗产引入公益诉讼制度是对其公共属性的保障。可以说，我们可以根据一

---

[1] 陈焱光：《公民权利救济论》，中国社会科学出版社2008年版，第97页。
[2] 李墨丝：《非物质文化遗产保护国际法制研究》，法律出版社2010年版，第152页。
[3] 黄玉烨："论非物质文化遗产的私权保护"，载《中国法学》2008年第5期。

个社会对待非物质文化遗产的态度判断这个社会的成熟度。就非物质文化遗产属于全民所有这一点,对于非物质文化遗产保护若只依靠政府或者司法系统的公力救济,或者只依靠非物质文化遗产的传承人来进行私立救济保护,会受到诉讼程序繁琐、较高诉讼成本(其中包含诉讼周期时间成本)的限制,进而使得受到侵害的非物质文化遗产保护者放弃保护,导致侵害非物质文化遗产的事件频发。这无疑会对非物质文化遗产造成毁灭性的打击,也是对世界文化多样性的一种不可逆损害。公益诉讼可以克服上述弊端,高效、低成本地完成对非物质文化遗产的诉讼救济。

2. 防止公力救济制度的失灵

非物质文化遗产的公力救济保护模式包含不同的公力纠纷解决机制,然而,基于非物质文化遗产本身的复杂性和多样性,我国《民事诉讼法》规定的现有纠纷解决机制在面对特定的非物质文化遗产纠纷时常常表现出不适应的状况,导致制度失灵。因此,我国需要将公益诉讼制度引入非物质文化遗产保护,以防止非物质文化遗产领域制度失灵。[1]

传统的诉讼制度是司法救济的一种,是权利受到侵害后构筑的最后一道司法救济路线,在一般情况下,诉讼制度是纠纷解决的最后制度防线,且具有终局性和强制执行力。接受司法救济之后,不能再通过其他的救济手段推翻司法救济的结果。司法救济最为重要的法治意义在于,它可以平等地保障原、被告双方在程序中的合法权益不受侵犯,使原、被告获得平等的法律地位,对双方的合法权益都给予平等的保障。因此,司法救济是人类社会起源最早、被各国普遍采用、最能代表正义、最具有权威和公信力的公力救济制度。[2]在公民权利救济制度中,最为重要的原则即为"司法最终救济原则"。《世界人权宣言》明确规定各国宪法和法律规定的基本权利在受到侵害时,公民有权通过司法救济得到有效的补救。法律权利(特别是宪法权利)被侵害后能否得到合理的司法救济是衡量一个国家公民权利保障的充分

---

〔1〕 参见穆欣:"试论非物质文化遗产领域公益诉讼制度的构建",华中科技大学2012年硕士学位论文。

〔2〕 张邦铺:"论非物质文化遗产的特别权利保护模式——基于公、私权保护模式的比较分析",载《前沿》2010年第3期。

性、有效性和现实性的最关键标准。[1]事实上，由于力量太过分散和弱小，在面临高额诉讼成本时，个人往往会受到巨大的阻碍，而公权力有时也会"懒政"，导致权利无法通过公力以及私力得到救济。尤其是在"非物质文化遗产保护"领域内，在公力救济、私力救济都无法起到保护作用的前提下，只有通过公益诉讼的模式进行法律上的保护，才能达到全方位地保护非物质文化遗产的要求。

（二）原告资格的认定

非物质遗产具有公共属性和私益属性，所涉利益主体复杂，既包括国家、集体也包括个人。在非物质文化遗产诉讼中，对侵权受害主体和诉讼受益主体的界定较为困难，所以在非物质文化遗产公益诉讼制度中落实原告资格至关重要。《非物质文化遗产法》第7条第1款规定："国务院文化主管部门负责全国非物质文化遗产的保护、保存工作；县级以上政府文化主管部门负责本行政区域内非物质文化遗产的保护、保存工作。"第9条规定："国家鼓励和支持公民、法人和其他组织参与非物质文化遗产保护工作。"法定的非物质文化遗产保护主体为国务院文化主管部门以及县级以上政府文化主管部门，国家对公民、法人和其他组织的保护非物质文化遗产行为只是给予鼓励和支持。那么在此处就会产生歧义——公民、其他组织的"保护工作"范围是否包含提起诉讼的权利？仅从《非物质文化遗产法》的相关规定中我们无法得到准确的答案，但考虑到非物质文化遗产保护的特殊性，理应将"提起诉讼"纳入上述"保护工作"范围，这样就赋予了个人、其他组织以非物质文化遗产公益诉讼的主体地位。所以，个人、其他组织甚至企业都可以作为非物质文化遗产公益诉讼的主体。具体分析，非物质文化遗产公益诉讼涉及以下主体：

（1）国家文化主管部门。这是非物质文化遗产公益诉讼中的首选原告，我国宪法规定了国家对于名胜古迹、珍贵文物和其他重要历史文化遗产的保护职责。宪法规定了国家促进社会主义文化发展的各项责任。根据"公共委托"理论，国家受全体人民委托，行使文化管理权，承担非物质文化遗产的保护义务。文化主管部门代表国家行使文化管理权，主要通过行政手段对社会主义文化事业行使监督、检查和处罚等权力，政府部门维护的公共利益既

---

[1] 莫纪宏、张毓华："诉权是现代法治社会第一制度性权利"，载《法学杂志》2002年第4期。

可以是不特定多数人的利益，也可以是弱势群体的利益以及涉及社会的公共利益，如环境保护等。这其中必然包含了作为人类共同财富的非物质文化遗产。另外，根据《非物质文化遗产法》第7条的规定，国务院文化主管部门及各个地区的人民政府的文化主管部门可以作为提起公益诉讼的原告，在发生侵害非物质文化遗产的侵权行为时，国家文化主管部门根据法律授权有权对破坏非物质文化遗产的行为提起公益诉讼。

（2）非物质文化遗产保护组织。这类组织也可以作为非物质文化遗产公益诉讼的主体。其是指以非物质文化遗产保护为宗旨的非营利性机构，如中国非物质文化遗产基金会、河北省文化志愿者协会等。这些公益性社会组织成立的目的是非物质文化遗产保护。相比于国家检察机关和地方政府文化主管部门，其更加关注非物质文化遗产的侵权行为，且社会团体与乡间联系密切，在经济能力、收集证据、社会号召力等方面具有显著优势。社会公益组织作为公益诉讼的原告，可以听取广大人民群众的诉求，作为代表参加诉讼，克服单个诉讼主体诉讼成本高等问题，是团体公益诉讼的主体。社会团体公益诉讼之路在我国走得并不顺畅，经历了漫长的发展历程，直到2011年《民事诉讼法（修正案草案）》被推出才得以在个别领域中被确认。该修订案草案规定：对污染环境、侵害众多消费者合法权益等损害社会公共利益的行为，有关机关、社会团体可以向法院提起诉讼。这次《民事诉讼法》的修改，首次赋予了社会团体性机构提起公益诉讼的资格，其也被视为推动我国公益诉讼前进的标尺。虽然这次修订将公益诉讼的范围仅限定在环境污染和消费者权益保护领域，但是相关条文对在其他领域是否可以适用公益诉讼制度并未作否定式列举。因此，我们完全可以据此规定从理论上探讨将公益诉讼模式引入非物质文化遗产保护的可能性。当然，在这一诉讼模式中，"非物质文化遗产组织"作为主体参与诉讼也可能会像"消协组织"那样经历一个漫长的发展时期。[1]究其原因，"非物质文化遗产"保护相关制度立

---

〔1〕消协组织作为公益诉讼主体，在我国经历了长期的发展过程。根据《消费者权益保护法》第32条有关消费者协会职能的相关规定，消费者协会在诉讼方面只能是支持受损害的消费者向法院提起诉讼，而不能以自己的名义提起公益诉讼。这样的立法规定导致在司法实践中出现了大量损害消费者合法权益以及侵害公共利益的情形。因此，要增进社会团体组织在公益诉讼方面的职能就必须打破原有观念，进行新一轮的立法修改。这也在一定程度上推动了《民事诉讼法》的修改。

法缺位与观念滞后是其根源。[1]

其实，社会团体诉讼制度早就在国外兴起，并已经发展得较为成熟和完备，此制度最初起源于德国，后大陆法系的法国、意大利等国家也相继将该制度视为一种对公共利益保护的最佳诉讼方式。此外，作为英美法系国家代表的美国在公益诉讼中还确立了"公益诉讼激励制度"。[2]因此，我们在对非物质文化遗产的保护过程中，完全可以参照上述相关立法与司法实践经验引入社会团体组织实体法诉权，并在实践中试点操作，待理论、实践成熟之后再修订程序法，实现程序法诉权。社会组织和民间团体的功能也是其应被纳入公益诉讼主体范围的重要理由。它们"可以充分发挥其在非物质文化遗产传承、发展中的重要作用，在政府的主导下更好地保护非物质文化遗产"。[3]但也应注意，对非物质文化遗产的保护是一个庞大、深刻、复杂的问题，[4]所涉相关组织部门和单位较多，在司法实践中对公益诉讼的原告资格应进行合理限定。对此，可以参考借鉴我国非物质文化遗产民事诉讼维权第一案。[5]

（3）自然人。根据现行的诉讼法理论，我国无论在立法中还是在实践中都确立了自然人作为原告提起诉讼的主体资格，也正因为自然人具有确定性和诉讼过程中的可操作性，因此赋予自然人诉讼主体资格能够保障诉讼的有效进行。然而，我国《民事诉讼法》并未赋予自然人提起公益诉讼的资格。随着社会的发展，公益诉权无论是理论研究还是司法适用都已较为成熟。当

---

[1] 王皓、张鹏："论 NGO 在公益诉讼中的主体地位"，载《中共郑州市委党校学报》2008 年第 5 期。

[2] 王丽萍："突破环境公益诉讼启动的瓶颈：适格原告扩张与激励机制构建"，载《法学论坛》2017 年第 3 期。

[3] 孙昊亮："我国非物质文化遗产保护的困境与出路"，载《法学杂志》2009 年第 8 期。

[4] 孙昊亮："我国非物质文化遗产保护的困境与出路"，载《法学杂志》2009 年第 8 期。

[5] 参见贵州省安顺市文化和体育局与张艺谋、张伟平等著作权权属、侵权纠纷二审民事判决书，北京市第一中级人民法院［2011］一中民终字第 13010 号。法院对该案原告资格的认定理由："依据《非物质文化遗产法》第七条的规定，安顺市文化和体育局作为县级以上地方人民政府的文化主管部门负责本行政区域内非物质文化遗产的保护、保存工作。在'安顺地戏'已被认定为国家级非物质文化遗产的情况下，作为'安顺地戏'的管理及保护机关，安顺市文化和体育局有资格代表安顺地区的人民就他人侵害'安顺地戏'的行为主张权利并提起诉讼。据此，本院认为，安顺市文化和体育局与本案具有直接利害关系，其有权提起本案诉讼。"即便带有原告资格扩张倾向，但"直接利害关系人"传统理念的局限性也是显而易见的。

社会公益遭到损害时,个人利益也有可能因为共同利益遭受损害而无法实现,在此情况下,个人完全有权提起公益诉讼,在公共利益实现时个人利益也可以得到救济。在对非物质文化遗产的保护中,将公民个人纳入公益诉讼主体是由非物质文化遗产的属性决定的。非物质文化遗产是人类社会活动的产物,也是人类群体智慧的结晶,寄托着人类社会的价值诉求和精神追求,是人类的物质和精神财富,具有人权属性。从这个角度讲,我们每一个自然人都天生地被赋予了非物质文化遗产权。当然,作为权利的主体,当自己的权利遭受侵害时肯定有权寻求司法救济,以原告的身份提起诉讼。另外,非物质文化遗产除了具有人权属性以外,还具有公益属性,公民个人利益的集合形成了公共利益,公益性权利本身也是一个涉及每一个自然人利益的权利类型。因此,自然人除了通过一般诉讼对自己的权利进行救济以外,同样应当承担公益性权利救济的义务。〔1〕况且,《非物质文化遗产法》也鼓励公民个人参与到对非物质文化遗产的保护中来,所以可以认为自然人有权以原告的身份提起公益诉讼。

当然,此处的自然人肯定包括非物质文化遗产的传承人。如果赋予传承人作为提起非物质文化遗产公益诉讼的原告资格,对于《非物质文化遗产法》中代表性传承人义务的履行也是一个坚实有力的法律支撑。在现实生活中,非物质文化遗产的传承大多都是依靠具体的传承人的传承行为完成的。传承人在发现非物质文化遗产遭受侵害时有权以原告身份径行提起诉讼更有利于对非物质文化遗产的保护。同时,赋予传承人非物质文化遗产公益诉讼主体资格,还可以解决在实践中遭遇的疑难问题。如全国非物质文化遗产侵权第一案——"'黄梅挑花'代表性传承人著作权侵权案"〔2〕。在本案中与

---

〔1〕 刘培峰:"中国非政府组织立法的评论与思考",载《中国社会科学》2007年第2期。

〔2〕 "黄梅挑花"是第一批国家级非物质文化遗产,为纯粹的手工活,由当地农家妇女一代代传承。有关部门采取一系列措施,对其主要流传地、代表性传承人和经典作品等进行了重点保护。2007年11月22日,湖北省版权局接到国家版权局反盗版举报中心"关于湖北省黄梅挑花工艺有限公司侵权情况汇总"的举报协查材料。24日,黄冈市版权局调查取证后查明,该公司生产的"黄梅挑花"有300多个品种,其中"必胜宝宝""平安宝宝''等14种图案,严重侵犯了"黄梅挑花"民间传承。黄梅挑花工艺有限公司因侵犯"黄梅挑花"民间传承人的著作权被查处,这是全国首起非物质文化遗产盗版侵权案件。湖北省版权局公布了行政处罚结果,责令该公司立即停止侵权,没收复制品,罚款6万元。

赋予代表性传承人非物质文化遗产公益权利相比直接赋予其私权属性的知识产权更具有实际操作性，也更能体现代表性传承人在保护非物质文化遗产工作中的作用。

（4）检察机关。在我国，检察机关作为公益诉讼的提起主体在司法实践中已得到广泛的认可。"原本带有现代市民社会理论特征的公益诉讼无论是在规范层面还是在实践层面，都体现出了鲜明的'国家化'趋势。"[1]检察机关作为提起公诉的专门机关，拥有法律监督职责，这是基于维护社会公平正义的需要，可以提起公益诉讼是应有之意。而具体到检察机关是否可以代表国家提起非物质文化遗产公益诉讼，则需结合非物质文化遗产的特殊性加以考察。首先，《非物质文化遗产法》除明确了政府文化主管部门的保护责任外，没有赋予检察机关任何权利、义务和责任；其次，非物质文化遗产诉讼需要较强的历史知识和文化知识，可能还会涉及相关的科学技术知识，如果考虑前代人、后代人的因素还将涉及代际公平等伦理因素，而检察机关由于工作性质所限，缺乏这些方面的专业知识，与之相比，文化主管部门在专业性上有着天然的优势。因此本书认为，由检察机关单独代替国家来提起非物质文化遗产公益诉讼，在理论上存在不足。这并没有完全否定检察机关参与非物质文化遗产公益诉讼。在司法实践中，检察机关可以在司法程序上协助其他主体参与公益诉讼。当国家文化主管部门或其他组织等作为公益诉讼的原告提起非物质文化遗产保护诉讼时，虽然检察机关不能以原告身份提起诉讼，但完全可以出庭支持公益诉讼，并在诉讼程序、法律文书、证据调查等方面为公益诉讼原告提供全方位的法律帮助，以支持非物质文化遗产公益诉讼的正常进行。自然人、其他组织、国家文化主管部门等主体在提起公益诉讼时，有权向检察机关寻求支持，检察机关无正当理由不得拒绝，当自然人或其他组织由于法律知识的欠缺而未向检察机关提起支持公益诉讼的申请时，应当赋予法院予以释明的职责，询问自然人或者其他组织是否需要向检察机关寻求支持。

（三）采取便于诉讼的人本原则

在提起非物质文化遗产公益诉讼的上述三类主体中，国家机关和社会组

---

[1] 陈杭平、周晗隽："公益诉讼'国家化'的反思"，载《北方法学》2019年第6期。

织相比于公民个人具有资金充足、法律专业化等多种优势,所以在公民个人提起公益诉讼时,法院应当对处于弱势地位的个人予以特殊对待。首先,在诉讼成本上,如果由国家机关和社会团体作为原告提起诉讼,诉讼成本可以由原告承担,但如果由非物质文化遗产传承人提起诉讼,应当结合实际情况,扩大法律援助的适用范围或者减免相应的诉讼费。其次,在举证责任的分配方面,基于非物质文化遗产的特殊性,其举证可能比一般案件的举证更加困难,国家机关拥有国家权力,此时适用民事诉讼法"谁主张,谁举证"的通用原则并无太大影响,而对于公民个人提起的公益诉讼,自然人并没有国家机关所拥有的调查取证权等相关特权,所以应当考虑适用"举证责任倒置"的规则,以破解自然人"举证难"的问题。这有利于实现诉讼公平,更有助于维护非物质文化遗产的公共利益。[1]再次,在诉讼管辖上,非物质文化遗产公益诉讼可能比环境污染、侵害消费者权益的公益诉讼更加复杂,且需要法官对非物质文化遗产有一定的认知。考虑到基层法院具备此专业知识的法官可能不多,应根据实际情况由中级以上人民法院进行管辖。[2]

(四)司法赔偿利益的分配

按照传统司法理论,谁提起了诉讼,谁就有可能获得相应的司法赔偿利益。但是,非物质文化遗产的公益诉讼不同于传统的诉讼模式,它是为了社会公共利益而提起的诉讼,它所保护的不仅仅是个人的利益,更是社会整体和公共的利益。因此,解决此类问题中的利益分配应立足于非物质文化遗产保护的特殊性。在非物质文化遗产采用公益诉讼的模式下,应当建立配套的非物质文化遗产保护基金制度,非物质文化遗产公益诉讼获得的诉讼赔偿非属个人所有,除侵犯公民个人知识产权所获得的赔偿外,其他的赔偿金均应该纳入非物质文化遗产保护基金。目前,中华社会文化发展基金会已经建立了相关的基金制度,设立了"中国非物质文化遗产公益基金",专门用以对我国非物质文化遗产(特别是重点濒危项目)进行抢救和保护。非物质文化遗产公益诉讼与非物质文化遗产公益基金在制度上的对接,将为保证非物质

---

[1] 张邦铺:"我国非物质文化遗产公益诉讼保护制度的构建",载《社会科学家》2013年第10期。

[2] 张邦铺:"我国非物质文化遗产公益诉讼保护制度的构建",载《社会科学家》2013年第10期。

文化遗产公益诉讼健康发展提供资金上的支持。但是，对于非物质文化遗产传承人提起的侵权之诉，尽管在诉讼过程中有可能获得了检察机关的支持，但是存在具体的技艺专利人。对于由这类具有明确专利权人的诉讼产生的知识产权司法赔偿，我们应予以区别对待，不宜将司法赔偿利益纳入非物质文化遗产保护基金。优先保护非物质文化遗产传承人获得司法赔偿权，可以提高非物质文化遗产传承人保护非物质文化遗产的积极性，进而从整体上推进对非物质文化遗产的保护。

五、建立立体化的法律监督体系

非物质文化遗产的保护工作艰巨而复杂，法律体系的构建仅是保护工作的一部分，只有保证法律的全面、有效实施才能将非物质文化遗产的法律保护落到实处。所以，只有建立全方位、多渠道、立体化的监督体系，才能确保《非物质文化遗产法》和《条例》等法律法规的相关配套制度更好地得到实施。在对这一体系的构建过程中，行政诉讼、行政复议的司法监督体系，人民代表大会及其常委会的监督以及公众参与法律监督手段均必不可少。法律保护体系和立法监督体系需要共同发挥作用，在全国范围内掀起对非物质文化遗产进行法律保护的浪潮，从而带动燕赵非物质文化遗产发掘、传承和保护的良好风向。

（一）行政复议和行政诉讼法律监督

《非物质文化遗产法》和《条例》的颁布在立法和司法实践中形成了对燕赵非物质文化遗产以"公法"为主导的立法保护模式。既然在燕赵"非物质文化遗产"的保护工作当中政府占据主导地位，那么为了全方位保障《非物质文化遗产法》和《条例》的实施，就应加强对政府的监督。建立健全监督机制，完善政府部门对非物质文化遗产工作的负责机制，这就要求政府建立完善的问责、引咎辞职等监督机制，确保将对非物质文化遗产保护的监督工作落到实处，以确保政府相关机构能够充分发挥"公权"在非物质文化遗产保护中的主导作用。

法律保护制度的构建离不开法律救济制度，在非物质文化遗产的法律救济层面及以公法保护模式为主导的背景下，行政复议和行政诉讼必不可少，它们能更有效地规范和保障政府权力的行使，在对政府权力进行限制的同

燕赵非物质文化遗产法律保护机制研究

时,能够更大程度地保护公民个人利益。当然,这也是对集体文化利益的一种特殊保护。在立法中应加强对政府履行保护非物质文化遗产职责的监督,确立行政复议和行政诉讼制度。孟德斯鸠有句名言:"一切使用权力的人都容易滥用权力,这是亘古不易的法谚。有权力的人们使用权力,直到它们遇到有界限的地方才会停止。所以要防止滥用权力,就必须以权力制约权力。"[1]应当明确公民、法人或其他组织在对行政机关和法律法规授权的组织所作出的行政行为不服时可以依法提起行政复议以及行政诉讼。同时,非物质文化遗产保护中的行政诉讼,既要对行政机关作出的行政行为进行司法监督和救济(如政府采取保护的措施不合法、不合理造成非物质文化遗产的破坏),也要针对非物质文化遗产保护部门的不作为进行司法监督(如不及时制定燕赵地区非物质文化遗产保护措施,对于职责范围内的破坏行为不予制止,从而造成燕赵非物质文化遗产遭受不可估量的损失)。目前,燕赵地区的非物质文化遗产保护还比较薄弱,主要依靠政府部门实行保护,所以政府在当前对非物质文化遗产的保护工作中承担着大量的作为义务,如果不积极作为,将会造成非物质文化遗产的严重流失和被破坏。我们既要对具体行政行为进行司法救济,更要加强对抽象行政行为的司法救济,而目前面临的难题就是如何针对抽象行政行为进行诉讼。[2]这需要在以后的保护实践中进一步予以健全和完善。

(二)人民代表大会及其常委会的法律监督

我国《宪法》赋予了各级人民代表大会及其常委会法律监督权。[3]首先,人民代表大会及其常委会的监督主要展现在对各级非物质文化遗产保护工作部门提交的工作报告的审议,由人民代表大会及其常委会通过对非物质文化遗产保护工作报告进行审查的方式推进"非物质文化遗产保护工作"的进行。我国各级政府都要对其人民代表大会及其常委会负责,通过我国权力机构对执行机构的监督,可以很好地起到监督和督促的作用。对于人民代表大会及其常委会对政府的监督,有专门的《各级人民代表大会常务委员会监

---

[1] [法]孟德斯鸠:《论法的精神》,张雁深译,商务印书馆1963年版,第154页。
[2] 鉴于本书的写作主体和写作篇幅所限,故不对此问题做进一步探讨。
[3] 莫纪宏、张毓华:"诉权是现代法治社会第一制度性权利",载《法学杂志》2002年第4期。

督法》作为监督程序,保证人民代表大会及其常委会对政府工作进行正常监督。而对于"非物质文化遗产保护工作"的特殊性,可以针对"非物质文化遗产保护工作"专门制定相关的监督程序,还可以建立专门的对接部门,直接监督"非物质文化遗产保护部门"工作的进行。人民代表大会及其常委会对"非物质文化遗产保护工作"的监督主要集中在对政府机构工作的监督,对于法院执行《非物质文化遗产法》的监督,鉴于司法机关行使职权的独立性,人民代表大会及其常委会对法院执法工作的监督被限制于对法院的工作报告的审议。其次,是通过审查"非物质文化遗产保护部门"的决定、具体政策方式,行使改变、撤销"非物质文化遗产保护部门"不合法以及不合理的决定和命令的权力。完善人民代表大会及其常委会的质询、罢免和特定问题调查制度。

要充分发挥人大代表在群众中的作用。人大代表是由人民直接或者间接选举产生的,来自群众。要充分发挥人大代表对"非物质文化遗产保护工作"的监督作用,人大代表来自群众,更易于获取民间的声音,且非物质文化遗产多来自民间传统文化,非物质文化遗产本身所具有的亲民性决定了若要获取"非物质文化遗产保护工作"的第一手资料,工作干部就必须深入基层,亲自进行调研。只有这样才能在"非物质文化遗产保护工作"上更好地行使监督权。

(三) 公众的法律监督

应确立公众参与非物质文化遗产保护的基本原则。2002 年《民族民间传统文化保护法(建议稿)》第 3 条明确规定了国家对民族民间文化保护实行"保护为主、抢救第一、合理利用、适度开发、政府主导、社会参与"的方针。这里的社会参与就是公众的参与,二者虽语义不同,但表达的内涵却是一致的。2003 年,全国人大教科文卫委员会向全国人大常委会提交的《民族民间传统文化保护法(草案)》将第 3 条改为,国家对民族民间传统文化保护实行"保护为主、抢救第一、合理利用、继承发展"的方针,删除了"公众参与"。2005 年国务院办公厅印发的《关于加强我国非物质文化遗产保护工作的意见》又明确了以"政府主导、社会参与"为内容的非物质文化遗产保护工作的原则。此外,云南省、贵州省和福建省等一些省份出台的保护民族民间传统文化的专门性地方性法规和安徽省《淮南市保护和发展花鼓灯艺术条例》也都明确了:"政府主导、社会参与"的原则。由此可以看出,我国政府从中央到地方都高度重视非物质文化遗产保护中的"公众参与",上述相关立法也充分说明公众参与法律监督机制存在法理基础,这也为公众参与的相关活动提供了法律上的保障。

在"公众参与"原则中,应建立公众参与的知情权制度。知情权,又称了解权或者知悉权,就广义而言,是指寻求、接受和传递信息的自由,是从官方或非官方获知有关情况的权利。《公约》第14条(b)款明确规定:"各缔约国应竭力采取各种必要的手段,以便不断向公众宣传对这种遗产造成的威胁以及根据本公约所展开的活动。"公众对于非物质文化遗产的知情权从内容上讲包括知悉相关法律、行政和财政措施信息的权利和获取该信息的权利。此外,还应包括民众向公权力机构获取相关信息不受公权力妨碍与干涉的权利,以及向国家机关请求公开有关信息并要求作出回应的权利。这就要求"非物质文化遗产保护部门"信息公开化,只有将非物质文化遗产保护的信息公开,公众才能获悉其周围所存在的非物质文化遗产以及保护现状。为了确保公众参与的知情权,政府等相关部门应该做到以下两点:第一,政务公开。所谓政务公开是指文化行政部门的行政行为要公开,如关于传统文化名录的确定、传承人与传承单位的确认和命名的认定以及程序性规定等。第二,通过立法的形式保障公众的知情权。信息公开、政务公开的范围往往由行政部门决定,政府主动公开的信息有时并不具备及时和全面性,这就要求我国必须通过法定的程序来实现公众的知情权。

第二节 完善《条例》

《条例》对燕赵非物质文化遗产的规定过于政策化和原则性,可操作性不强,无法合理解决燕赵非物质文化遗产保护过程中所出现的问题,并且实用性和针对性较弱,直接影响了《条例》应有功能与作用的发挥,这非常不利于对燕赵非物质文化遗产的保护与传承。上文就此问题进行了专题研究,现结合上文研究结论就如何完善《条例》提出具体建议。

一、细化保护的客体范围

（一）加强对燕赵非物质文化客观载体的保护

对于燕赵非物质文化遗产的物质载体不但要给予保护，而且还应将其作为一项单独类别规定在《条例》非物质文化遗产范围的相关条文中。因为与传统法律关系的客体相比，非物质文化遗产是一个法律关系整体，所以法律关系的客体应涉及物、人、权益、具体行为以及精神产品。人类学家克莱德·克鲁克洪主张："对于文化形态的任一要素，只有在该要素与其他要素——事实上也是与其他文化形态——的整体形态构架中，才能充分看到他的含义。"[1]因燕赵非物质文化遗产的重心在于自身的精神因素，但其又与承载的物质载体息息相关、紧密相连，因此不能把它们人为地分割开。物质载体是燕赵非物质文化遗产的组成部分，此组成部分依赖整体而存在，有时也会决定整体的命运。因此，我国应加强对燕赵非物质文化客观载体的保护，为燕赵非物质文化遗产的传承奠定基础。

（二）明确燕赵非物质文化遗产的种类

根据《公约》，非物质文化遗产是指被各群体、团体、有时为个人视为其文化遗产的，能被各群体、团体和个人之间相互尊重的需要和顺应可持续发展的各种实践、表演、表现形式、知识和技能及其有关的工具、实物、工艺品和文化场所。[2]《条例》第3条在对非物质文化遗产的范围进行界定时，仅进行了原则性的规定。除了对"美术、书法"等非物质性文化遗产进行列举外，"实物和场所"仅仅在条文最后给予附带提及，应参照《公约》对燕赵非物质文化遗产有关的"工具、实物、工艺品和文化场所"与其他类别的遗产进行并列列举，从而进一步明确界定燕赵非物质文化遗产种类。

二、完善燕赵非物质文化遗产申报制度

（一）细化《条例》中的申报程序

目前，河北省非物质文化遗产采用的是省、市、县三级申报制度。县级

---

[1] [美]克莱德·克鲁克洪等：《文化与个人》，高佳、何红、何维凌译，浙江人民出版社1986年版，第186页。

[2] 雷建连："论非物质文化遗产的行政法保护"，中央民族大学2013年硕士学位论文，第3页。

受理、市级筛查、省级申报。对此,《条例》应以专门的条款进行规定,明确申报过程中各个环节的申报时间点;指明申报的起始期限;细化申报过程和组织评定方式,建立更合理的申报机制。

(二) 应建立纠纷解决机制

因为在申报燕赵非物质文化遗产代表作过程中,可能出现不同申报项目或者申报人之间产生纠纷等问题,因此需要在《条例》中明确规定解决方法,以防止在遭遇此类问题时无法可依,导致燕赵非物质文化遗产法律保护工作出现混乱。

(三) 明确相关政府职能部分的责任

《条例》应明确规定相关政府职能部门责任,强化对政府职能部门的权力监督。如果在燕赵非物质文化遗产代表作的申报过程中发生相关部门怠于履行申报职责,甚至滥用职权、独断专行的现象,将严重影响燕赵非物质文化遗产代表作申报工作的公平、公正。针对相关主管部门既负责非物质文化遗产的申报也负责保护,既是审核者又是被审核者的现象,对其所应承担的责任应当在《条例》中给予明确的规定。应分别着重规定主管部门和相关政府职能部门的领导决策者、实际执行者等不同层级的责任,力求在法律责任分配上做到合理与平衡,避免出现责任追究的空白及断层。[1]

三、进一步完善传承人机制

(一) 激发传承人积极性

在对非物质文化遗产的保护过程中,激发传承人的积极性至关重要。既要发挥各级政府在燕赵非物质文化遗产保护传承方面的主导作用(特别是工作机制的制定),又要充分发挥传承人的影响力,在实施和完善等方面广泛地吸纳人民群众。将公众的创意和创新纳入对非物质文化遗产的传承和保护机制的设定。另外,为了提高燕赵非物质文化遗产保护传承工作人员的整体素质,在队伍建设方面也要制定相应的规章制度;在人才的引进、培养和管理等方面要建立完善的制度体系。特别是对文化技术水平要求比较高的燕赵非物质文化遗产的项目,更应需要引进专业性的人才。

---

[1] 高轩:《我国非物质文化遗产行政法保护研究》,法律出版社2012年版,第336~337页。

(二) 细化传承人的教育与培养机制

着力抓好"传"与"承"两个环节，在尊重传承人意愿的基础上，鼓励非物质文化遗产传承人在高校进修和学习，并且组织燕赵非物质文化遗产特色项目培训。在此基础上，进一步拓展创新思路，为传承人提供学习机会与传承创新的平台和场所，为燕赵非物质文化遗产传承人提供足够的支持，特别是在商业化生产等方面进一步拓宽思路。首先，鼓励并支持传承人与燕赵非物质文化遗产的传承、传播基地合作办学，使他们有更多的平台和机会把自己的优秀传统文化展示、展演出来，用更专业的知识理论与实践相结合，进行创新性传播与传承。其次，在中小学课堂上开展燕赵非物质文化遗产的教育教学活动，吸引中小学生积极关注非物质文化遗产。立足于当地的特色，使学生在日常的学习生活中能够接触到燕赵非物质文化遗产的历史文化。最后，从当地实际出发，创建具有当地特色的非物质文化遗产的技艺培训或相关的特色课程。通过一系列方式把燕赵非物质文化遗产引入课堂，增进中小学生对燕赵非物质文化遗产的了解和学习。

四、加强宣传和推广

(一) 扩宽宣传渠道

根据《条例》第22条[1]，应多渠道、多方向、多角度地对燕赵非物质文化遗产项目进行宣传。在信息技术快速发展的整体背景之下，燕赵非物质文化遗产的项目宣传工作也要借助信息化的渠道开展，充分利用科技发展所带来的优势。特别是要注意利用线上线下相结合的方式进行广泛的宣传。同时，由于民众在接受信息方面的习惯有所不同，所以要综合考虑上述因素设计宣传内容，选择适当的宣传方式和平台。尤其是要重视公众的年龄、生活习惯、居住的区域以及职业特点等因素对他们获取信息的影响。

(二) 宣传方式突出燕赵区域特色

法律不仅具有稳定性还具有预见性，在完善《条例》的过程中，应突出本行政区域内的特色，为燕赵非物质文化遗产未来产业化发展提供空间与机

---

[1]《条例》第22规定："县级以上人民政府及其有关部门应当加强非物质文化遗产宣传工作，提高全社会保护非物质文化遗产的意识。广播、电视、报刊和网络等媒体应当通过专题展示、专栏介绍、公益广告等形式，向公众宣传和普及非物质文化遗产知识。"

遇。燕赵非物质文化遗产产业化的道路要立足于本地特色。一方面，走产业化发展道路是破解非物质文化遗产传承和保护工作难题的重要创新点。虽然部分非物质文化遗产在当前的社会背景下具有一定的劣势，简单地进行市场化的操作会遇到很多难以克服的困难，但从文化传承和保护以及怀旧等角度入手，更能走出一条有特色的产业化发展道路。如清苑古城香业集团的传统制香技艺、蠡县德茂花炮厂的二踢脚制作技艺、易县青宫刺绣技艺加工厂等。在保护燕赵非物质文化遗产项目自身文化价值的同时对产品设计理念、生产等方面进行创造性的转变，可以使该项目既保留原有的时代印记，又顺应现代生活的需求与审美，既带动当地经济发展，增加收入，又使技艺本身得到很好的传承。此外，蔚县剪纸非物质文化遗产在长期的实践过程中也逐渐摸索出了一条特色化和产业化的道路，为蔚县剪纸的可持续性发展奠定了基础，也为全省乃至全国的非物质文化遗产的产业化发展提供了新的思路。[1]

另一方面，非物质文化遗产不同于物质文化遗产，在法律保护上具有很大的不同，非物质文化遗产是一个民族古老的生命记忆和活态的文化基因，[2]很多文化旅游的产品都需要燕赵非物质文化遗产作为其灵魂。推动传统手工艺、传统美食项目进入景区进行展示、展卖活动，不但可以突出展示地方文化的特色，还可以带动地方经济的发展；传统音乐、传统舞蹈、传统游艺、体育、杂技类项目进入景区进行展演，不但可以让游客在视觉感观上受到传统文化的洗礼，还可以得到精神上的满足。应该充分将项目自身价值所体现的社会价值融入社会市场经济发展。这些燕赵非物质文化遗产项目在创造经济价值的同时也可以满足人们的精神需求，在发挥文化价值的同时也可以宣扬中华优秀传统文化。

（三）加强资金保障

加强《条例》中保障救济制度的建设，从资金的来源、适用与监督等多

---

〔1〕 蔚县抓住了自身独有的文化资源，从而进行了全媒体的品牌营销，除了借助传统媒体与新媒体的传播之外，还通过举办剪纸艺术节、研究会议或论坛（"剪纸艺术保护与发展国际论坛"和"蔚县剪纸文化产业发展专题讲座"等）以及文化精英（如冯骥才等）与民间艺人的公共发声等方式，打造、树立蔚县剪纸的品牌，并以此拓展线上线下的销售渠道。另外，2014年首部描写蔚县剪纸的电影《窗花》的首映，通过故事讲述收获了品牌传播的效果。

〔2〕 李荣启：《非物质文化遗产保护研究文集》，文化艺术出版社2016年版，第272页。

个方面进行规范。燕赵非物质文化遗产的传承保护工作是长期性的系统工程,所以在资金方面要以长期的救济制度作为支撑。[1]另外,资金的使用也要形成制度化,对资金实行规范管理,专门负责燕赵非物质文化遗产保护传承的相关部门应制定资金的具体预算,这有利于上级主管部门进行资金的审核和批复。在制度方面,进一步加强资金监管,避免贪污腐败现象的发生。对非物质文化遗产的保护是全人类的工作,所以除了注入国家资金外,还应同时吸引民间资本加入,从而确保燕赵非物质文化遗产项目因资金注入而焕发新的活力。积极组织相关宣传以及传承创新活动,推动燕赵非物质文化遗产向商业化的方向转型,从而提高燕赵非物质文化遗产的现代适应性。

目前,《条例》的政策性较强,政府的指向性干预较为明显,而民间的自然传承显然已被弱化。不可否认,在燕赵非物质文化遗产的传承过程中,政府的作用是无可取代的,政府的决策对燕赵非物质文化遗产的传承和保护具有深刻的意义。但是,如果政策性和指向性过强,反而会造成燕赵非物质文化遗产丧失自然流传的功能,而附加了更多的政治性势必会造成原本所蕴含的历史文化意义流失。燕赵非物质文化遗产传承与保护的整个过程需要政府采取适当的措施进行合理干预,所以应明确政府的相关原则与限度,在政府合理干预与民间自然传承保护中寻求平衡点。这要求政府必须明确把握尺度,不能进行过多的政策性干预,而应当学会"放手",增加民间自然传承保护的比重,从燕赵非物质文化遗产保护的"运行者"逐渐转变为一个"监督者"。各市县以《条例》为依据,在制定本地燕赵非物质文化遗产的相关规范文件时,同时应重视对传承人的利益保护,着眼于传承人、传承团体的经费等方面,加大支持力度和投资力度,为燕赵非物质文化遗产营造更好的传承和发展环境。

第三节 建立法律实施跟踪评价机制

2004年国务院发布《全面推进依法行政实施纲要》,明确规定规章、规

---

[1] 张杰、陈剑光:"非物质文化遗产法律保护体系的构建",载《法律适用》2009年第11期。

燕赵非物质文化遗产法律保护机制研究

范性文件施行后，制定机关、实施机关应当定期对其实施情况进行评估。实施机关应当将评估意见报告制定机关，制定机关要定期对规章、规范性文件进行清理。[1]此条规定确定了法律评估制度。自 2011 年《非物质文化遗产法》实施以来，全国各省市相继制定了本地的非物质文化遗产保护相关法律。2014 年河北省出台《条例》，标志着河北省对非物质文化遗产的保护迈出了重要一步，体现了对非物质文化遗产保护的重视。这也是非物质文化遗产法律保护取得的新突破。但是，正如上文所论述的，目前《条例》的相关内容还不太健全，相关保护措施也有待加强，尤其需要强化非物质文化遗产相关法律的跟踪评价机制。在保护非物质文化遗产的法律措施中，评估工作应该得到重视。它不仅可以及时发现立法所存在的问题，纠正立法的错误以提升立法质量和社会对法律的信任感，而且可以为立法机关提供自查的机会，通过分析所发现的问题对立法进行再认识，提高立法实践能力。

2015 年 11 月 30 日至 12 月 4 日，在纳米比亚温德和克市乡村俱乐部举行的联合国教科文组织保护非物质文化遗产政府间委员会（IGC）第十届常会发布了《保护非物质文化遗产的伦理原则》。其中明确提到："社区、群体、地方、国家和跨国组织和个人应对可能影响非物质文化遗产存续力或相关社区的任何行动所造成的直接或间接、短期或长期、潜在和确定影响进行仔细评估。"[2]实施《公约》的业务指南也提到，该计划、项目和活动的经验与其评估效果密切相关，更是在后文中多次提到了对非物质文化遗产各方各面的评估。我国以上述国际组织的规定为参照，于 2016 以绩效评估为工作重点，形成了《〈中华人民共和国非物质文化遗产法〉贯彻落实情况评估报告》，同时开展了对 2016 年非物质文化遗产传承人群"研培计划"的评估

---

[1] 参见《全面推进依法行政实施纲要》。
[2] "保护非物质文化遗产的伦理原则"（Ethical Principles for Safeguarding Intangible Cultural Heritage）采纳了 12 项伦理原则，旨在防止对非物质文化遗产的不尊重和滥用，涉及道德层面、立法层面或是商业利用层面。该原则确认了相关社区、群体和个人在保护非物质文化遗产中的地位，重申了"尊重其意愿并使之事先知情和认可"原则的重要性，旨在尊重利益相关方，确保各方全面、公正地参与一切可能影响非物质文化遗产保护的过程、计划和活动的权利，同时承认社区在非物质文化遗产的保护和管理中的中心作用。本部分所引用的是此原则的第 10 项内容。

工作,[1]并取得了良好的效果,全面提高了我国非物质文化遗产保护工作的实效性,用实践证明了跟踪评价机制在非物质文化遗产保护中的重要性。在对燕赵非物质文化遗产的保护工作中,法律实施跟踪评价机制必不可缺,本部分将从燕赵非物质文化遗产法律实施评价主体、绩效评价的基本原则、绩效评价的指标建立等方面阐述燕赵非物质文化遗产法律实施评价机制的构建。

一、明确燕赵非物质文化遗产中的评估机构主体

对燕赵地区的非物质文化遗产的保护工作的评估应该由具体的评估机构主体来完成,确定评估主体是评估开展的首要工作,评估工作的实施、评估对象的确定、评估的标准以及评估结果报告的作出都是应由评估主体来完成的,它对于法律实施以后评估的效果具有重要作用。所以,我们有必要对燕赵地区的非物质文化遗产的法律实施后评估主体的组成进行研究,以求对非物质文化遗产法律实施后的评估结果更加准确、公正、客观。目前,国内外立法后评估主体组成的结构大致有以下三种模式:

(一)由非物质文化遗产的国家保护单位进行立法后评估

内部评估主体是指由法律的制定者或者实施者来进行立法后的评估工作。在我国目前立法评测实践中,内部评估主体模式占据主导地位,河北省也是如此。河北省人民代表大会及其常委会是非物质文化遗产法律的制定机关,一般是由河北人民代表大会常委会制定法律以后,由非物质文化遗产的保护单位或者由法工委、法制办来进行立法后的评估。由此可见,评估主体多为法律制定主体的下属单位或内部机构,由法律制定者来评估自己制定的法律,这种内部评估模式最大的缺陷就是缺乏公正性,无法真正令人信服。除此之外,保护单位、法工委作为评估主体多为文法工作者,内部组成人员较单一。复杂多元的非物质文化遗产评估工作的专业性较高,需要其他领域专家学者的加入。但是,其优势也是显而易见的:首先,这些内部评估主体作为国家机构,其开展工作更加容易得到其他机构的支持,相对于外部主体

---

[1] 罗微、高舒:"2016年中国非物质文化遗产保护发展研究报告",载《艺术评论》2017年第4期。

不容易获得的内部信息和第一手资料，往往掌握在内部评估主体手中，这样内部评估主体可以确保数据来源的真实性、准确性。其次，内部评估主体大多参与法律法规的制定，对于立法信息有着清晰的了解，其评估结果更具有针对性，有利于提升评估效率。

（二）引入独立第三方评估主体

外部评估主体是指由中立第三方组织，接受法律法规的制定主体或者实施主体的委托，通过科学、客观的指标选择与程序设置，对特定的法律制度在实施中所产生的各方面效果做出全方面反映的机制。委托代理理论和专家系统理论是其得以产生的理论基础。在实践中，外部评估主体多为科研机构、高等院校和专业评估组织等非营利性组织。这种评估模式的优点在于：首先，对非物质文化遗产的立法后的评估，单一学科无法与多元的价值观念相匹配，而外部评估主体可能涵盖了法学、文学、工学、社会学、经济学等各个领域的专家学者，他们会将各种前沿、新兴的学科方法（例如大数据统计、模糊数学等）引入到评价机制，提升评价质量，在特定领域对社会公众来说更具有说服力及权威性。[1]其次，这类评估机构具有相对的独立性，第三方评估与法律制定者之间并不具有隶属关系，立场中立，不易受到立法、执法机关态度的影响和社会舆论的制约。并且因为其具有非官方色彩，人民群众更乐意反映问题，这会使评估更加真实，能够最大限度地保障评估结果的公正性。其缺陷在于：首先，在实践中，以上所说的相对独立性往往停留在名义上，第三方评估组织在资金来源和行政层级上仍要依赖于国家机关。其次，外部评估主体在评估过程中信息收集是重要环节，但是这些关键信息往往被掌握在国家机关手中，其是否能获取取决于国家机关是否提供。最后，第三方对于立法者的立法目的、背景缺乏清醒的认识，仍然会存在视觉盲区。

（三）多元化评估主体

由于内部评估缺乏公正性，而外部评估仍然需要内部视角，因此我们可以考虑将内部评估和外部评估结合起来，从多个视角开展评估工作，并积极引导社会其他力量参与到评估模式之中，这样得出的结论更加全面。从实践

---

[1] 江国华、刘新鹏："法律制度实施效果第三方评估机制"，载《江汉论坛》2019年第8期。

情况来看，政府文物保护单位更熟悉非物质文化遗产领域内的传统文化，是非物质文化遗产保护的组织者和实践者，由它作为非物质文化遗产的内部评估主体，以政府为主导的保障体系可为非物质文化遗产的评估工作提供政策法规、机构平台、资金支持等方面的保障。从政府管理的宏观角度开展评估，可以充分发挥非物质文化遗产保护中的国家责任，所获得的评价结果可为国家政策提供决策依据。同时，这也是对自己的工作所进行的评估，是一种自我监督的行为。学术界则是非物质文化遗产评估的专业力量，在保护工作中持续进行科学研究，并坚持以学术研究作为评估与监督的力量，是建立健全非物质文化遗产评估体系的关键方向。学术界有关非物质文化遗产研究的相关理论和方法对评估工作具有专业指导作用；学者参与保护工作的实践，提高了评估的学术含量，保证了评估的规范科学；跨学科、国际学术交流促进了学术对话，有利于提升非物质文化遗产的评估水平。除了以上所提政府、学术界和文化持有者这三方面的力量，广泛的社会参与是保证非物质文化遗产评估工作科学、规范、顺畅进行的必要条件。其中，教育界和新闻媒体的重要性不容忽视。教育界一方面是向社会输送非物质文化遗产相关专门人才的主要渠道；另一方面还有开展乡土教育、培养民众自觉参与意识的功能。此外，在确保非物质文化遗产保护引起全社会关注方面，新闻媒体的作用不容忽略。就非物质文化遗产保护的评估体系建设而言，新闻媒体具有充分的舆论监督作用。[1]总之，要搭建立法工作者、理论工作者与实际工作者的交流合作平台，既要充分利用立法者所掌握的第一手详实资料，又要在结合理论工作者之理论指引、听取实际工作者的评估意见的基础之上，提升评估质量并使之产生良好的回应，以助力推进社会主义法制建设的良好发展。[2]

二、确定燕赵非物质文化遗产绩效评估的基本原则

对燕赵非物质文化遗产保护效果的评估是一个非常复杂的过程，而评估

---

[1] 许雪莲、李松："非物质文化遗产保护中的评估机制与实践"，载《中南民族大学学报（人文社会科学版）》2019年第5期。

[2] 江国华、李江峰："法律制度实施效果评估程序研究"，载《贵州民族大学学报（哲学社会科学版）》2018年第2期。

指标的选取更应谨慎和专业，它从根本上决定了评估结果的真实性、准确性。评估指标的选取需要遵循一系列的原则才能够形成一个科学、合理的绩效评估系统。

（一）全面系统性原则

燕赵非物质文化遗产绩效评估是一项繁重的工作，它涉及非物质文化遗产发展的各个要素，在绩效评估指标的选取工作上，应注重把握整体性，对所涉指标进行综合评价，不能侧重一部分而忽视其他部分，力求做到不偏不倚的全面、综合性评价。同时，燕赵地区的非物质文化遗产种类繁多、复杂多样，每个大的分类下又包含着诸多子项目，而每一具体项目又与外部社会环境等各个方面相连接，从而构成了一个有机统一的整体。因此，评估指标应包含不同的层级，并且不同层级之间的评估指标也应具有内在逻辑性，能够反映非物质文化遗产法律有效实施的程度以及非物质文化遗产的存续状况与社会发展之间的联系程度，使这些指标之间形成一个自上而下、由内到外紧密联系的整体。

（二）针对性原则

每个地区基于风俗习惯及发展状况的不同，所形成的非物质文化遗产的特点和保护的方向也不同，因此每个地区的非物质文化遗产都有其显著的区域特性。如河北梆子作为河北地区的代表性非物质文化遗产项目，词句多为河北地方口语，音乐声腔高亢激越，凸显了"燕赵多慷慨悲壮之士"的地域人文精神。因此，在指标的选取上，在控制总体指标数量的情况下应选取能够体现河北区域特色的核心指标。这些指标能够反映所在区域的历史、文化、教育、经济特征，且尽量使选取的评价指标具有典型性，能够抓住重点。此外，燕赵地区历史悠久，文化底蕴深厚，但不少非物质文化遗产在历史变迁中已走向衰落，因此对非物质文化遗产的"保护方针应强调保护为主、抢救第一"，保护方针对指标的选取具有一定的影响。因此，在选取评估指标时不宜要求过高。

（三）定性和定量相结合的原则

为了确保评估工作的可操作性，应将燕赵非物质文化遗产的绩效评估指标进行量化，采用定量的方式才可以使非物质文化遗产的评估具有实践可能性，在具体操作中可以根据量化积分的对比直观地看到保护效果。而对燕赵非物质文化遗产的保护涉及社会教育、经济、文化等各个相互结合的方面，影响因素众多且具有诸多模糊不确定的内在因素，仅用定量的指标很难解释其全部内涵。因此，需要同时借助定性分析方法，用以提高评价体系的全面性，只有将二者相互结合才能构建一个科学的绩效评估体系。总之，定性分析和定量分析是统一和相互补充的，定性分析是定量分析的基本前提，没有定性的定量是一种盲目的、毫无价值的定量，定量分析使定性更加科学、准确，它可以促使定性分析得出广泛而深入的结论。[1]

（四）可操作性原则

对于绩效评估指标的选取，还需要遵循可操作性原则。一切理论成果都必须经过实践的检验才能被运用到实践当中。因此，在选取评估指标时需要考虑实践的可操作性，对于一些虽然对评估结果比较重要但主观性较强的定性指标应科学地进行选取，如非物质文化遗产的创新度指标，如果没有一个明确的标准进行评估，即便进行量化，在实践中也难以操作，从而失去应有的意义。另外，有些指标即便在实践中可以操作，但也要考虑操作成本的大小，如公民对于非物质文化遗产保护的法治意识和观念等，虽然可以通过大量的问卷调查、实地考察等得到侧面反映，但需要耗费大量的时间和精力，性价比也不高，因此不宜作为评估的指标。总之，在指标的选取上，要尽量降低评估的成本和难度，用简单、易操作的指标最大限度地反映非物质文化遗产的保护效果。

三、燕赵非物质文化遗产项目保护效果评估指标

2018年1月23日，广东省汕头市非物质文化遗产保护中心颁布了《汕头市非物质文化遗产项目代表性传承人绩效考核管理暂行办法》，首次对非物质文化遗产传承人的考核进行量化[2]，考核分为合格和不合格两个等次，对于不合格的传承人进行处罚，开启了量化进行考核的先河并取得了良好效果。2018年中旬所发布的《公约》确立了八大主题领域，建立了26项核心指标以及相关的86项评估因素，为各个国家对非物质文化遗产进行量化考

---

[1] 谢忠华："立法后评估制度研究"，武汉大学2014年博士学位论文，第62~63页。
[2] 张晓林、徐泉森、孙亮亮："非物质文化遗产教育传承绩效评估与精准发展研究——以川东土家余门拳为例"，载《四川理工学院学报（社会科学版）》2019年第3期。

核提供了指标和基准。但是,这个指标是从国家层面出发的宏观标准,各个国家在具体实施时,需要根据自身的实际情况对指标进行细化。从河北地区非物质文化遗产保护的评估角度出发,可设定三方面的保护效果评价指标:

第一,传承人的扶持和培养绩效。这是三个绩效指标中最为关键的一个。在立法层面上,要通过制定相应的法规和条例,加强对传承人的法律保护力度和执行力度;在政府层面上,不仅要制定相应的文化政策,对非物质文化遗产的传承和发展提出要求,而且应切实加大资金投入和对传承主体的保护力度。[1]资金和经费支持可以充分调动传承人的积极性,也利于他们对非物质文化遗产进行保护和传承。

第二,生产性保护绩效。在对非物质文化遗产的保护过程中,不仅要加强对非物质文化遗产的保护和传承,同时也要注重挖掘非物质文化遗产所包含的经济价值和文化价值,在保持原真性和完整性的前提下进行开发利用和创新,提高非物质文化遗产的影响力和竞争力。

第三,文化生态空间的保护与优化绩效。非物质文化遗产应注意整体性保护,对非物质文化遗产的生存空间也要予以保护,这包括自然环境和人文环境两个方面,提高全民社会对非物质文化遗产保护的积极性,营造有利于非物质文化遗产传承的社会氛围。

在具体操作中,可将上述三个方面的指标按照科学的方法设定评分数值,实现定性和定量的结合,以达到对燕赵非物质文化遗产项目的有效保护。

第四节 完善法律保护机制相关配套制度

一、拓展传播途径,凸显燕赵区域特色

燕赵部分非物质文化遗产在历史的变迁中逐渐走向衰落的一个重要原因在于传播方式的落后。如今,互联网的迅猛发展推动人类进入新的数据化时代,这同时也给燕赵的非物质文化遗产带来了机遇和挑战。要确保非物质文化遗产成为互联网发展的受益者,就应在互联网时代取得主动权,这需要充分发挥政府的职能,深入推进非物质文化遗产和互联网相结合,利用互联网

---

〔1〕 李荣启:《非物质文化遗产保护研究文集》,文化艺术出版社 2016 年版,第 16 页。

开拓多样化的传播途径,使更多的民众熟知非物质文化遗产,从而达到促进非物质文化遗产传承的目的。

(一) 利用互联网、文化创意进行宣传

1. 加强互联网多媒体宣传

当今社会已经进入互联网时代,"互联网是一个社会信息大平台,亿万网民在上面获得信息、交流信息,这会对他们的求知途径、思维方式、价值观念产生重要影响,特别是会对他们对国家、对社会、对工作、对人生的看法产生重要影响"。[1]遵循习近平总书记在网络安全和信息化工作座谈会上的讲话精神,应充分利用互联网进行非物质文化遗产的保护宣传,建设网络良好生态。

2020年7月,一位24岁贵州女孩"独竹水上漂"的视频在快手短视频平台的播放量高达3000万人次,点赞超过8万人次,甚至传播到了国外。视频中的女孩是贵州省省级非物质文化遗产项目"独竹漂"的传承人,她凭借精湛的表演,让赤水独竹漂在快手、抖音等多个媒体平台的热度持续上升,使贵州的非物质文化遗产走进大众视野。[2]如今,互联网衍生出了微信公众号、微博、抖音、快手等一系列多元化多媒体平台,这些多媒体平台的传播范围极具广泛性:《2019年中国短视频创新趋势专题研究报告》显示,中国短视频用户规模在2018年就已高达5.01亿人,2019年用户规模扩大到了6.27亿人,基本覆盖了所有年龄段。并且,多媒体平台具有它独特的社交属性:作者可以分享自己的动态,而观看者也可以进行评论、点赞和交流,充分、便利地实现了人与人之间的交流互动,相比于杂志、报纸等其他静态传播方式,这种互动的传播方式更易获得人们的青睐,特别有利于对非物质文化遗产的宣传和推广。所以,我国很多省份和地区的媒体陆续加入了互联网平台,开展了一系列线上活动进行非物质文化遗产的动态宣传。如江西卫视倾力打造的原创中国饮食文化节目"非物质文化遗产美食",通过主持人讲述非物质文化遗产项目的历史故事,以纪录片的形式向人们展示非物

---

[1] 习近平:"建设网络良好生态,发挥网络引导舆论、反映民意的作用(2016年4月19日)",载《习近平谈治国理政》(第2卷),外文出版社2018年版,第335页。

[2] "直播带货,让贵州非物质文化遗产'活'起来'火'起来",载《贵州日报》2020年8月28日。

质文化遗产项目的制作技艺等环节，唤起了人们关注和保护非物质文化遗产的意识；贵州省多部门联合主办的"非物质文化遗产购物节"活动依托国内电商及短视频平台进行直播带货；安顺市和青岛市通过抖音连线直播的方式联办了非物质文化遗产交流活动。

燕赵地区相关政府部门和民间组织也应借鉴其他省市的先进经验，鼓励、指导当地非物质文化遗产传承人学习新兴的科技手段，采取"非物质文化遗产+短视频+直播"的新形式，[1]以直播为途径、以燕赵非物质文化遗产为内容，利用多媒体平台向世人展示燕赵非物质文化遗产的魅力，让燕赵非物质文化遗产打破地域限制，带动传承和发展。另外，还可以增加燕赵非物质文化遗产传承人的收入，实现文化和精准扶贫相结合。这也是遵循习近平总书记所提出的"全面打好脱贫攻坚战"的讲话精神。[2]燕赵非物质文化遗产的宣传不能仅停留在被动的静态推广，而是应该借助上述交流平台，通过人们之间的沟通交流，用一种活态传承的方式，让人们深入了解燕赵非物质文化遗产。

此外，发展网络文化产业也是一个极为重要的传播和保护途径。截至2019年6月，我国网民的规模已达到了8.54亿。其中，手机网民规模占网民总人数的99.1%。在全民互联网的环境下，传统行业数字化已经成为国家经济新的增长点。与此同时，也是新兴产业的发展方向。"互联网+"有利于催生新的经济形态，并为大众创业、万众创新提供环境。我们应深入贯彻学习李克强总理关于"互联网+"的相关讲话精神，[3]充分利用互联网提升对燕赵非物质文化遗产的宣传和保护力度。

目前，河北省借助网络平台所进行的非物质文化遗产宣传工作取得了骄人的成绩。在抖音和快手短视频平台以"非物质文化遗产"为关键词进行搜

---

[1] "直播带货，让贵州非物质文化遗产'活'起来'火'起来"，载《贵州日报》2020年8月28日。

[2] 这是习近平总书记在2018年"打好精准脱贫攻坚战座谈会"上所提出的。参见习近平："全面打好脱贫攻坚战（2018年2月12日）"，载《习近平谈治国理政》（第3卷），外文出版社2020年版，第154页。

[3] 李克强总理关于"互联网+"于较早相关互联网企业讨论聚焦的"互联网改造传统产业"基础上已经有了进一步的深入和发展。李克强总理在政府工作报告中首次提出的"互联网+"实际上是创新2.0下互联网发展新形态、新业态，是知识社会创新2.0推动下的互联网形态演进。

索，出现了大量的燕赵非物质文化遗产用户和短视频，如太极拳、皮影戏、蔚县剪纸等，其中不乏拥有近百万粉丝的"大 V"。这些网络红人在创收的同时，也为燕赵非物质文化遗产的传播和发展贡献了力量。

2. 发展文化创意产业和旅游

经济利益是衡量非物质文化遗产社会价值的基础标杆。经济立足于一定的文化之上，是文化发展的决定性因素。反之，作为上层建筑的文化对经济可以起到一定的推动作用，二者辩证统一。所以，非物质文化遗产不仅仅具有精神引导的作用，所附加的知识产权同时也可以带来经济收益，这就使非物质文化遗产与一般产权的特性更为贴近。非物质文化遗产不仅具有内在价值，还可以有使用价值，通过合理的商业化运作可以创造经济效益。在现代化和市场经济的发展过程中，物质利益无疑具有强大的诱惑力，传统的道德和习惯的力量都难以与之抗衡。[1]经济效益更能坚定人们保护传统非物质文化遗产的决心。就非物质文化遗产的双重属性而言，经济属性处于主导地位，文化属性则处于次要地位，经济性存在的前提是文化性的实现，没有文化性就难谈经济性。[2]只要注意对非物质文化遗产的利用与保护平衡点的把握，在避免将非物质文化遗产变成完全商业活动盈利工具的前提下，对非物质文化遗产进行利用是完全可行的，甚至应该得到鼓励。

（1）发展文化创意。河北省作为华夏文明的重要发源地之一，文化物产丰富、特色鲜明，具有极高的保护与传承价值。文化产业是新时代、新环境下新的经济增长点，基于此，河北省制定了《河北省文化产业发展"十三五"规划（2016—2020 年）》，明确把文化产业建设列入发展目标，并要求注重创意阶层建设，培养省内文化创新力量。在国家愈发重视文化传承、京津冀协同一体化发展的背景下，河北省文化产业发展拥有新的突破与发展机遇，可以充分、积极利用本地的非物质文化产业带动当地的文化创意产业，并创建自己的文化创意产业园，从而实现文化创意和非物质文化遗产保护的良性互动。河北省南部的成安县顺应时代发展潮流趋势，大力发展烙画产业，不但有助于对烙画艺术的保护与传承，同时也带动了地方经济，促进了

---

[1] Emile Durkheim, *The Division of Labor in Society*, trans. by W. D. Halls, Free Press, 1984.
[2] 李墨丝："非物质文化遗产法律保护路径的选择"，载《河北法学》2011 年第 2 期。

地方相关产业链的发展，为我国发展市场经济做出了一定的贡献。烙画非物质文化创意产业是基于烙画传统文化，并融合了时代精神和社会需求的新兴产业，以企业为主体形成烙画文化创意产业集群。[1]不仅是成安烙画，河北省其他地区的非物质文化遗产都在通过文化创意产业得到发展和保护。

（2）发展特色旅游业。旅游开发是抢救非物质文化遗产、保护非物质文化遗产的重要举措。近年来，国家层面高度重视对非物质文化遗产的保护工作，专门颁发了《关于加强我国非物质文化遗产保护工作的意见》《关于实施中华优秀传统文化传承发展工程的意见》等文件，对我国非物质文化遗产旅游资源开发做出了全面规划和部署。非物质文化遗产的多样性造就了其具有旅游品牌、艺术、审美、体验价值，具有延伸旅游产业链条、促进区域旅游产业发展潜力，适度进行非物质文化遗产旅游资源开发已成为保护传承发展的有效途径。[2]

燕赵非物质文化遗产的宣传和保护完全可以借鉴上文提及的安徽省安庆市以及景德镇市的做法，将非物质文化遗产推广到旅游市场，依托当地非物质文化遗产举办旅游活动。一方面，非物质文化遗产可进一步丰富旅游产业的内涵，带动旅游业的发展；另一方面，通过旅游业在实践中进一步拓宽非物质文化遗产的保护宣传，并为非物质文化遗产的学理研究提供实践基础，丰富非物质文化遗产研究理论。承德市在这方面积极探索，并取得了良好的社会效果。

承德有得天独厚的历史人文积淀和"宜居、宜业、宜游"的优良环境，是燕赵各民族融合发展的聚集区，非物质文化遗产丰富，作为承德支柱产业之一的旅游产业发展迅速，逐渐营造出了良好的非物质文化遗产保护和相应旅游资源开发的氛围，日益成为承德经济发展的强劲动力。近年来，承德市积极探索将非物质文化遗产与承德当地旅游有机结合的新路径，并且取得了一定的经验和可喜的成绩。众多类型的非物质文化遗产项目通过旅游业得到

---

〔1〕 这里所知的"烙画文化创意产业集群"是指在一个特定的产业集聚区内，企业间形成规模效应，通过交流烙画技术、分享信息资源等形式来最大限度地降低企业生产成本，获得最大的利润。文化创意产业是成安烙画艺术保护的重要途径。

〔2〕 参见邓露露："旅游开发中少数民族非物质文化遗产的法律保护——以贵州省万达小镇为例"，中央民族大学2020年硕士学位论文。

了广泛的推广。表演艺术类（如承德避暑山庄皮影演出团、热河二人转、二贵摔跤、清音会等）和传统工艺类（如山庄老酒传统酿造工艺、一百家子拨御面、平泉羊汤烧饼等）非物质文化遗产项目在旅游资源开发的同时形成了较好的产业规模，取得了显著的经济效益。[1]值得一提的是，国家级非物质文化遗产"滕氏布糊画"已经作为承德市具有代表性的旅游纪念品，广受承德游客的喜爱；全面展示了承德皇家文化和民族融合历史的大型文化实景演出"鼎盛王朝·康熙大典"成了承德旅游文化的一大亮点；传统民间道具舞蹈"二贵摔跤"多次赴美韩等国表演并受到广泛好评。石家庄市藁城区通过整合挖掘藁城宫灯、耿村故事等特色旅游资源，通过旅游带动了当地非物质文化遗产的宣传和推广；邯郸市永年区历史悠久，文化底蕴深厚，早在春秋时代就有建制，历代为府、县治所，古称曲梁、易阳、广年，隋代改称永年至今，全市有国家重点文物保护单位5处，国家非物质文化遗产5项。永年区旅游资源丰富，是中国最好的休闲旅游景区之一，其中广府古城是邯郸市最有名的旅游景点，也是国家AAAAA级旅游景区。广府古城依托建筑古城以及太极拳等地方特色，近年来一直大力发展旅游文化，旅游业收入已经成为永年区收入的一大支撑，该区在广府古城东门外设置了非物质文化遗产的展览专区，专供游客欣赏。

（二）利用名人效应进行传播

黄轩、乔欣、钟楚曦等演员在海南集结，通过参与综艺节目拍摄的方式，为海南非物质文化遗产代言，助力海南非物质文化遗产文化的展示推广。[2]景甜、白敬亭用百度软件，借助先进的AR技术，为家乡的非物质文化遗产代言。他们的粉丝少则几百万，多则几千万，拥有庞大的粉丝量，尤其会受到年轻群体的追捧。公众人物在社会上都有很大的影响力、号召力，如果由公众人物为非物质文化遗产进行宣传代言，通过名人效应，让公众人物带动粉丝，势必会取得惊人的传播效果。除了这些演员，还有部分网络主播因为宣传非物质文化遗产而成为网络红人。如唢呐艺术是国家级非物质文

---

[1] 武博、郭立超："承德市非物质文化遗产与地方旅游业互动现状和对策研究——鉴于日本代表城市相关发展经验"，载《当代旅游（高尔夫旅行）》2017年第7期。

[2] "众明星助力！首届海南'非物质文化遗产'购物节6月13日举办"，载http://hi.people.com.cn/n2/2020/0528/c231190-34049167.html，最后访问日期：2021年6月7日。

化遗产,闫永强在"明日之子"上用唢呐吹奏的"咆哮"一曲,震撼观众,被网友评论为:唢呐一响,黄金万两,吸引无数粉丝。李子柒更是在外国网站YouTube有着1410万的订阅量,作为成都的非物质文化遗产推广大使,曾参加国际非物质文化遗产节,让更多的外国人了解到了中国的非物质文化遗产,也让更多的民众认识到了非物质文化遗产传承保护的迫切性,获得了《中国新闻周刊》"年度文化传播人物奖"。燕赵非物质文化遗产可以借助此措施,充分利用公众人物的知名度、影响力,这也是破解燕赵非物质文化遗产大多知名度较低不利于法律保护这一弊端的重要举措。

(三) 举办燕赵文化节

2016年,首届燕赵文化节开幕,主办方河北省人大文化交流促进会会长郭永利表示:"燕赵文化是我们中华文明非常重要的组成部分,也是我们河北省最重要的文化传承,由于燕赵文化跨域非常大,始终缺乏一个集中展现的平台,本次燕赵文化节的举办就是汇聚燕赵精粹,为燕赵文化做一个集中呈现和传播。"燕赵文化节虽然不是专门针对燕赵非物质文化遗产而举办的,但它对燕赵非物质文化遗产的传承与宣扬具有积极意义。其中还专门设置了皮影戏儿童专场,特邀国家级和北京市级非物质文化遗产"北京皮影戏"的保护与传承单位北京皮影剧团现场表演,还设置了曲阳石雕展览专场,以及燕赵百工坊,全省100位燕赵文化手工艺大师携名贵作品隆重登场,并现场演绎了精妙绝伦的燕赵100种民间绝活,如石影雕、根雕、漆器、叶雕、正定剪纸、内贴画等手工艺,带来了一场传承千年的震撼表演。燕赵文化节作为京津冀保护历史瑰宝、传承民族文化、打造省会文化品牌的重要活动,自2016年开始已经成功举办了4届,不仅积极促进了燕赵文化的协同发展,而且对燕赵非物质文化遗产的宣传和保护有着重要的推进作用。

河北省文化厅顺应大众需求,利用我国传统民俗节日和"文化遗产日"举办主题丰富的民俗文化节。节日期间,传统武术太极拳、八卦掌、梅花拳等传统艺术表演竞相切磋,受到民众的热烈欢迎。另外,河北省每年都会在不同地区举办群众体育艺术节、农民传统武术比赛等活动,借助独具特色的文化活动,人们逐渐领略了非物质文化遗产的文化魅力。与此同时,河北省各地市也积极在当地举办各种文化交流活动,如廊坊市至今已举办了8届传统武术比赛,为民众展示、传播了当地的传统武术。

二、完善传承人的传承保护制度

非物质文化遗产的传承大多是一项技艺的传承，它作为一种文化形态，需要传承人通过一种口传身授的方式，使非物质文化遗产能够一代一代地延续下去，[1]避免技艺的失传，这也就决定了传承人在非物质文化遗产的传承和发展中具有举足轻重的地位。传承人是非物质文化遗产活的载体，是文化传承的源头，对于非物质文化遗产的保护应当以保护传承人为核心。国家及相关省市也出台了大量的法律法规保护传承人的权益，但是非物质文化遗产的传承仍然面临一系列窘境：一方面，传承人由于经济困难，基本生活难以维持；另一方面，传承人老龄化现象严重。这两方面是所有的非物质文化遗产传承都面临的问题。燕赵地区政府应从这两方面出发，加强对传承人的保护，解决传承难题。

（一）加强燕赵非物质文化遗产传承人保护的广度和力度

传承人是直接参与非物质文化遗产传承、使非物质文化遗产能够沿袭的个人或者群体。它包括了具备上述条件的广义上的传承人和具备代表性传承人身份的狭义上的传承人。而代表性传承人在现阶段的认定主要以政府名义进行，我们将这种方式称为国家认定制。[2]由于认定较为复杂，所以代表性传承人的数量远远少于一般传承人和传承群体。2008年通过的《国家级非物质文化遗产代表性传承人认定与管理暂行办法》以及2011年颁布的《非物质文化遗产法》基本实现了对传承人进行最有效的法律保护，但这两部法律所界定的传承人仅限于狭义上的代表性传承人，而不包括一般性传承人和传承群体，[3]这就导致了法律保护外的一般性传承人和传承团体的积极性不高，相关权益无法得到保障。虽然代表性传承人技艺可能更加成熟、质量更高，但是一般性传承人数量多、基数大，传承群体的影响力范围也很广泛，在传承中做出的突出贡献不可忽视。另外，《条例》第18条规定："县级以

---

[1] 谌强："保留传统技艺　传承精神血脉"，载《光明日报》2007年6月11日。
[2] 周安平、龙冠中："我国非物质文化遗产传承人的认定探究"，载《知识产权》2010年第5期。
[3] 张邦铺："论我国非物质文化遗产传承人的法律保护"，载《地方文化研究辑刊》2015年第4期。

燕赵非物质文化遗产法律保护机制研究

上人民政府应当建立健全非物质文化遗产代表性项目的代表性传承人政策扶持机制,采取下列措施,支持其开展传承、传播活动:(一)提供必要的传承场所;(二)提供必要的经费资助;(三)为其参与社会公益活动创造条件;(四)加强对传承人的培养;(五)支持其参与传承、传播活动的其他措施。"很显然也存在范围过窄的问题,仅针对代表性项目的代表性传承人,还导致很大一部分传承人无法得到政府政策的扶持。目前,在实践中存在政府对非物质文化遗产传承人"补助少、限制多"的现象,甚至出现了因无法得到政策支持,传承人开展传承活动需自掏腰包。此外,各省市对传承人的补助标准过低,基本维持在每年每人 5000 元左右,这笔资金对于传承人的传承活动而言无异于杯水车薪,甚至无法满足最基本的生活需求,导致传承人流失严重,更遑论年轻一代的加入了。

日本经过半个多世纪的发展,在传承人保护方面已经形成了比较完善的保护制度。我国可以参照日本非物质文化遗产"活用"的形式加强对本国非物质文化遗产的"活用",从而进一步推动非物质文化遗传的传承,加大对非物质文化遗产传承人的保护。[1]燕赵地区在修改《条例》时应将一般性传承人和传承团体纳入法律保护范围,这样不仅能扩大传承人队伍,有利于提高传承人和传承群体的积极性,也可使燕赵非物质文化遗产得到更为迅速的传播,将《条例》第 18 条规定的政府扶持的范围扩大到代表性传承人之外的其他非物质文化遗产项目传承人,使更多的非物质文化遗产项目和更多的传承人能够享受这项补助政策。

(二)推进燕赵非物质文化遗产保护与学校教育的深度融合

目前,燕赵非物质文化遗产的传承人老龄化现象严重,这在河北省是一个普遍的现象。根据文化和旅游部日前印发的通知中的数据:第五批国家级非物质文化遗产代表性项目代表性传承人名单新增 1082 人,而平均年龄为 63.29 岁。[2]传承人的年龄普遍较大,精力与时间有限,并且部分传承人因年事已高,限于身体因素的影响,在传承工作上显得力不从心,所以传承人

---

〔1〕 贾金玺:"日本文化遗产'活用'的经验与启示",载《人民论坛》2017 年第 22 期。

〔2〕 "河北 43 人上榜第五批国家级非物质文化遗产代表性项目代表性传承人名单",载 https://baijiahao.baidu.com/s?id=1600641805000020984&wfr=spider&for=pc2,最后访问日期:2021 年 6 月 23 日。

迫切需要年轻血液的注入。针对传承人后继无人的现象，燕赵地区相关政府职能部门应该从基础教育和儿童入手，积极开展燕赵非物质文化遗产进校园活动。对于中小学生而言，学校可以选取适合自己的非物质文化遗产项目，聘请优秀的非物质文化遗产传承人开展教学活动，在美术课程中可以融入剪纸、手绘画、泥塑、书法艺术等；在音乐课程中可以融入笙管乐、鼓吹乐等；在体育课程中可以融入太极拳、武术、八卦掌等燕赵地区著名的非物质文化遗产项目。燕赵非物质文化遗产具有独特的教育价值和文化价值，其中很多类型的燕赵非物质文化遗产都可以作为体育课程在校园内进行教授。非物质文化遗产进校园实现了将非物质文化遗产普及至学校教育，使青少年对非物质文化遗产及其保护有更深层次的认识与理解。"非物质文化遗产进校园"活动的积极开展，对于培养青少年对中华文化的认同感以及认识非物质文化遗产保护的必要性、重要性与迫切性起到了关键作用。

  对于大学生而言，教育部已在 2020 年发布通知，将非物质文化遗产保护作为艺术学门类的一种列入本科专业目录，培养专业化人才。除此之外，大学还可以通过鼓励开展非物质文化遗产活动的社团，开设关于燕赵非物质文化遗产的选修课程，增强对非物质文化遗产的认识。非物质文化遗产的保护与传承离不开传承场所、基地建设，依托传承基地，传统的文化遗产能得到更好的展示和传承。2009 年，河北省文化厅下发了《关于命名河北师范大学等为河北省非物质文化遗产传播基地的决定》，确定河北师范大学、河北体育学院、吴桥杂技艺术学校、河北大学等十所大中专院校为河北省非物质文化遗产传播基地。依靠这些高等院校，传统武术非物质文化遗产项目进一步走进校园，有了更好的展示和传播平台。

  在推进燕赵非物质文化遗产保护与学校教育的深度融合的过程中，杨氏太极拳取得了显著的成效。杨氏太极拳起源于邯郸市永年县，作为燕赵非物质文化遗产中非常重要的一项国家级非物质文化遗产，在邯郸本地受到了很大的重视，邯郸本地的各类小学中都设置了一定的太极拳课程。河北省一些高校的体育课程也通常会有太极拳以及一些武术类课程。利用校园传播优势，很多中小学校成了非物质文化遗产传承示范基地。如衡水实验小学、衡水中学等成了"戳脚传承示范基地";[1]邢台市碾子头小学成了"查拳传承示范基地"[2];2018 年"圈头少林会传承基地"正式落座于安新县圈头乡总校。[3]

在社会教育中,燕赵地区当地的政府也可以针对非物质文化遗产项目兴趣班的发展出台相应政策。现在父母普遍存在着希望子女在学习之余掌握其他技能的想法,所以各种现代钢琴班、舞蹈班、武术班等课外兴趣爱好班日渐兴盛。政府可以鼓励当地的社会私人教育机构或者政府自己开办学费标准低的特色学校进行非物质文化遗产的宣传。如民间音乐类的吹唢呐就可以代替部分钢琴课,民间竞技类的太极拳、贾氏青萍剑、弹腿就可以代替部分跆拳道、柔道等。在此可以参考成都市等相关省市的经验。如成都市开办的非物质文化遗产学院;甘肃水阜乡开办的兰州鼓子学校;通川四小开办的非物质文化传承学校等。这样,一方面可以缓解传承人收入低的问题,满足传承人的物质需求,缓解政府资金压力;另一方面也可以让传承人在实践中磨炼自己的技艺,提高传承人对自己手艺的认同感,而学校也可以丰富学生们的精神文化生活。从长远来看,更利于对非物质文化遗产的深入了解,增强民族自豪感,提升文化自信,推动和促进非物质文化遗产世世代代地传承下去。

三、细化公众参与权制度

上文已经论述了公众在非物质文化遗产保护工作中的法律监督作用,现结合此问题进一步衍射论述如何建立公众参与权制度。公众参与权的范围和内容是一个非常广阔的领域,甚至贯穿于整个政府行政行为,它是公众知情权满足后的新的权利诉求,主要包括管理参与和决策参与以及监督权。本处主要讨论通过民众参与非物质文化遗产保护制度的监督来行使参与权以及决

---

[1] 中共河北省委共产党员杂志社:"'国家级非物质文化遗产戳脚传承基地'落户衡水中学实验学校",载 http://www.360doc.com/content/20/0611/17/53299008_917820442.shtml,最后访问日期:2021 年 5 月 23 日。

[2] 侯延辉:"邢台市碾子头小学被授予'河北省非物质文化遗产'传承示范基地",载 https://mini.itunes123.com/a/20181105101536906,最后访问日期:2021 年 6 月 2 日。

[3] 刘思聪、孙牧舟:"无文化传承无雄安未来!雄安新区两传承基地揭牌",载 http://www.ailab.cn/html/657610.html,最后访问日期:2021 年 6 月 8 日。

策参与权。

《公约》第 11 条（b）款在第 2 条第三段提及了民众参与非物质文化遗产保护，我国《民族民间传统文化保护法（草案）》第 8 条也有相关规定。但本书认为，管理参与权，首先必须要制度化，如管理的人数如何确定，其职责是什么，有哪些权利义务必须明确。以民族民间传统文化普查工作为例，其完全可以吸收一些民间文化保护团体。其次，对于保护名录和传承人、传承单位的认定也完全应当鼓励公众参与。所谓决策参与，就是公众对于政府做出的有关非物质文化遗产保护的各种措施享有发表意见、提出批评并可以决定或否决某项政府决策的权利。决策参与和管理参与的立足点不同，决策参与的关键就是民意能否左右政府的决策。我国《民族民间传统文化保护法（草案）》第 13 条明确规定了公众的决策与参与权，该条规定文化行政部门拟定民族民间传统文化保护名录，应当经专家论证并征求相关部门、社会团体的意见。应该说，公众的决策参往往会与政府的自身职权发生冲突甚至对立。在此种情况下，政府应该适当地对自己的决策加以修正或妥协。总之，公众参与作为一项民主、公开、透明的制度，其评判标准不仅体现在实体意义上，而且更应从程序上、法律实效上体现其价值意义。只有使民众充分参与到非物质文化遗产制度保护当中，才能让民众在保护中认识到非物质文化遗产的价值所在以及保护的意义。即使公民的非物质文化遗产保护意见没有体现在政府的相关制度或者决策当中，但只要有制度仍在有效运行，就能保障行政机关在做出具体行政行为时必须为公众参与意见提供机会，做到透明、公正，这就为实现公众参与提供了非常大的推动力。这时的公众参与才能使纸上的民众参与成为一种制度现实。公众监督权的行使包括事前监督、事中监督以及事后监督。公众的监督权有时在很大程度上是和公众的知情权、参与权结合在一起行使的。[1] 公众监督权的行使途径是多种多样的，与其他监督参与途径相比，法律诉讼往往是一个最关键、影响最深远而且对违法行为施加压力最大的方式。所以在保障公众监督权的同时，要充分保障公众的诉权，使公众不仅可以通过信访、举报等方式进行监督，而且还可以运用诉讼的权利，对政府保护非物质文化遗产的不当行为进行控告。

---

〔1〕 莫纪宏、张毓华："诉权是现代法治社会第一制度性权利"，载《法学杂志》2002 年第 4 期。

如政府依据职权对某一反映民间非物质文化遗产意义的建筑物、场所进行拆迁，公众对此行为可以提起行政诉讼，政府应该出庭应诉，对此行政行为进行全方位的解答。如果存在违反非物质文化遗产保护相关法律的行为，政府应该承担败诉的后果。政府在非物质文化遗产保护中也存在以行政作为或不作为的方式侵害公众利益的现象。对此，如果不赋予公众对于非物质文化遗产保护提起公益诉讼的权利，将难以对政府行为进行有效的监督。公众对非物质文化遗产保护的积极参与，在很大程度上取决于自身对非物质文化遗产的道德认知，但同时也需辅之以一定的物质条件和制度条件作为保障。在这样的前提下，公益诉讼的存在必然为公众参与监督的制度保障，使公众并无制度之忧。因此，本书一再强调应在我国非物质文化遗产保护中应建立公益诉讼制度，并且实现公众参与原则与公益诉讼制度相结合，或许能更好地发挥监督的作用。

参考文献

一、著作和译著类

[1]《中国共产党第十七次全国代表大会文件汇编》，人民出版社 2007 年版。

[2]《习近平谈治国理政》（第 1 卷），外文出版社 2020 年版。

[3]《习近平谈治国理政》（第 2 卷），外文出版社 2018 年版。

[4]《习近平谈治国理政》（第 3 卷），外文出版社 2020 年版。

[5] 吴汉东主编：《中国知识产权理论体系研究》，商务印书馆 2018 年版。

[6] 吴汉东主编：《知识产权法》，法律出版社 2004 年版。

[7][法] 孟德斯鸠：《论法的精神》，张雁深译，商务印书馆 1963 年版。

[8] 中国社会科学院知识产权中心编《非物质文化遗产保护问题研究》，知识产权出版社 2012 年版。

[9][美] 克莱德·克鲁克洪：《文化与个人》，高佳、何红、何维凌译，浙江人民出版社 1986 年版。

[10][英] 爱德华·泰勒：《原始文化》，连树声译，广西师范大学出版社 2005 年版。

[11] 顾军、苑利：《文化遗产报告：世界文化遗产保护运动的理论与实践》，社会科学文献出版社 2005 年版。

[12] 管育鹰：《知识产权视野中的民间文艺保护》，法律出版社 2006 年版。

[13][英] 哈特：《法律的概念》，张文显等译，中国大百科全书出版社 1996 年版。

[14] 黄玉烨：《民间文学艺术的法律保护》，知识产权出版社 2008 年版。

[15][法] 克洛德·马苏耶：《保护文学和艺术作品伯尔尼公约（1971 年巴黎文本）指南》，刘波林译，中国人民大学出版社 2002 年版。

[16][美] 罗兰·罗伯森：《全球化社会理论和全球文化》，梁光严译，上海人民出版社 2000 年版。

[17] 乔晓光：《活态文化：中国非物质文化遗产初探》，山西人民出版社 2004 年版。

[18][美] 兰德尔·梅森、玛尔塔·德·拉·托尔：" 在全球化社会中遗产的保存和价

值",胡奇玮译,载联合国教科文组织编:《世界文化报告——文化的多样性、冲突与多元共存》,关世杰等译,北京大学出版社 2002 年版。

[19] 林德尔·普罗特:"定义'无形遗产'的概念挑战和前景",载联合国教科文组织编:《世界文化报告文化的多样性、冲突与多元共存》,关世杰等译,北京大学出版社 2002 年版。

[20] 刘红婴:《非物质文化遗产的法律保护体系》,知识产权出版社 2014 年版。

[21] 李景源、陈威主编:《中国公共文化服务发展报告》,社会科学文献出版社 2007 年版。

[22] 张洁:《非物质文化遗产法律保护研究》,中国法制出版社 2018 年版。

[23] 王文章主编:《非物质文化遗产概论》,文化艺术出版社 2006 年版。

[24] 李荣启:《非物质文化遗产保护研究文集》,文化艺术出版社 2016 年版。

[25] 陈炎光:《公民权利救济论》,中国科学出版社 2008 年版。

[26] 李墨丝:《非物质文化遗产保护国际法制研究》,法律出版社 2010 年版。

[27] 刘勉义:《我国听证程序研究》,中国法制出版社 2004 年版。

[28] 安静:《藏区非物质文化遗产的法制保护》,西南交通大学出版社 2015 年版。

[29] 白慧颖:《知识经济与视觉文化视野下的非物质文化遗产保护与开发》,北京理工大学出版社 2013 年版。

[30] 才让塔:《少数民族非物质文化遗产法律保护研究》,中国政法大学出版社 2015 年版。

[31] 曹德明主编:《国外非物质文化遗产保护的经验与启示》,社会科学文献出版社 2018 年版。

[32] 董新中:《非物质文化遗产私权保护理论与实务研究》,知识产权出版社 2016 年版。

[33] 冯晓青:《知识产权法哲学》,中国人民公安大学出版社 2003 年版。

[34] [印] 甘古力:《知识产权:释放知识经济的能量》,宋建华、姜丹明、张永华译,知识产权出版社 2004 年版。

[35] 高轩:《我国非物质文化遗产行政法保护研究》,法律出版社 2012 年版。

[36] 麻国庆、朱伟:《文化人类学与非物质文化遗产》,生活·读书·新知三联书店 2018 年版。

[37] 欧洲专利局编著:《未来知识产权制度的愿景》,郭民生、杜建慧、刘卫红译,知识产权出版社 2008 年版。

[38] 中国社会科学院知识产权中心编:《非物质文化遗产保护问题研究》,知识产权出版社 2012 年版。

[39] 朱凤立主编:广西壮族自治区非物质文化遗产保护中心:《传承与守护——广西国

家级非物质文化遗产项目代表性传承人》，广西教育出版社 2017 年版。

[40] 河山、军华：《非物质文化遗产法概要》，知识产权出版社 2013 年版。

[41] 姜素红：《发展权论》，湖南人民出版社 2006 年版。

[42] 蒋万来：《传承与秩序：我国非物质文化遗产保护的法律机制》，知识产权出版社 2016 年版。

[43] 韩小兵：《中国少数民族非物质文化遗产法律保护基本问题研究》，中央民族大学出版社 2011 年版。

[44] 康保成主编：《中国非物质文化遗产保护发展报告》，社会科学文献出版社 2011 年版。

[45] 李欣：《数字化保护：非物质文化遗产保护的新路向》，科学出版社 2011 年版。

[46] 李秀娜：《非物质文化遗产的知识产权保护》，法律出版社 2010 年版。

[47] 罗宗奎：《非物质文化遗产的知识产权保护：以内蒙古自治区为例》，中国政法大学出版社 2015 年版。

[48] 周超：《日本文化遗产保护法律制度及中日比较研究》，中国社会科学出版社 2017 年版。

二、期刊类

[1] 孙昊亮："我国非物质文化遗产保护的困境与出路"，载《法学杂志》2009 年第 8 期。

[2] 刘培峰："中国非政府组织立法的评论与思考"，载《中国社会科学》2007 年第 2 期。

[3] 张邦铺："我国非物质文化遗产公益诉讼保护制度的构建"，载《社会科学家》2013 年第 10 期。

[4] 莫纪宏、张毓华："诉权是现代法治社会第一制度性权利"，载《法学杂志》2002 年第 4 期。

[5] 高其才、罗昶："传承与变异：浙江慈溪蒋村的订婚习惯法"，载《法制与社会发展》2012 年第 3 期。

[6] 张杰、陈剑光："非物质文化遗产法律保护体系的构建"，载《法律适用》2009 年第 11 期。

[7] 江国华、刘新鹏："法律制度实施效果第三方评估机制"，载《江汉论坛》2019 年第 8 期。

[8] 许雪莲、李松："非物质文化遗产保护中的评估机制与实践"，载《中南民族大学学报（人文社会科学版）》2019 年第 5 期。

[9] 张耕:"论民间文学艺术版权主体制度之构建",载《中国法学》2008年第3期。

[10] 冯晓青、付继存:"实用艺术作品在著作权法上之独立性",载《法学研究》2018年第2期。

[11] 冯晓青、刘淑华:"试论知识产权的私权属性及其公权化趋向",载《中国法学》2004年第1期。

[12] 冯晓青、周贺微:"公共领域视野下知识产权制度之正当性",载《现代法学》2019年第3期。

[13] 董建波、李学昌:"'文化':一个概念的内涵与外延",载《探索与争鸣》2004年第10期。

[14] 黄玉烨:"论非物质文化遗产的私权保护",载《中国法学》2008年第5期。

[15] 黄玉烨、戈光应:"非物质文化遗产的法律保护模式",载《重庆工学院学报(社会科学版)》2009年第5期。

[16] 韩成艳:"非物质文化遗产的主体与保护主体之解析",载《民俗研究》2020年第3期。

[17] 苑利:"非物质文化遗产保护主体研究",载《重庆文理学院学报(社会科学版)》2009年第2期。

[18] 刘朝晖:"村落社会与非物质文化遗产保护——兼论遗产主体与遗产保护主体的悖论",载《文化艺术研究》2009年第2期。

[19] 黄涛:"论非物质文化遗产的保护主体",载《河南社会科学》2014年第1期。

[20] 杨东:"河北燕赵文化'走出去'传播路径探析",载《传媒论坛》2020年第10期。

[21] 王扬:"龙凤文化探微",载《湖南省社会主义学院学报》2014年第12期。

[22] 王巨山:"非物质文化遗产的特征及其保护的再认识",载《社会科学辑刊》2006年第5期。

[23] 贺学君:"关于非物质文化遗产保护的理论思考",载《江西社会科学》2005年第2期。

[24] 赵艳喜:"论非物质文化遗产的整体性保护理念",载《贵州民族研究》2009年第6期。

[25] 刘魁立:"非物质文化遗产及其保护的整体性原则",载《广西师范学院学报》2004年第4期。

[26] 墨绍山:"文化遗产保护研究的进展、议题及趋势—基于2011年相关面板数据的分析",载《西南交通大学学报(社会科学版)》2012年第6期。

[27] 刘辉、张蕴甜:"文化治理视域中的非物质文化遗产保护研究",载《东南文化》

2017 年第 2 期。

[28] 秦树景:"非遗文化生态保护中的文化权利研究",载《东岳论丛》,2019 年第 8 期。

[29] 孙发成:"'非遗'传承人群的'再教育'问题反思——以文化部'"非遗"传承人群研修研习培训计划'为例",载《民族艺术研究》2017 年第 4 期。

[30] 王巨山、夏晓晨:"整体性原则与非物质文化遗产保护",载《民族艺术研究》2011 年第 3 期。

[31] 戚剑玲:"非物质文化遗产的身体传承——以京族为例",载《云南师范大学学报(哲学社会科学版)》2019 年第 4 期。

[32] 周安平、龙冠中:"我国非物质文化遗产传承人的认定探究",载《知识产权》2010 年第 5 期。

[33] 黄玉烨、钱静:"我国非物质文化遗产传承人认定制度的困境与出路",载《广西大学学报(哲学社会科学版)》2016 年第 3 期。

[34] 肖少启:"民间文学艺术著作权保护路径分析",载《河北法学》2010 年第 4 期。

[35] 黄汇:"商标法中的公共利益及其保护——以'微信'商标案为对象的逻辑分析与法理展开",载《法学》2015 年第 10 期。

[36] 黄捷:"广西壮族自治区自治条例立法的现实困境及路径选择",载《广西民族大学学报(哲学社会科学版)》2018 年第 3 期。

[37] 梁洪霞:"民族自治地方发展权的理论确立与实践探索",载《政治与法律》2019 第 11 期。

[38] 祁庆富:"论非物质文化遗产保护中的传承及传承人",载《西北民族研究》2006 年第 3 期。

[39] 林青:"乡村振兴视域下的非物质文化遗产传承和发展研究",载《南京理工大学学报(社会科学版)》2018 年第 4 期。

[40] 胡春华、游晓兰:"公众参与民族民间文化遗产保护的法理基础及制度安排",载《西华大学学报(哲学社会科学版)》2008 年第 6 期。

[41] 李义伟:"关于非遗文化保护的原则与策略",载《文化产业》2020 年第 3 期。

[42] 任学婧、朱勇:"论非物质文化遗产法律保护的完善",载《河北法学》2013 年第 3 期。

[43] 王万平:"《非物质文化遗产保护法》的立法目的分析",载《人大研究》2009 年第 5 期。

[44] 刘源、薛金慧:"我国非物质文化遗产法律制度保护研究",载《广西社会科学》2008 年第 11 期。

[45] 贺学军："关于非物质文化遗产保护的理论思考"，载《江西社会科学》2005 年第 2 期。

[46] 安学斌："21 世纪前 20 年非物质文化遗产保护的中国理念、实践与经验"，载《民俗研究》2020 年第 1 期。

[47] 蔡丰明："中国非物质文化遗产的文化特征及其当代价值"，载《上海交通大学学报（哲学社会科学版）》2006 年第 5 期。

[48] 苑利、顾军："非物质文化遗产保护的十项基本原则"，载《学习与实践》2006 年第 11 期。

[49] 王文章、陈飞龙："非物质文化遗产保护与国家文化发展战略"，载《华中师范大学学报（人文社会科学版）》2008 年第 3 期。

[50] 吕晓明："关于我国非物质文化遗产法律保护现状的几点思考"，载《当代旅游（高尔夫旅游）》2010 年第 12 期。

[51] 丁朋超："论中国非物质文化遗产的行政法律保护"，载《北京理工大学学报（社会科学版）》2018 年第 1 期。

[52] 王立军、刘云升："非物质文化遗产地方立法缺陷之检讨"，载《河北法学》2016 年第 9 期。

[53] 麻国庆："非物质文化遗产：文化的表达与文化的文法"，载《学术研究》2011 年第 5 期。

[54] 王良顺："非物质文化遗产刑法保护的问题辨析与路径选择"，载《贵州社会科学》2019 年第 6 期。

[55] 齐爱民："非物质文化遗产系列研究（一）非物质文化遗产的概念与构成要件"，载《电子知识产权》2007 年第 5 期。

[56] 刘晓远："'非遗'保护与知识产权法的契合性"，载《四川戏剧》2016 年第 11 期。

[57] 田艳："非物质文化遗产代表性传承人认定制度探究"，载《政法论坛》2013 年第 4 期。

[58] 张邦铺："论非物质文化遗产的特别权利保护模式——基于公、私权保护模式的比较分析"，载《前沿》2010 年第 3 期。

[59] 王皓、张鹏："论 NGO 在公益诉讼中的主体地位"，载《中共郑州市委党校学报》2008 年第 5 期。

[60] 王丽萍："突破环境公益诉讼启动的瓶颈：适格原告扩张与激励机制构建"，载《法学论坛》2017 年第 3 期。

[61] 江国华、李江峰："法律制度实施效果评估程序研究"，载《贵州民族大学学报（哲学社会科学版）》2018 年第 2 期。

[62] 贾金玺："日本文化遗产'活用'的经验与启示"，载《人民论坛》2017年第22期。
[63] 丁丽瑛："保护非物质文化遗产与开发传统文化产业的结合路径"，载《海峡法学》2011年第3期。
[64] 陈庆云："非物质文化遗产保护法律问题研究"，载《中央民族大学学报》2006年第1期。
[65] 齐爱民："非物质文化遗产系列研究（三）非物质文化遗产的知识产权综合保护"，载《电子知识产权》2007年第6期。
[66] 巴莫曲布嫫、张玲："联合国教科文组织：《保护非物质文化遗产伦理原则》"，载《民族文学研究》2016年第3期。
[67] 陈靖："非遗'传承人'制度在民族文艺保护中的悖论"，载《贵州民族研究》2014年第1期。
[68] 陈静梅、文永辉："论少数民族非物质文化遗产传承人的分类保护——基于贵州的田野调查"，载《广西民族研究》2012年第4期。
[69] 陈静梅："非物质文化遗产传承人制度反思与理论构建"，载《广西社会科学》2014年第5期。
[70] 陈鹏："非物质文化遗产传承人培养研究——以广西为例"，载《广西师范学院学报（哲学社会科学版）》2016年第37期。
[71] 甘明、刘光梓："论非物质文化遗产保护法权利主体制度的构建——以黔东南苗族侗族自治州为例"，载《广西民族研究》2009年第1期。
[72] 胡继艳："基于文化生态视角的传统手工艺传承研究"，载《云南民族大学学报（哲学社会科学版）》2018年第6期。

三、学术论文类

[1] 李墨丝："非物质文化遗产保护法制研究——以国际条约和国内立法为中心"，华东政法大学2009年博士学位论文。
[2] 藏小丽："传统知识的法律保护问题研究"，中央民族大学2006年博士学位论文。
[3] 黄捷："非物质文化遗产传承人保护法律制度研究"，广西民族大学2020年博士学位论文。
[4] 谢忠华："立法后评估制度研究"，武汉大学2014年硕士学位论文。
[5] 康莹："论我国非物质文化遗产的法律保护"，吉林大学2019年硕士学位论文。
[6] 雷建连："论非物质文化遗产的行政法保护"，中央民族大学2013年硕士学位论文。
[7] 夏琦绿："我国非物质文化遗产的行政法保护问题研究——以《非物质文化遗产法》

为核心展开",华东师范大学 2017 年硕士学位论文。

四、报纸类

[1] 严永和:"非物质文化遗产的法律保护",载《光明日报》2010 年 8 月 10 日。

[2] 王福州:"以系统思维创新遗产保护",载《光明日报》2015 年 12 月 16 日。

[3] 黄龙光:"保护优先创新有度",载《经济日报》2016 年 1 月 24 日。

[4] 胡钰:"人民日报新知新觉:创造出展现中国魅力的文化产品",载《人民日报》2017 年 11 月 17 日。

[5] 黄玉烨:"论非物质文化遗产的公权保护",载《光明日报》2010 年 8 月 10 日。

[6] 于连池、陈燕:"对我国非物质文化遗产法律保护的思考",载《北方法制报》2007 年 8 月 28 日。

[7] 刘颖:"创新与转化:对非物质文化遗产的最好传承",载《贵州民族报》2020 年 7 月 31 日。

[8] 穆永强、蒋环:"国家非物质文化遗产兰州鼓子的法律保护",载《民主与法制时报》2020 年 8 月 13 日。

五、外文文献类:

[1] Guidelines foe the Establishment of a "Living Human Treasures" System, UNDSCO, para. 10.

[2] Glossary-Intangible Cultural Heritage, Results of the International Meeting of Experts on Intangible Cultural Heritage-Establishment of a Glossary, UNESCO Headquarters, Paris, 10-12 June 2002, and edited by this group between June and August 2002.

[3] A. McCann et al., *The 1989 Recommendation Today:A Brief Analysis*, Paper Presented at *A Global Assessment of the 1989 Recommendation on the Safeguarding of Tradition and Folklore:Local Empowerment and International Cooperation*, organized by UNESCO and Smithsonian Institution, 1999.

附录一　河北省国家级非物质文化遗产名录共计164项

截至目前，河北省共有164个项目正式列入国家级非物质文化遗产名录，总数居全国第4。其中第一批40个，第二批78个，第三批15个，第四批16个，第五批15个。蔚县剪纸、丰宁满族剪纸、唐山皮影戏、杨氏太极拳、武氏太极拳，王其和太极拳6个项目入选联合国教科文组织人类非物质文化遗产代表作名录。

第一批：共40个项目

序号	项目名称	项目类别	申报地区或单位
1	木板大鼓	曲艺	沧州沧县
2	井陉拉花	民间舞蹈	石家庄井陉县
3	徐水狮舞	民间舞蹈	保定徐水县
4	评剧	传统戏剧	唐山滦南县
5	唐山皮影戏	传统戏剧	唐山市
6	石家庄丝弦	传统戏剧	石家庄市
7	哈哈腔（清苑）	传统戏剧	保定市
8	哈哈腔（青县）	传统戏剧	沧州青县
9	武安平调落子	传统戏剧	邯郸武安市
10	定州秧歌戏	传统戏剧	保定定州市
11	冀南皮影戏	传统戏剧	邯郸市
12	武安傩戏	传统戏剧	邯郸武安市

续表

序号	项目名称	项目类别	申报地区或单位
13	涉县寺庙音乐	民间音乐	邯郸涉县
14	二人台	传统戏剧	张家口康保县
15	乐亭大鼓	曲艺	唐山乐亭县
16	吴桥杂技	杂技与竞技	沧州吴桥县
17	磁州窑烧制技艺	传统手工技艺	邯郸峰峰矿区
18	安国药市	民俗	保定市
19	女娲祭典	民俗	邯郸涉县
20	沙河藤牌阵	杂技与竞技	邢台沙河市
21	霸州笙管乐（胜芳音乐会）	民间音乐	廊坊霸州市胜芳
22	邢台梅花拳	杂技与竞技	邢台平乡县、广宗县
23	杨氏太极拳	杂技与竞技	邯郸永年县
24	沧州武术	杂技与竞技	沧州市
25	耿村民间故事	民间文学	石家庄藁城市
26	隆尧秧歌戏	传统戏剧	邢台隆尧县
27	丰宁满族剪纸	民间美术	承德丰宁满族自治县
28	固安笙管乐	民间音乐	廊坊固安县
29	河北鼓吹乐	民间音乐	秦皇岛抚宁
30	冀中笙管乐（高洛音乐会）	民间音乐	保定市涞水县
31	昌黎地秧歌	民间舞蹈	秦皇岛昌黎县
32	河北梆子	传统戏剧	河北省文化厅
33	河间歌诗	民间文学	沧州河间市
34	蔚县剪纸	民间美术	张家口蔚县
35	曲阳石雕	民间美术	保定曲阳县
36	衡水内画	民间美术	衡水市

续表

序号	项目名称	项目类别	申报地区或单位
37	武强木版年画	民间美术	衡水武强县
38	霸州笙管乐（高桥音乐会）	民间音乐	廊坊霸州市
49	霸州（高洛音乐会）	民间音乐	廊坊霸州市
40	沧州西河大鼓	曲艺	沧州河间市

第二批：共78个项目

序号	项目名称	项目类别	申报地区或单位
1	昌黎民歌	民间音乐	秦皇岛市昌黎县
2	曲周龙灯	民间舞蹈	邯郸曲周县
3	黄骅麒麟舞	民间舞蹈	沧州黄骅市
4	二贵摔跤	民间舞蹈	承德隆化县
5	四股弦	传统戏剧	邢台巨鹿县
6	葛渔城重阁会	民间舞蹈	廊坊安次区
7	沧县狮舞	民间舞蹈	沧州沧县
8	保定老调	传统戏剧	保定市
9	邯郸东填池赛戏	传统戏剧	邯郸市
10	蔚县秧歌	传统戏剧	张家口蔚县
11	威县乱弹	传统戏剧	邢台威县
12	子位吹歌	民间音乐	保定定州市
13	孟姜女故事传说	民间文学	秦皇岛山海关区
14	玉田泥塑	民间美术	唐山玉田县
15	秸秆扎刻技艺	传统手工技艺	廊坊永清县
16	永年西调	传统戏剧	邯郸永年县
17	隆尧招子鼓	民间舞蹈	邢台隆尧县

续表

序号	项目名称	项目类别	申报地区或单位
18	安次区笙管乐（军卢村音乐会）	民间音乐	廊坊安次区军卢村
19	雄县古乐	民间音乐	保定雄县
20	辛安庄民间音乐会	民间音乐	沧州任丘市
21	里东庄音乐老会	民间音乐	廊坊文安县
22	唐山花吹	民间音乐	唐山唐海县
23	沧州落子	民间舞蹈	沧州南皮县
24	易县摆字龙灯	民间舞蹈	保定易县
25	常山战鼓	民间音乐	正定
26	蔚县拜灯山	民俗	张家口蔚县
27	深州形意拳	杂技与竞技	衡水深州市
28	武氏太极拳	杂技与竞技	邯郸永年县
29	文安八卦掌	杂技与竞技	廊坊文安县
30	胜芳花灯及元宵灯会	民俗	廊坊霸州市
31	苇子灯阵	民俗	邯郸峰峰矿区
32	彩布拧台	民俗	邯郸邯山区
33	霸州笙管乐（张庄音乐会）	民间音乐	廊坊霸州市张庄
34	广宗太平道乐	民间音乐	邢台广宗县
35	安次区笙管乐（南响口梵呗音乐会）	民间音乐	廊坊安次区南响口
36	定瓷传统烧制技艺	传统手工技艺	保定曲阳县
37	河间皮影戏	传统戏剧	沧州河间市
38	口梆子	传统戏剧	张家口市
39	京东大鼓	曲艺	廊坊市

续表

序号	项目名称	项目类别	申报地区或单位
40	冀中笙管乐（安新县拳头村音乐会）	民间音乐	保定安新县
41	千童信子节	民俗	沧州盐山县
42	大名草编传统手工技艺	传统手工技艺	邯郸大名县
43	易水砚制作技艺	传统手工技艺	保定易县
44	桃林坪花脸社火	民俗	石家庄井陉县
45	南张井老虎火	民俗	石家庄井陉县
46	冀南梨花大鼓（鸡泽县）	曲艺	邯郸鸡泽县
47	冀南梨花大鼓（威县）	曲艺	邢台威县
48	西河大鼓	曲艺	廊坊文安县
49	深泽坠子戏	传统戏剧	石家庄深泽县
50	山庄老酒酿造技艺	传统手工技艺	承德平泉县
51	织字土布技艺（鸡泽县、肥乡县）	传统手工技艺	邯郸鸡泽县 邯郸肥乡县
52	魏县花布染织技艺	传统手工技艺	邯郸魏县
53	邯郸赛戏（武安市、涉县）	传统戏剧	邯郸武安市 邯郸涉县
54	苏桥飞叉会	杂技与竞技	廊坊文安县
55	孟村八极拳	杂技与竞技	沧州孟村回族自治县
56	劈挂拳	杂技与竞技	沧州市
57	燕青拳	杂技与竞技	沧州市
58	香河安头屯中幡	杂技与竞技	廊坊香河县
59	左各庄杆会	杂技与竞技	廊坊文安县
60	邯郸赛戏	传统戏剧	邯郸市

续表

序号	项目名称	项目类别	申报地区或单位
61	草编（大名草编）	传统手工技艺	邯郸市大名县
62	柳编（广宗柳编）	传统手工技艺	邢台市广宗县
63	雄县鹰爪翻子拳	杂技与竞技	保定雄县
64	冀南四股弦（馆陶县、魏县、肥乡县）	传统戏剧	邯郸馆陶县 邯郸魏县北坡头 邯郸肥乡县旧店乡南营村
65	易县东韩村拾幡古乐	民间音乐	保定易县
66	安次区义和团音乐（东张务音乐会）	民间音乐	廊坊安次区
67	丰宁满族吵子会	民间音乐	承德丰宁满族自治县
68	安新县圈头村音乐会	民间音乐	保定安新县
69	豫剧桑派艺术	传统戏剧	邯郸市
70	永年抬花桌	民间舞蹈	
71	隆尧县泽畔抬阁	民间舞蹈	邢台隆尧县
72	宽城背杆	民间舞蹈	
73	正定高照（中幡）	杂技与竞技	石家庄正定县
74	板城烧锅酒五甑酿造技艺	传统手工技艺	承德市承德县
75	衡水老白干传统酿造技艺	传统手工技艺	衡水市
76	冀中笙管乐（小冯村音乐会）	民间音乐	廊坊市固安县
77	花丝镶嵌制作技艺	传统手工技艺	廊坊大厂回族自治县
78	泊头传统铸造技艺	传统手工技艺	沧州泊头市

第三批：共 15 个项目

序号	项目名称	项目类别	申报地区或单位
1	晋剧（井陉县）	传统戏剧	石家庄井陉县
2	评剧	传统戏剧	石家庄市
3	新乐伏羲祭奠	民俗	石家庄新乐市
4	河南坠子（临漳）	传统戏剧	邯郸市临漳县
5	梅花拳（威县）	杂技与竞技	邢台市威县
6	固定柳编	传统手工技艺	廊坊市固安县
7	八卦掌（固安）	杂技与竞技	廊坊市固安县
8	直隶官府菜烹饪技艺	传统手工技艺	保定市
9	安国老调	传统戏剧	安国市
10	西路梆子	传统戏剧	海宁市
11	六合拳（泊头市）	杂技与竞技	沧州市泊头
12	乐亭地秧歌	民间舞蹈	唐山乐亭
13	衡水法贴雕版拓印技艺	传统手工技艺	衡水阎庄
14	契丹始祖传说	民俗	张家口平泉县
15	昌黎皮影戏	传统戏剧	秦皇岛昌黎县

第四批：共 14 个项目

序号	项目名称	项目类别	申报地区或单位
1	鬼谷子传说	民间文学	邯郸市临漳县
2	戳脚	杂技与竞技	衡水市桃城区
3	京绣	传统美术	保定市定兴县
4	布糊画	传统美术	承德市丰宁满城自治县
5	水陆画	传统美术	邯郸广平县

续表

序号	项目名称	项目类别	申报地区或单位
6	邢窑陶瓷烧制技艺	传统手工技艺	邢台市
7	道教音乐（花张蒙道教音乐）	传统音乐	保定定州市
8	乱弹（南岩乱弹）	传统戏剧	唐山乐亭县
9	皮影戏（乐亭皮影戏）	传统戏剧	安国市
10	王其和太极拳	杂技与技艺	邢台市任县
11	景泰蓝制作技艺	传统技艺	廊坊市大厂回族自治县
12	威县土布纺织技艺	传统技艺	邢台市威县
13	中医络病诊疗方法	传统中医	石家庄市
14	脏腑推拿疗法	传统中医	保定市
15	中医传统制剂方法	传统中医	保定市定州
16	元宵节抢花	民俗	承德市滦平县

第五批：共 15 个项目

序号	项目名称	项目类别	申报地区或单位
1	南路丝弦	曲艺	邢台市
2	贾氏青萍剑	杂技与竞技	沧州黄骅市
3	定州缂丝织造技艺	传统手工技艺	保定定州市
4	定兴书画毡制作技艺	传统手工技艺	保定定兴县
5	小磨香油制作技艺	传统手工技艺	邯郸市大名县
6	滦州地秧歌	民间舞蹈	唐山滦州市
7	沙河皮影戏	传统戏剧	邢台沙河市
8	乐亭大鼓	曲艺	唐山市滦南县
9	孙氏太极拳	杂技与竞技	保定市

附录一　河北省国家级非物质文化遗产名录共计164项

续表

序号	项目名称	项目类别	申报地区或单位
10	卢氏太极拳	杂技与竞技	邯郸市广平县
11	饶阳刻铜	传统手工技艺	衡水市饶阳县
12	刘伶醉酒酿造技艺	传统手工技艺	保定市徐水区
13	清苑传统制香制作技艺	传统手工技艺	保定市清苑区
14	腰痛宁组方及其药物炮制工艺	传统手工技艺	承德市
15	蔚县打树花	民俗	张家口市蔚县

附录二[1]　河北省国家级非物质文化遗产：蔚县剪纸、丰宁满族剪纸、唐山皮影戏、杨氏太极拳、武氏太极拳、王其和太极拳6个项目入选联合国教科文组织人类非物质文化遗产代表作名录。

1. 蔚县剪纸

名录类别：民间美术

申报地区：张家口蔚县

名录简介：蔚县位于河北省的西北部，山西省的东北部，张家口市最南边，有"京西第一州"之称。

蔚县剪纸又称窗花，是民间的一种传统装饰艺术。在全国品类繁多的民间剪纸艺坛上，蔚县剪纸以构图饱满、造型生动、色彩绚丽、工艺奇特的艺术风格，独树一帜，被誉为华夏剪纸之最。它的工艺特点是阴刻为主、阳刻为辅、阴阳结合，用多色点染彩绘，雅俗共赏，工艺传神。

蔚县剪纸至今已有二百多年的历史。很早以来，人民就喜欢在窗户纸上贴一些花卉之类的吉祥图案，谓之窗花。后来融进天津杨柳青年画和武强年画的艺术特色，形成了蔚县剪纸的雏形。后经银匠刘老布和当时剪纸艺人们共同研究，在剪纸的工具上进行改革，制作了各式各样的异形刻刀，剪纸改为刻纸，由剪单幅，进化到成批的刻，使剪纸工艺有了新的发展。到了20世纪初，经王老赏等艺人的长期实践，蔚县剪纸进一步走向成熟。20世纪

---

[1] 所有资料均来源于河北省非物质文化遗产保护网，引用日期：2021年6月29日。

附录二 河北省国家级非物质文化遗产：蔚县剪纸、丰宁满族剪纸、唐山皮影戏、杨氏太极拳、武氏太极拳、王其和太极拳6个项目入选联合国教科文组织人类非物质文化遗产代表作名录。

40年代，又经王守业、周永明等一批艺人的改革和创新，蔚县剪纸由纯民间剪纸发展到人文剪纸。

蔚县剪纸是民俗的产物，更是百姓生活的写照，它题材广泛，内容繁多，有吉祥如意、戏曲脸谱、神话传说、花鸟鱼虫、家禽家畜等。在刀功上既有北方民间剪纸的粗犷、质朴的特性，又有南方剪纸阳刻细腻、秀丽的风格。它色彩浓艳，对比强烈，装饰感强，民间味浓，富有节律韵味。蔚县剪纸以其妩媚娇艳、淳朴华美的艺术魅力为世人所青睐。

蔚县剪纸凝聚着浓郁的乡土感情，蕴藏着深厚美好的艺术想象、美学内涵，极其美艳淳朴而真挚，具有极为深厚的生活根基和艺术品质。2006年5月20日，蔚县剪纸经中华人民共和国国务院批准列入第一批国家级非物质文化遗产名录，编号Ⅶ-16。

2. 丰宁满族剪纸

名录类别：民间美术

申报地区：承德丰宁满族自治县

名录简介：

丰宁满族自治县地处塞北，历史上是少数民族游牧区，古来为少数民族与汉族的活动区。该县地域辽阔，山岭连绵，草原辽阔，林茂物阜，是河北省第二大县。

丰宁满族剪纸始于清康熙年间，到清代乾隆年间形成了自己以阳刻为主阴刻为辅、批毛纤长、剪工精细的独特风格，由于当地满人居多，决定了满族剪纸的走向，是以窗花、礼花、节令、民俗为主要内容的，极具地域化、民族化的特殊风格。清末民初达到鼎盛时期，当时村村都有自己的剪纸群体和高手，几乎人人会剪纸。中华人民共和国成立后，剪纸从形式上和内容上又有了进一步的发展，使之更贴近现实的生产与生活。每到年节，当地人不但有剪纸的习俗，而且家家有贴剪纸的习惯，剪纸成了人们生活中一种不可缺少的精神食粮。

党的十一届三中全会以来，县文化部门对丰宁满族剪纸进行了初步的挖掘、抢救、整理，对现存剪纸进行了归类、存档。对分散在全县境内的剪纸艺人进行了登记造册。并鼓励剪纸艺人重操旧业，满族剪纸从此得以复苏。到1982年，丰宁的民间剪纸队伍重新建立起来，剪纸开始走出了大山，跻身于全国十家剪纸联展之中，并在中国美术馆展出。随着展览和民间艺术家的出国表演，《中国美术全集》也收入了丰宁的满族剪纸。著名剪纸艺人王秀莲的作品远销世界二十多个国家和地区。石俊风先后到美国、德国、日本、法国等国家进行剪纸表演。1993 年，丰宁被文化部命名为民间剪纸艺术之乡。

近年来，由于受地理和经济的制约，剪纸开始出现滑坡，剪纸艺术急待整理保护。2006 年入选第一批国家非物质文化遗产名录。2010 年 10 月，河北省蔚县剪纸、丰宁满族剪纸与陕西剪纸等各省（市、区）列入国家级名录的剪纸项目联合打包，作为中国剪纸的联合申报项目，顺利通过联合国教科文组织保护非物质文化遗产政府间委员会的审批，列入《人类非物质文化遗产代表作名录》。2019 年 11 月，文化和旅游部办公厅组织开展了国家级非物质文化遗产代表性项目保护单位检查和调整工作，认定丰宁满族剪纸保护单位为丰宁满族自治县非物质文化遗产保护中心。

3. 唐山皮影戏

名录类别：传统戏剧

申报地区：唐山市

名录简介：

唐山皮影戏又称滦州影、乐亭影、驴皮影，是中国皮影戏中影响最大的种类之一。通常认为滦州影戏初创于明代末期，盛行于清末民国初年，迄今已有四百多年的历史。

唐山皮影戏的剧本又称"影卷"，多如牛毛，当地老人讲："唱一辈子影，说不全有多少影卷。"中长篇影卷称作"连台本"，现存至少五百多部，其中大部头的"连台本"有一百三十多部，如《封神榜》《青云剑》《二度梅》《五锋会》《平西册》等。短小的折子叫"单支儿"，不计其数，如《陈塘关》《渭水河》《甘露寺》《姜子牙下山》等。皮影戏传统剧本的文学结构为人物出场有上场"诗"，下场"对"。上场"诗"，相当于戏曲中的"引子"，念完引子转向道白，报姓名，然后把以前发生的事情简要地叙述一遍，叙完后，转向人物这次出场要干什么，有什么打算和行动。叙述多用道白，人物心理活动或人物之间的接触、冲突用唱或边道白边唱的方法，多据剧情而定。其格律常用"七字句""十字锦""三赶七""五字赋""硬散""大

附录二　河北省国家级非物质文化遗产：蔚县剪纸、丰宁满族剪纸、唐山皮影戏、杨氏太极拳、武氏太极拳、王其和太极拳6个项目入选联合国教科文组织人类非物质文化遗产代表作名录。

金边""小金边"等。这些唱词结构都是以对偶的上下句为其结构的基本单位，每段唱词一般都是由若干对声韵相同的上下句组成。唐山皮影戏以乐亭方言为基础掐嗓演唱，风格独特，属板腔体，基本板式有［大板］［二性板］［三性板］［散板］以及平唱、花腔、凄凉调、悲调、游阴调、还阳调以及因特殊句式而得名的三赶七等各种腔调。唐山皮影戏的伴奏分文场、武场。唐山皮影戏中，人物行当齐全，有生、小（旦）、髯（老生）、大（花脸）、花生（丑）等。

唐山皮影戏的演出须用木棍或铁棍搭建一个高台，高台四周用幕帐围起来，面对观众的一面是用白布（早期为白棉纸）作的影窗。影窗后摆长条桌用来摆放影卷、影人、道具等，长条桌上方悬挂照明灯。主要操纵演员有两个人，即"上线"和"下线"，辅助操作的人称"贴线"，操纵的人统称"拿线"。支配影人动作的杆子有三根，分别叫"主杆"和"手杆"。唐山皮影戏演出通常有拿、贴、打、拉、唱五种分工，其中有掌线师傅（操纵）二人，鼓板师傅一人，还有演唱的演员和伴奏演员（拉四胡的兼吹喇叭、打堂鼓），有"七忙八闲"之说。

唐山皮影戏影人的雕刻要经过刮皮浆皮、拓样雕刻、着色涂油、拼钉装杆几个步骤。刀口和上色是最能体现雕刻艺人水平的地方。唐山皮影戏是当地百姓漫长历史岁月里真实的生活写照，为研究当地历史和风俗民情的继承与变迁提供了完整、翔实的纪录。2006年5月20日，皮影戏（唐山皮影戏）经中华人民共和国国务院批准列入第一批国家级非物质文化遗产名录，项目编号：Ⅳ-91。

4. 杨氏太极拳

名录类别：杂技与竞技

申报地区：邯郸永年县

名录简介：

永年县位于河北省南部，属邯郸市管辖。永年杨氏太极拳为清道光年间广府杨露禅所创，发源于永年县广府古城，此后永年县先后出现杨班侯、杨振铭等三十多位大师级拳师，被尊为"太极圣地"。

祖师杨露禅外出学艺18年，悟得各路拳术精髓，对太极、八卦等健身技艺尤有更深的理解，他在陈式老架的基础上创编了108式的永年杨氏太极拳，回家后专职开馆教拳。此拳传承脉络清晰，历史上名人辈出，海内外广有习练者。杨式太极拳现在重点分布在上海、北京、四川、西安、河北、广东、海南及海外八十多个国家和地区。

杨氏太极拳拳架舒展，结构严谨，由松入柔，积柔为刚，刚柔相济，身法中正，含胸拔背，沉肩堕肘，以腰为轴，上下相随，内外结合，中正安舒，轻松自然，轻灵沉稳。杨氏太极拳包含两方面内容，一是太极拳套路，分大、中、小架、快架、炮锤、提腿架、三十二短打、撒手单练桩功等；二是杨氏太极拳器械，有太极剑、太极刀、太极十三杆（杨家枪）等。

杨式太极拳在练习方法上突出整体性、连贯性、圆活性和内外身心的统一性。从起式到收式，前后连贯有如一线贯通，衔接一气，上下表里，自然贯通，势断劲不断，衔接和顺。动作沉稳中带有轻灵，轻灵而不飘浮，动而不急动，静而不僵滞，外柔内实，绵绵不断，不论虚实变化，起伏转换都是式式相连，犹如行云流水，没有丝毫停顿间断之处，更没有忽急忽缓带有棱角之处。杨式太极拳要求在意识引导下，呼吸匀细深长，气沉丹田，运劲如抽丝，迈步如猫行，心静，才能"用意不用力"，在宁静的情绪下，身正体松，意识、呼吸、动作三位一体，密切结合，进行有节奏的练身、练意、练气。因之太极拳乃是内外兼修，形神合一，动静结合，上下相随的高级行功的运动方式。

永年杨氏太极博大精深，奥妙无穷，展示了人体文化的艺术性，老少皆宜习练。它有益于增强人民体质，习练者按其要求秉持讲义重德的中华传统武术精神，对增强中华民族的凝聚力、自信心、自豪感有积极作用2019年11月，《国家级非物质文化遗产代表性项目保护单位名单》公布，邯郸市永年区文化馆获得太极拳（杨氏太极拳）项目保护单位资格。

5. 武氏太极拳

名录类别：杂技与竞技

申报地区：邯郸永年县

名录简介：

永年县地处河北南部，属邯郸市管辖。永年武氏太极拳起源于清道光年间，为河北永年广府东街人武禹襄所创，已有160多年的历史。

武禹襄，名河清，字禹襄，1812年生，酷爱武术，曾同杨氏太极拳创始

附录二　河北省国家级非物质文化遗产：蔚县剪纸、丰宁满族剪纸、唐山皮影戏、杨氏太极拳、武氏太极拳、王其和太极拳6个项目入选联合国教科文组织人类非物质文化遗产代表作名录。

人杨露禅习练洪拳，后拜河南温县陈清萍为师习练陈式新架，习练月余理法尽知，通过其兄武秋瀛，在盐店觅得王宗岳《太极拳谱》和一本《太极拳概要图》，回家后同其外甥对搭试验，经过一招一式的功守练习，达到了身知，取得了神奇效果。武禹襄还在此基础上创立了不同于陈式新架的武式太极拳，总结出了被后人称为经典的太极理论《太极拳解》《太极拳十三行功秘解》《身法八要》《太极拳四字秘诀》等。

武氏太极拳既把陈氏新架与老架结合起来，又把杨露禅"大动作"与陈氏"小动作"结合起来，行拳时强调开合虚实，以心行气，以气运身，并重视身法。其动作简洁紧凑，架势虽小而不局促，动作舒缓平稳，出手不超过足尖，收时不紧贴于身，左右手各管半个身体，不相逾越。胸部、腹部的进退旋转始终保持中正。步法严格，分清虚实，小巧灵活，迈步时足尖先着地，然后再足跟着地，徐徐放下全足踏平。弓步前腿膝盖不得超过足尖，后腿不挺直高拔。其身法主要有含胸拔背、裹裆、护盹、提顶、吊裆、沉肘、尾闾中正。拳势讲究起（开始动作）、承（上一动作环节与下一动作环节）、开、合，讲究"往复须有折叠，进退需有转换"，动作连贯顺遂，用内功的虚实转换和"内气潜转"来支配外形，以"神宜内敛"，"先在心，后在身"，"以心行气，以气运身，意动身随，意动气随，意到气到，意到力到，意力不分"，达到意、气、形三者合一。

武氏太极拳小巧紧凑，形似干枝老梅，却在静中暗含开、合、隐、现，开则俱开，合则俱合，把运力的神意收隐于体内，外示安逸，内固精神，开合转换，渐隐渐现，和杨氏太极拳有着一定的区别。

一百多年来，武氏太极拳作为中华民族的优秀文化瑰宝，越来越受到全国及全世界人们的喜爱。2019年11月，《国家级非物质文化遗产代表性项目保护单位名单》公布，邯郸市永年区文化馆获得太极拳（武氏太极拳）项目保护单位资格。

6. 王其和太极拳

名录类别：杂技与竞技

申报地区：邢台任县

名录简介：

王其和（1889~1936）太极拳名家，是王其和式太极拳的创始人，邢台任县人。任县系太行山东麓平原县，地处黑龙港流域的九河下梢，地理位置通达便利，自然条件得天独厚，沃野百里，八水竞流，土膏禾茂，物厚阜安，展开河北省地图，顺京广铁路南下，抵达牛城邢台，再沿邢德公路东行20公里，便是任县县城。

王其和先生，生于1889年，逝于1936年，幼习洪拳，并与刘瀛洲先生学练三皇炮捶，约于1909年师从郝为真学习武式太极拳，又于1914年师从杨澄甫学习杨式太极拳，融会贯通、自成一家，经其高足刘仁海、王景芳、张金榜、吴振奎等全面继承传播，成为我们今天看到的独具特色的王其和式太极拳。

王其和式太极拳为王其和先生于清末民初在习练洪拳郝式（即武派）太极拳的基础上融合杨式太极拳所传，并吸收多家拳种之精华，所创编的一独具风格之新型拳架套路，门人称之为"王其和式太极拳"。

王其和先生博采众长，融会贯通，所创新型拳式有如下特点：步法灵活，转换自如；下盘结构严谨，轻灵沉稳；上身舒展大方，匀缓柔和。在步形上称之为顺步，亦称自然步，遵循怎样走路，怎样打拳的原则。在总体上强调三顺，即身顺、气顺、拳势顺。六十四式为老架即传统架，突出了用架的特点，尤在"单进掌（拳）、白鹅亮翅"的打法上更加体现了他的独创性。"单进掌（拳）"打法改为自腰间进掌（拳）的运行轨迹，缩短了运行距离，更加突出了"以腰为轴""命意源头在腰隙"的力学原理，使发力的劲道达到最大值；在"白鹅亮翅"的打法上，不同于武、杨两式和其他派、式太极拳，改为进右脚，掤右掌，更加突出了它的实用性、进攻性。八十四式为新架，也可称为健身架，是刘仁海先生在师传拳架的基础上适应和平环境下人们追求健康的需求，又从杨式太极拳中吸收了一些拳式和拳势打法，更增加了它的健身性、艺术性和观赏性。从健身角度审视，刘先生为"王其和式太极拳"的历史性转变做出了重大贡献。

王其和式太极拳祖训："学拳先学德，练拳先练顺。"王其和式太极拳十字要诀："德、顺、轻、静、松、柔、圆、缓、匀、空"。它具有：①道德教育价值：该拳祖训为"学拳先学德，练拳先练顺"；十字要诀也将"德"置于首位。十分重视道德修养。②技击价值：是一种练用结合的拳种，有较强的技击性；③健身价值：拳架高低、快慢适当、内外合一、老少皆宜，健身

附录二 河北省国家级非物质文化遗产：蔚县剪纸、丰宁满族剪纸、唐山皮影戏、杨氏太极拳、武氏太极拳、王其和太极拳6个项目入选联合国教科文组织人类非物质文化遗产代表作名录。

效果好，收效快；④娱乐价值：寓健身于技击中，兴趣盎然；寓技击于健身中，姿态优美，赏心悦目。王其和式太极拳架套路技击性强，实为用架，兼具健身功效，由于其拳势遵循"道法自然"，使拳势更贴近生活，因此也适宜男女老幼练习并广泛传播。

2014年11月被列入国家级非物质文化遗产代表性项目名录扩展项目名录。

后 记

"在不违背国家法律规定及其习惯法和习俗的情况下,缔约国承认保护非物质文化遗产符合人类的整体利益。"

——《保护非物质文化遗产公约》(Convention for the Safeguarding of Intangible Cultural Heritage,2006)

1995年,联合国教科文组织推出了"我们创造的多样性"的报告,指出"当文化被理解为发展的基础……文化是人类的存在方式,文化的繁荣应当成为发展的最高目标"。对作为文化重要组成部分的非物质文化遗产的保护,促进了人类文化的多样性,激发了人类的创造力,在21世纪全球化和高科技信息化时代的背景下,如何加强对非物质文化遗产的法律保护,已然成为每个民族国家和整个人类社会发展的重要课题之一。燕赵文化,是在战国时期燕国和赵国的区域内所产生的一种区域性文化,文化底蕴深厚,拥有大量的非物质文化遗产,这些丰富的非物质文化遗产是燕赵儿女的精神家园,也是中华文明的瑰宝。保护非物质文化遗产,不仅可以保持民族文化的传承、增强了民族意识,也是建设社会主义先进文化,彰显文化自信的必然要求。本书据此为写作背景,旨在通过本书的写作,提高全社会对于非物质文化遗产的认识,增强保护非物质文化遗产的自觉性,确保燕赵以及全国非物质文化遗产保护工作走上规范化、法制化的轨道。

本书在写作过程中,得到了河北大学硕士研究生李哲、陈晨、朱雨珊、候亚星、马驰、赵会超、艾献亮、贾松强、关小刚等九位同学的帮助,他们分别参与了本书的编写工作，付出了辛勤的劳动，在此一并表示感谢。当然由于我们的水平有限，书中的错误在所难免，恳请读者批评指正，以使我们能够不断学习进步。

最后，还要感谢河北大学燕赵文化高等研究院学科建设经费对本书出版的资助。感谢中国政法大学出版社丁春晖主任对本书出版的大力支持！感谢其他编辑对本书的问世付出的辛勤劳动！